高等院校"十三五"工商管理规划教材

组织行为学

任春红　刘鸣霁　郭衍宏　杜冰冰

主编

ORGANIZATIONAL
BEHAVIOR

本书得到吉林师范大学教材资助项目资助

经济管理出版社
ECONOMY & MANAGEMENT PUBLISHING HOUSE

图书在版编目（CIP）数据

组织行为学 / 任春红等主编. —北京：经济管理出版社，2019.1
ISBN 978-7-5096-6327-1

Ⅰ.①组… Ⅱ.①任… Ⅲ.①组织行为学—组织管理学—高等学校—教学参考资料 Ⅳ.①C936

中国版本图书馆 CIP 数据核字（2019）第 014124 号

组稿编辑：王光艳
责任编辑：李红贤　姜玉满
责任印制：黄章平
责任校对：张晓燕

出版发行：经济管理出版社
　　　　　（北京市海淀区北蜂窝 8 号中雅大厦 A 座 11 层　100038）
网　　址：www.E-mp.com.cn
电　　话：（010）51915602
印　　刷：北京晨旭印刷厂
经　　销：新华书店
开　　本：787mm×1092mm /16
印　　张：13
字　　数：317 千字
版　　次：2020 年 10 月第 1 版　2020 年 10 月第 1 次印刷
书　　号：ISBN 978-7-5096-6327-1
定　　价：58.00 元

·版权所有　翻印必究·
凡购本社图书，如有印装错误，由本社读者服务部负责调换。
联系地址：北京阜外月坛北小街 2 号
电话：（010）68022974　邮编：100836

前　言

在人类发展过程中，组织是人们群体活动的主要形式，是人的社会性的重要体现。在日常生活、学习和工作中，我们都在与各种各样的组织打交道、发生关系，除了正式组织以外，还有非正式组织。所以，要搞好组织的管理，离不开对组织行为及其规律的研究，更离不开对组织中人的行为的研究。哈罗德·孔茨认为，管理是设计和保持一种良好环境，使人在组织中高效达成既定目标。可以认为，塑造良好的工作环境也是为了影响员工，使其努力工作，实现组织目标。组织建立、管理的方式不仅影响着人们工作的性质和效率，还会影响到人们生活的质量、精神的感受和活动的自由。既然管理的实质是对员工行为的影响，要想使组织管理有效率、有效果，必须先分析员工的心理与行为，然后采取适当的方式去影响员工。

了解员工的行为除了应加强日常的观察、在工作中不断总结外，更主要的是要好好学习组织行为学。组织行为学通过研究人的行为，解决有关组织行为有效性的两个基本问题：第一个问题是组织对成员的思想、感情和行为的影响方式；第二个问题是组织各个成员的行为方式及其绩效对整个组织绩效的影响。通过解决上述问题，最终达到完善组织管理，使组织中员工的活动更和谐有效，使组织行为符合社会的要求，更好地服务于社会的目的。

本着继承和创新的宗旨，我们在书中系统地介绍了组织行为学的基本原理、活动和方法以及组织行为学领域的新发展和新观念。在写作过程中，我们参考了数位国内外学者编著的组织行为学著作，在此谨向各位作者表示真诚的谢意。

在本书编写过程中，一批有多年组织行为学教学经验的教师参与了写作，可以说这也是大家多年教学成果的结晶。同时，还有一些学生协助教材课题组收集资料、制作图表、润色初稿，做了大量工作，在此表示感谢！

本书力求做到经典理论与案例实践互相融合，在采用部分国外经典案例的基础上，增加了对国内案例的选取。本书坚持理论阐述和评价相结合，以期促使读者深入思考。本书在系统性、前瞻性、指导性和可读性方面也做了一些尝试。

组织行为学是一门十分深奥的学科，尽管教材组成员已在这个领域里从事教育和科研十余年，但仍有海中拾贝之感。编写中我们竭尽全力，但由于水平有限，参与的管理实践活动也较为有限，本书在体系或内容上恐有不当之处，还望读者不吝赐教。

任春红
2020 年 9 月 27 日

目 录

第一章 组织行为导论 ... 1
第一节 组织与组织行为 ... 2
一、组织 ... 2
二、组织行为 ... 7
第二节 组织行为学的发展阶段 ... 8
一、组织行为学的产生 ... 8
二、组织行为学的发展 ... 12
第三节 组织行为学的研究方法 ... 12
一、研究分类 ... 12
二、技术方法 ... 13

第二章 个体心理与个体行为 ... 15
第一节 关于人的理论 ... 16
一、人性假设理论 ... 16
二、需要层次理论 ... 19
第二节 需要、动机与行为 ... 20
一、需要与行为的关系 ... 20
二、动机与行为的关系 ... 23
第三节 价值观与行为 ... 23
一、价值观的内涵 ... 24
二、价值观的分类 ... 25
三、价值观对人行为的影响 ... 27
第四节 知觉与行为 ... 27
一、感觉与知觉 ... 28
二、社会知觉的概念和分类 ... 28
三、影响知觉准确性的因素 ... 29
四、知觉的偏差 ... 33
五、归因理论 ... 35
第五节 态度与行为 ... 38
一、态度的内涵 ... 38
二、态度和个体行为 ... 39
三、员工工作态度的类型和测量方法 ... 41

四、态度在管理中的应用 ·· 43
　第六节　人格与行为 ·· 44
　　一、人格的概念与特点 ·· 44
　　二、人格的分类和描述模型 ·· 46
　　三、有效组织行为的主要人格特质 ···································· 52
　　四、人格与工作匹配 ·· 55

第三章　群体心理与群体行为 ·· 57
　第一节　群体的概念 ·· 58
　　一、群体的定义 ·· 58
　　二、群体的类型 ·· 59
　第二节　群体的发展阶段 ·· 60
　　一、群体发展的五个阶段模型 ·· 60
　　二、间断—平衡模型 ·· 61
　第三节　群体结构 ·· 62
　　一、群体角色 ·· 62
　　二、群体规范 ·· 64
　　三、群体凝聚力 ·· 66
　　四、群体规模 ·· 68
　第四节　群体内行为 ·· 68
　　一、群体压力与社会从众行为 ·· 69
　　二、群体决策 ·· 71
　　三、决策风险 ·· 73
　　四、群体决策的方法 ·· 75
　　五、群体思维 ·· 75
　第五节　冲突管理 ·· 76
　　一、冲突 ·· 76
　　二、冲突的原因与作用 ·· 77
　　三、冲突的管理 ·· 81
　第六节　团队管理 ·· 84
　　一、团队概述 ·· 84
　　二、团队建设 ·· 88
　　三、团队的绩效 ·· 89
　　四、团队情商 ·· 91
　　五、创建成功的团队 ·· 92

第四章　激励理论 ·· 94
　第一节　激励概述 ·· 95
　　一、激励的内涵 ·· 95
　　二、激励过程 ·· 96

三、激励的作用 ·· 96
　　四、激励的分类 ·· 97
第二节　内容型激励理论 ·· 98
　　一、X-Y 理论 ··· 98
　　二、双因素理论 ·· 99
　　三、需要理论 ·· 101
　　四、ERG 理论 ·· 102
第三节　过程型激励理论 ··· 103
　　一、公平理论 ·· 103
　　二、期望理论 ·· 105
第四节　行为纠正理论 ··· 107
　　一、斯金纳关于操作性条件反射的实验 ·· 107
　　二、斯金纳的强化理论 ·· 108
　　三、强化理论的启示 ·· 110
第五节　波特和劳勒的激励模型 ··· 110
第六节　激励的一般原则和方法 ··· 111
　　一、人员激励的原则 ·· 111
　　二、精神激励的方法 ·· 113

第五章　领导者与组织行为 ··· 117
第一节　领导的内涵 ··· 118
　　一、领导的本质 ·· 118
　　二、领导的基本要素 ·· 119
第二节　经典领导理论 ··· 124
　　一、西方的领导特质理论 ·· 124
　　二、领导行为理论 ·· 126
　　三、领导权变理论 ·· 131
第三节　领导理论的新发展 ··· 136
　　一、LMX 模型 ·· 136
　　二、变革型领导 ·· 137

第六章　组织理论与组织设计 ··· 139
第一节　组织的基本概念 ··· 140
　　一、组织的含义 ·· 140
　　二、组织中的四大要素 ·· 141
第二节　组织结构的设计 ··· 141
　　一、影响组织结构设计的变量 ·· 142
　　二、组织设计的原则 ·· 147
第三节　组织结构类型 ··· 149
　　一、常用的组织结构形式 ·· 149

二、衍生的组织结构形式 ………………………………………………………… 154
　第四节　组织结构的选择 …………………………………………………………… 156
　　一、组织结构的两种模型 ………………………………………………………… 156
　　二、组织结构选择的影响因素 …………………………………………………… 157
　第五节　组织控制 …………………………………………………………………… 159
　　一、组织控制的过程 ……………………………………………………………… 160
　　二、组织控制的类型 ……………………………………………………………… 160

第七章　学习型组织 …………………………………………………………………… 163

　第一节　学习理论 …………………………………………………………………… 164
　　一、学习的概念与层次 …………………………………………………………… 164
　　二、主要的学习理论 ……………………………………………………………… 165
　第二节　学习型组织 ………………………………………………………………… 171
　　一、学习型组织的含义 …………………………………………………………… 171
　　二、学习型组织的特征 …………………………………………………………… 172
　第三节　创建学习型组织的障碍与途径 …………………………………………… 173
　　一、创建学习型组织的障碍 ……………………………………………………… 173
　　二、创建学习型组织的途径 ……………………………………………………… 175
　第四节　学习型组织与组织绩效 …………………………………………………… 177
　　一、学习与绩效的关系 …………………………………………………………… 177
　　二、学习型组织的组织绩效特征 ………………………………………………… 178
　　三、学习型组织对组织绩效的影响 ……………………………………………… 179

第八章　组织文化 ……………………………………………………………………… 181

　第一节　组织文化概述 ……………………………………………………………… 182
　　一、组织文化的概念 ……………………………………………………………… 182
　　二、组织文化的内容 ……………………………………………………………… 183
　第二节　关于组织文化的两种理论 ………………………………………………… 184
　　一、Z 理论 ………………………………………………………………………… 184
　　二、追求卓越的理论 ……………………………………………………………… 188
　第三节　发展高绩效的组织文化 …………………………………………………… 190
　　一、组织文化的表现形式 ………………………………………………………… 190
　　二、组织文化的功能 ……………………………………………………………… 191
　　三、找出更有效的文化 …………………………………………………………… 194
　　四、发展适应性组织文化 ………………………………………………………… 194
　第四节　组织社会化的过程 ………………………………………………………… 196
　　一、影响新成员组织社会化的因素 ……………………………………………… 196
　　二、组织社会化的三阶段模型 …………………………………………………… 196
　　三、通过指导使员工社会化 ……………………………………………………… 198

参考文献 ……………………………………………………………………………… 200

第一章　组织行为导论

本章要点

- 了解组织的性质、管理的起源,管理工作中人事因素的表现;
- 掌握组织行为学的概念,组织行为研究的三个层次;
- 了解在组织的演变、管理理论深化的过程中,组织行为学产生和发展的过程;
- 了解组织行为学的各种研究方法;
- 系统掌握组织行为学研究的技术方法。

　　40多岁的张健在一家银行做经理助理已经11年了,他工作成绩平平,一直没有一个分行经理愿意要他去当助理,老总经常把他安排到新开的分行去,设法把他调开。所以,他11年来换了8个分行。张健被调到第九个分行做经理助理时,人家很快了解了他以前的工作档案,尽管这位经理不愿意接受他,但还是愿意尝试一下对他实行激励。张健个人经济上并不紧张,他已继承了一套舒适的住宅,妻子在家料理家务,孩子已大学毕业,有了收入不错的职业。

　　这位经理在与张健相处的一段时间里,曾经两次都想解雇他。有时候,张健表现得干劲十足,但过不了多久,便旧态复萌,依然故我。这位经理对他进行了全面分析认为:虽然张健在有形的物质方面已很满足,但对承认和赞同的激励则可能做出反应。于是,经理就琢磨着在这方面想办法,比如,经理趁分行成立一周年之际,举行了一个全体员工聚会,预先制作了一个很大的蛋糕并将张健管辖下的重要财务比率数字,以及他为组织创造的效益写在蛋糕上。这次,张健被大家给予的褒扬深深打动。从此以后,张健像换了一个人,不到两年时间,他成了另一个分行的杰出经理。

　　上述例子说明,通过对组织行为学的学习,我们可以把握人的心理与行为,了解人的真正需求,充分调动人的积极性,从而有效地对组织中的人员进行管理,提高组织的效率。

　　资料来源：https://wenku.baidu.com/view/570faf51c1c708a1284a44f5.html.

在人类发展过程中，组织是人们群体活动的主要形式，是人的社会性的重要体现。在我们的日常生活、学习和工作中，每天都在与各种各样的组织打交道，都要和组织发生关系。在整个过程中，除了有正式组织以外，还会有非正式组织。所以，组织建立、管理的方式不仅影响着人们工作的性质和效率，也会影响到人们生活的质量、精神的感受和活动的自由。要搞好组织的管理，离不开对组织行为及其规律的研究，更离不开对组织中人的行为的研究。因此，组织行为学通过对人的了解与研究，将会解决有关组织行为有效性的两个基本问题：第一个问题是组织对成员的思想、感情和行为的影响方式；第二个问题涉及组织各个成员的行为方式及其绩效对整个组织绩效的影响。

通过上述问题的解决，最终达到完善组织管理，使组织中员工的活动更和谐有效，组织行为符合社会的要求，更好地服务于社会的目的。

第一节 组织与组织行为

一、组织

（一）组织的含义

什么是组织？这个问题的答案似乎极其简单。像家庭、学校、医院、政府、猎头公司和网络企业，从传统到现代，组织形式可以说是多种多样。与此同时，我们从组织中获得的体验也多种多样，生动独特。因此对组织的定义一直都是见仁见智。但为了阐述方便，必须在广泛讨论的基础上提取共性的内容，给出相对完整的概念。

所谓组织，就是一群人的集合，为了完成共同的使命和目标，组织成员按照一定的方式相互合作结成有机整体，从而形成单独的个人力量简单加总所不能比拟的整体力量。

从这个定义中我们可以发现，任何一个组织的存在都必须具备三个条件。

第一，组织都是人的集合。组织是多个人的构成，组织活动的资源配置也要通过人来完成。也就是说，没有人群便没有组织。

第二，任何组织都有其基本的使命和目标。比如说，企业的使命是生产产品和提供服务；学校的使命是培养人才；医院的使命是治病救人。组织使命和目标的实现是组织存在的理由。

第三，组织通过分工和协作来实现目标。组织为了完成自己的目标，必须开展实际的业务活动，像医院诊治、学校教学、工厂生产、企业销售等。我们以学校为例，学校为了实现培养人才的使命和目标，必须确保核心教学活动的顺利、有效进行，同时也离不开对教师、学生、教室、教材等人力和物力资源的管理。因此，组织中的活动便由此实现基本的专业化分工——作业和管理两大类。形成分工的个人、群体、部门是组织的一部分，只有他们协调互动、密切配合，才能保证组织整体目标的实现。由此可见，管理活动是确保作业活动有效进行的独立职能，它有别于作业活动，又为作业活动提供服务，是保证组织实现其目标的手段。

（二）组织与管理

所谓管理就是在特定的环境下，对组织所拥有的资源进行有效的计划、组织、激励、领导和控制，以达到既定组织目标的过程。在此我们要明确，无论大小、性质，任何组织都需要管理。管理的目标是保证组织目标的实现，管理本身是没有目标的，不能为了管理而管理。

管理活动的效果是通过组织效率和效能来衡量的。如果说组织效率涉及组织是否"正确地做事"的问题，那么能否"选择正确的事去做"就是决定组织效能的问题。通俗地说，管理的任务就是"正确地做正确的事"。比如企业的管理工作效果，体现在能否选定顾客真正需要的产品或服务进行生产，以及用最少的资源耗费进行生产两个方面；而就政党组织而言，管理的效果取决于是否提出合乎社会需要的政策纲领，赢得公众信赖，以及用较小成本顺利付诸实施。

（三）管理中人的因素

构成组织的各种资源要素中，人是最活跃的因素。组织的目标正是在管理者、员工和其他利益相关者之间的多向互动过程中得以实现的。人的行为和表现在很大程度上能直接或间接地决定组织目标的实现及实现程度。因此，如何提高组织成员的素质，实现组织成员间良好的信息沟通，正确地调动组织成员的积极性，发挥员工的潜能，就成为管理工作中的关键问题。在管理理论和实践活动中，人的因素也得到了充分的重视和研究。

1. 管理职能中人的因素

在管理职能的讨论中，人的因素占有重要地位，计划、组织、控制都必须以对组织人力资源的掌握为前提，而领导、激励则更是在满足员工需要的基础上指导和影响组织成员（见图 1-1）。

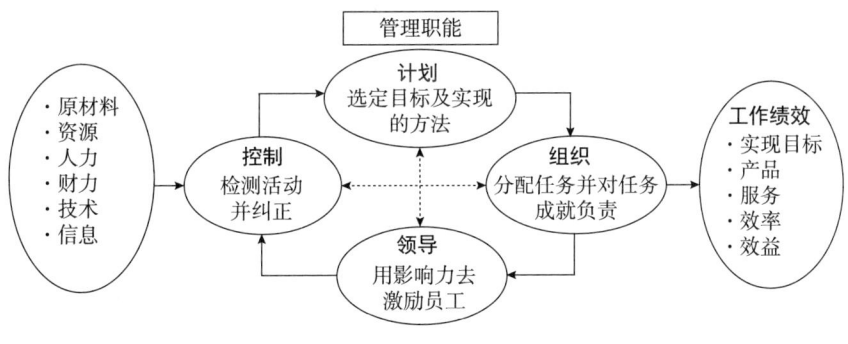

图 1-1 管理职能

2. 管理角色中人的因素

20 世纪 60 年代，人们通常认为管理者在做决策前，都会深思熟虑，仔细而系统地处理信息。其实现在也有很多人这么认为，但事实并非如此。明茨伯格（Henry Mintzberg）提出了"管理者究竟在做什么"的分类纲要：管理者通常扮演着十种不同但却高度相关的角色。管理者角色（management roles）指的是特定的管理行为范畴，而这十种角色可以进一步组合成三个方面：人际关系角色、信息传递角色和决策制定角色（见表 1-1）。

表 1-1 管理者角色

三个方面	十种角色	描述
人际关系角色	象征性首脑	需要完成法律性或社交性的例行工作
	领导者	负责激励和指导下属
	联络人	维持与外部联系的社交网络，以获得好处和信息
信息传递角色	监督者	接受各种各样的信息，作为组织内外信息的神经中枢
	传播者	把从外部或下属那里获得的信息传递给组织中的其他成员
	发言人	向外界发布组织的计划、政策、行动和结果信息，以组织所属行业专家身份出现
决策制定角色	创业者	从组织和环境中寻找机会，推动能够带来变革的方案
	混乱处理者	当组织面临重大的、意外的混乱时，负责采取正确的行动
	资源分配者	分配组织中的各种资源
	谈判者	在主要谈判当中代表组织行使职责

顾名思义，人际关系角色是指所有管理者都要履行礼仪和象征性的义务。当经理在公司年会上发言时，他们就在扮演挂名首脑的角色。在日常工作中，经理更频繁地进行激励和指导下属活动，此时扮演的是领导者角色。可以说，经理的工作很大比重是在人群中充当联络员，接触企业内外部的信息源。

作为信息传递者角色，典型的情况是监控各种各样的信息，成为组织内外信息的神经中枢。同时还要把从外部或下属那里获得的信息，传播给组织中的其他成员；有的时候还要向外界发布组织的计划、政策、行动和结果信息，以组织发言人身份出现。

决策制定角色有四种。作为企业家提出改进组织的建议；作为资源分配者履行分配人力、物力和金融资源的责任；当管理者与其他组织进行议价和商定成交条件时，扮演谈判者角色；而当组织处于危机时，扮演混乱处理者角色。

明茨伯格的角色理论启动了大量的后续研究，这些研究涉及不同的组织和组织的不同层次。研究证据一般都支持这一观点，即不论哪种组织或是在组织的任何层次，管理者都扮演着相类似的角色。

3. 管理技能中人的因素

那么接下来就有另一个问题需要解决，如何扮演好这十种角色呢？管理人员需要哪些技能呢？美国著名的管理学学者罗伯特·卡茨（Robert L. Katz）提出管理者必须具备技术（technical）技能、人际关系（human）技能和概念（conceptual）技能。

技术技能是完成组织内具体工作所需要的技能。所有工作都需要一些专门的才能，获取技术技能的途径包括接受正规教育和从事工作。对于基层管理者来说，技术技能是非常重要的，他们要直接处理员工所从事的工作。比如人力资源主管一定要精确了解国家企业相关法律法规，从而才能给予人事专员相应的业务指导和监督。

人际关系技能是与人共事、理解别人、激励别人的能力。许多人在技术上是出色的，但在人际关系方面有些欠缺。例如，他们不善于倾听，不善于理解别人的需要，或者不善于处理冲突。由于管理者是通过别人来做事，因而必须具备良好的人际关系才能实现有效的沟通、激励和授权。各层管理者都必须具备人际关系能力。

概念技能是管理者对复杂情况进行分析、诊断，进行抽象和概念化的技能。例如，面对困难，管理者必须看清问题，制定解决方案，选择最优方案。概念技能是高级管理者最迫切需要的技能，实质上是一种战略思考及执行的能力。

三种技能在不同管理层次中的要求不同，技术技能由低层向高层，重要性逐渐递减；概念技能由低层向高层，重要性逐步增加；人际关系技能对不同的管理层的重要程度区别不明显，但比较而言，高层要比低层相对重要一些。一个成功的管理者，一定具有良好的人际关系（见图1-2）。

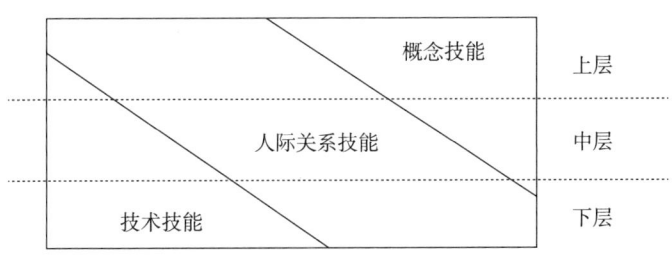

图1-2 不同层次管理者的技能要求

4. 成功管理者研究中人的因素

通常我们认为成功的管理者就是在职场升迁最快的人，但美国学者弗雷德·卢森斯（Fred Luthans）曾经对450多位管理者进行研究，发现这些管理者都从事以下四种活动：传统管理（包括决策、计划和控制）、沟通（包括交流例行信息和处理文书工作）、人力资源管理（包括激励、惩戒、调解冲突、人员配备和培训）、网络联系（包括社交活动、政治活动和与外界交往），并且不同的管理者，花费在这四项活动上的时间和精力显著不同（见图1-3）。在此，他把工作数量多、质量好以及下级对其满意程度高的管理者称为"有效的管理者"；把在组织中晋升速度快的管理者称为"成功的管理者"。

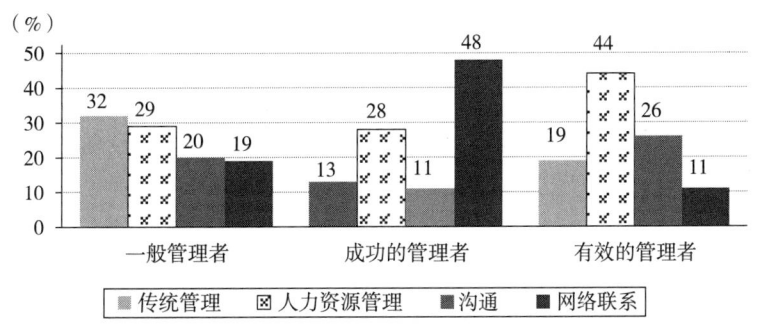

图1-3 卢森斯关于有效管理者与成功管理者活动的调查结果

"平均"即一般意义上的管理者在传统管理、沟通、人力资源管理和网络联系这四项活动中的每一项上每天花费 20%～30%的时间。"成功的管理者"在对各种活动的强调重点上与"有效的管理者"则显著不同,事实上,他们几乎是相反的。"成功的管理者"十分重视网络联系,他们用掉近一半时间(48%)来维护网络关系;而"有效的管理者"则将大部分时间(合计达 70%)用在沟通和人力资源管理上,其用于网络联系的时间仅为 11%,不到"成功的管理者"的 1/4。卢森斯根据以上的调查研究得出如下结论:

(1) 对于"成功的管理者"而言,维护网络关系对管理者的成功相对贡献最大;从事人力资源管理活动的相对贡献最小。

(2) 对于"有效的管理者"而言,沟通的相对贡献最大;维护网络关系的贡献最小。

(3) 社交和施展政治技巧对于在组织中获得更快的晋升起着重要作用。

卢森斯的研究向我们揭示了"有效的管理者"往往不是"成功的管理者"的现实,同时也归纳出"成功的管理者"与"有效的管理者"所体现出的不同行为特征。

"晋升基于绩效"的传统假设实际上是认为:一个人在目前的工作岗位上成绩突出,那么他一定会在更高的岗位上有所成就。应该说,如果工作责任、工作方式、工作内容不变,那么这一假设是有其合理性的,因为此时成绩代表他的知识水平、业务能力及工作态度,这些都是其未来取得成功的必备因素,如技术领域就具备这样的特点。

但管理工作则不同,职位的晋升意味着管理层次的升高,而不同层次的管理者处理问题的重点不同,对人的技能要求也不同。对高层管理者来说,其主要任务是考察环境对企业的影响,谋求对企业最有利的竞争地位以实现经营目标,要求其具有根据内外信息确定企业发展方向和战略的决策能力;中层管理者作为上下级之间信息联络的桥梁,工作重点则主要在人际沟通,要求的主要是沟通能力;基层管理者主要是完成具体工作,这一层次的管理者必须具备具体的操作技能。由于管理工作的这种独特性,擅长操作的管理者未必擅长沟通;擅长沟通的管理者又未必擅长决策,毕竟这三种技能的思维方式差异性太大,对人的素质要求亦大相径庭。

"有效的管理者"与"成功的管理者"对企业的贡献形式是不同的。

"有效的管理者"的贡献主要体现在沟通和人力资源管理方面,并且其活动主要发生在企业内部,因此这些贡献能够通过交流例行信息和处理文书工作的数量,以及激励、惩戒、调解冲突、人员配备和培训的数量来衡量,且是"有目共睹"的。

"成功的管理者"的贡献则主要体现在网络的建立和维护方面,这一贡献则是无形的,无法以数量衡量,其价值的体现通常也需要较长的时间,并且其活动常常发生在企业外部,因此不易被察觉。实际上,这通常是由于没有对"成功的管理者"的无形贡献进行有效评估所导致的一种评价偏差。

因此,在日常工作中,我们必须在做好有效的管理者的同时,努力争当成功的管理者。

某集团公司目前有一个副总裁的职位空缺,欲从集团公司的九个分厂厂长中选拔一

人填补。其中一分厂的 A 厂长呼声最高。A 厂长工作勤恳，几乎总是第一个上班最后一个离厂，细心过问厂内的大小事情，对待下属员工也和蔼可亲，并且这位技术出身的厂长还通过亲自带领实施技术改造而使企业效益一直保持在各分厂的中上水平。但经过集团领导的研究最终选定的是二分厂的 B 厂长。结果一公布，便有反对意见反馈上来。

反对的理由大致有三方面：一是认为 B 厂长不务正业，不关心本职工作，而是热衷于"拉关系"；二是尽管二分厂的效益一直名列前茅，但这与 B 厂长的非凡背景有关，并非其本人的能力所致；三是二分厂的大部分工作是由 B 厂长委派下属完成的，效益是下属创造的，因此功劳不能记在 B 厂长身上。

卢森斯从实证角度证实了前面案例所述情形的普遍存在，其中 A 厂长就是"有效的管理者"的典型代表，而 B 厂长则是"成功的管理者"的典型代表。卢森斯的研究不仅向我们揭示了"有效的管理者"往往不是"成功的管理者"的现实，同时也归纳出"成功的管理者"与"有效的管理者"所体现出的不同行为特征，可以说，正是"成功的管理者"所体现出的独特活动特征导致了其在组织内的迅速晋升。但至于为什么这样的活动特征会导致"成功的管理者"的迅速晋升，卢森斯只提出了"政治技巧"的作用。事实上，这也是许多人对像 B 厂长这样的"成功的管理者"所持的普遍看法。

由于不同的管理位置对管理者的要求不同，并且现实中许多管理者的管理风格虽然各异却都获得了成功，所以几乎无法预先精确地指出哪个人肯定会成功或肯定不会成功。由于缺少明确的标准，在挑选管理者时就可能出现依据"关系"而非绩效选拔的情况。这就为"政治技巧"在晋升中发挥作用提供了可能，从而在一定程度上佐证了卢森斯的观点。但我们还要看到，由于管理人员知道其工作成败主要依靠于其下属管理人员的工作能力，因而尽管有"政治技巧"因素的存在，高层管理者在选择下属管理人员时，仍主要会以被选拔者的能力为主。

所以我们不能认为所有的这类晋升都是"政治技巧"的作用，尤其是在这种现象如此普遍存在的情况下，就更加说明必然还有更深层的原因导致"成功的管理者"较"有效的管理者"有更快的晋升速度。

以上研究结果说明，人的因素在管理中极其重要，无论是"领导职能""人际关系角色"，还是"社交沟通"，一个管理者要做好工作，取得成功，必须培养管理和应对人事因素的能力。这也就是我们学习这门课程的意义所在。

二、组织行为

那么接下来我们就要去思考另一个非常重要的概念——"组织行为"。从字面上理解，组织行为也是一种行为，只不过是把行为主体限定为组织。行为最原始的含义是指生命有机体的运动和活动，从组织意义上，讨论行为的含义是把组织也看成一个动态的、富有生命力的有机体。所谓组织行为，是指在组织内部，个人和群体所产生的行为，以及组织与外部环境之间的交互作用，其中也包括组织自身的运行状态。

由于组织活动的复杂性，因而对组织行为的分析和研究也有不同的角度，具体表现出三个层次。

第一个分析层次上，可以把组织看成追求组织目标而工作的个人的集合。就是从单个组织成员角度出发，把研究方法重点放在心理学的发展理论和揭示规律上。关注有关人性、需要、动机和激励等方面的理论，来说明单个组织成员的行为和绩效。对知觉、态度、个性等因素予以考虑，并就他们在工作中对于个体行为与绩效的影响进行研究。

第二个分析层次上，可以把重点放在组织成员在群体工作中的相互影响上。无论过去、现在，还是未来，人们在一起工作的常规方式都是小组、部门等组织形式。因此，在组织行为学中，分析工作群体的功能是一个比较有效的研究方法。在群体中人们是如何工作的？决定群体团结、有效的因素有哪些？领导如何影响组织成员以期达到较高的工作效率？组织行为学非常重要的一个任务，就是把社会心理学的知识理论应用到组织中的群体。对群体这个层面上的研究完全不同于对个体单独工作的研究。

第三个分析层次上，可以把组织视为一个整体来分析组织行为。这种宏观方法是把重点放在社会学规律的理论和概念上。例如，对各部门分配任务和责任的不同方法是否会影响这些部门的能力以及整个组织的工作效率？组织技术、规模、年限等因素如何影响组织结构、组织效率？组织如何适应环境？等等这些问题都在考虑之列。

组织行为包括个人、群体、组织的三个基本分析单元，组织中个人和群体构成组织行为学的微观理论，把组织研究作为宏观理论。从不同的角度对组织行为的研究并不互相矛盾，它们是相互补充的。

第二节　组织行为学的发展阶段

由于组织行为学是一门新兴学科，其内涵和外延都处于发展之中，因而对这个问题的回答也就众说纷纭。在借鉴多名学者的观点后，我们将组织行为学定义为，研究组织中人的心理和行为的表现及其规律，提高管理人员预测、引导和控制人的行为的能力，以实现组织既定目标的科学。

在此我们要明确组织行为学的研究对象，是人的心理和行为表现及其规律，而且一定是组织中的人，并且其研究目的不是为了研究而研究，而是在掌握规律的基础上，提高预测、引导和控制人的行为的能力，以实现组织既定目标。

总之，组织行为学是研究组织环境中的人的行为规律的科学。它实质上是现代管理科学，是管理领域中行为学派的理论和方法的支柱。接下来我们从历史的视角来分析组织行为学的发展阶段，从而了解它的产生与发展。

一、组织行为学的产生

组织行为学的产生是组织演变，是人们对管理活动认识上质变的结果。人类对组织活动有效管理的历史已超过6000年，像埃及金字塔、巴比伦古城、中国万里长城这些建筑奇迹，以及古希腊民主制度、古罗马法律体系、中国封建社会文官制度的完备运转，都是人类早期组织管理能力的生动证明。由此可以看出古代人类的管理思想已相当丰富，但并未形成系统科学的管理理论，属于经验管理阶段。管理真正形成一门科学的历史并不长，它是随着社会科学技术的进步、资本主义的兴起而逐步形成发展起来的。

（一）古典管理理论时代（1900~1930年）

古典管理理论诞生于20世纪初期的美国，包括泰勒的科学管理理论、法约尔的一般管理理论和韦伯的管理组织理论。可以说管理学专业的学生，对科学管理之父、现代管理之父和组织理论之父的生平、理论、评价都应该做到如数家珍。所以，在此我们就不具体展开论述，只做简单的知识回顾。

泰勒的科学管理理论倡导在管理中运用科学的方法和科学的实践精神，从而用调查研究和科学知识代替管理者个人的主观判断与经验。正是泰勒理论的出现才使人类的管理由经验走向科学。

法约尔的一般管理理论具有更强的理论性和系统性，他从企业最高管理者的角度概括总结的管理理论具有普遍意义，也适用于其他管理领域，故称一般管理理论。不过，由于他过于追求管理理论的一般性，因而对具体的管理过程重视不够。

韦伯认为官僚制组织在精确性、稳定性、纪律性和有效性等方面，比其他组织都优越。官僚制组织理论是适应传统封建社会向现代工业社会转变的需要而提出的，它具有里程碑意义，影响十分深远。

由于受到时代和阶级局限性的影响，古典管理理论也存在一些天然的不足。

第一，古典管理理论基于当时的社会环境，对人性的研究并不深入，仅仅停留在"经济人"的范畴之内。泰勒对工人的假设是"磨洋工"，而韦伯把职员比作"机器上的一个齿牙"。在古典管理理论中没有把人作为管理的中心，没有把对人的管理和对其他事物的管理完全区别开来。而在管理实践中，人应该是管理研究的中心课题。

第二，古典管理理论对组织的理解是静态的，没有认识到组织的本质。

韦伯认为，纯粹的官僚体制应当是精确的、稳定的、具有严格的纪律组织。当代的组织理论家们普遍认为，韦伯所倡导的官僚组织体制只适合于以生产率为主要目标的、常规的组织活动，而不适合于从事以创造和革新为重点的、非常规的组织活动。

法约尔认为，组织就是人的集合体。例如，一个企业组织，是经营管理者与职工的集合体；一个医院，就是医生与患者的集合体。由此可见，法约尔的组织概念还停留在对组织的表象和功能的表述上，并没有抓住组织的本质进行深入的研究。

第三，古典管理理论研究的着重点是企业的内部，把如何提高企业的生产率作为管理的目标，这对企业提高生产率具有相当大的指导意义。然而，任何一个组织系统都是在一定的环境下生存发展，而社会环境在不断变化，企业的生存发展是在不断地和环境变化进行相互作用下前进的，企业的经营管理必须要研究外部环境的因素和企业之间的相互适应关系，使管理行为和手段都随着社会环境的变化而变化。这些都是古典管理理论没有进行研究的，由于古典管理理论对组织环境以及环境的变化的考虑较少，因此对管理的动态性未予以充分的认识和关注。

因此，不同的历史阶段和时代背景下呼唤着更具有创新性的、有效的管理理论出现成为必然。

(二) 组织行为学形成的历史背景

组织行为学理论的产生同样不是偶然的,而是在特定的历史背景下形成和发展的。

首先,资本主义社会生产力的发展,客观上推动了组织管理实践的发展,为组织行为学的诞生注入了强有力的"助产剂"。随着资本主义社会生产力的发展,垄断也进一步加强,在发达的资本主义国家推行了产业部门的企业合并,出现了大型的联合企业和垄断组织。这就使得企业和组织的规模日益扩大,管理的过程日趋复杂,商品市场的竞争也非常激烈,从而导致对管理水平与管理效益的要求越来越高。对于管理实践的发展提出的上述问题,古典管理理论已无法回答和解决,必然要求产生一种新的管理理论。所以说,资本主义社会生产力的发展,给重视人的因素和强调发挥人的积极性的组织行为学,注入了强有力的"助产剂",推动了组织行为学的诞生。

其次,资本主义生产关系中阶级矛盾的激化。在严酷的组织管理下,工人们整天围着机器疲于奔命,感到异常紧张、单调和劳累,精力消耗在亿万次简单重复与枯燥的操作活动中,身心健康受到了严重的损害。因此,这种管理方式日益激起工人的极大不满与强烈抵制。随着资本家对工人剥削的加剧,工人也日益觉醒,开始反抗资本家的剥削,并组织起来与资本家进行斗争,致使劳资矛盾激化。这时,古典管理理论已不能满足资本家进行组织管理的需要。

最后,社会学、心理学和行为科学等学科的发展,为组织行为学的产生奠定了理论基础。综上所述,组织行为学的产生是社会与历史发展的必然产物。

(三) 组织行为学的产生

1. 关注"人"的意义

最初,更多的学者将目光投向了对人的管理。玛丽·派克·福莱特是一位在"科学管理"理论和行为科学理论之间起着桥梁作用的美国管理学家和社会心理学家。从年代上讲,她属于科学管理时代;从哲学和知识上讲,她又是行为科学时代的一员。她提倡以人为本的观点,认为管理者的工作就是协调群体努力,激发个人潜力,管理人员与工人应互视对方为共同群体中的合作伙伴,管理者领导下属不仅要靠正式职权,更要靠他们的专业技术和知识。

现代管理理论之父切斯特·巴纳德在人群组织这一复杂问题上的贡献和影响,可能比管理思想发展过程中的任何人都更为重要。1938年,巴纳德出版了著名的《经理人员的职能》一书,此书被誉为美国现代管理科学的经典之作。与韦伯的机械和非人格化的组织观不同,他将社会学概念用于分析经理人员的职能和工作过程,认为组织是需要人际合作的社会系统。

2. 人际关系学说——霍桑实验

人际关系学说则是一种较为完整的全新的管理理论,始于20世纪20年代美国哈佛大学心理学家梅奥等所进行的著名的霍桑实验。霍桑工厂位于芝加哥附近,隶属于美国西方电气公司,主要制造电话交换机,具有较完善的娱乐设施、医疗制度和养老金制度,但工人们仍愤愤不平,生产成绩很不理想。为找出原因,从1924年到1932年,他们进行了长达九年的实验研究,试图通过改善工作条件与环境等外在因素,找到提高劳动生产率的途径。

梅奥等先后进行了四个实验:照明实验、福利实验、大规模访谈和群体研究。但实验结果却出乎意料：无论工作条件和福利待遇是否改善，实验组和非实验组的产量都在不断上升。项目组认为，管理方法的改变可能是改善工人态度和提高产量的主要原因；而在历时两年的大规模的访谈实验中，职工由于可以不受拘束地谈自己的想法，发泄心中的闷气，从而态度有所改变，生产率相应地得到了提高。在群体研究中，实验计件工资对生产效率的影响时，发现生产小组内有一种默契，大部分工人有意限制自己的产量，超出限额完成工作的人会受到小组的冷遇和排斥，奖励性工资并未像传统的管理理论认为的那样，使工人最大限度地提高生产效率。可见，组织中存在非正式组织，并是影响工作绩效的一个重要因素。

霍桑实验的研究结果否定了传统管理理论对于人的假设，表明了工人不是被动的、孤立的个体，他们的行为不仅仅受工资的刺激，影响生产效率的最重要因素不是待遇和工作条件，而是工作中的人际关系。据此，梅奥在霍桑实验的基础上，整理发表《工业文明中人的问题》一文，首次提出"人际关系学说"，并提出了自己的观点：

第一，工人是"社会人"而不是"经济人"。梅奥认为，人们的行为并不单纯出自追求金钱的动机，还有社会方面的、心理方面的需要，即追求人与人之间的友情、安全感、归属感和受人尊敬等，而后者更为重要。因此，不能单纯从技术和物质条件着眼，而必须首先从社会心理方面考虑合理的组织与管理。

第二，企业中除了存在着正式组织之外，还存在着非正式组织。这种非正式组织的作用在于，维护其成员的共同利益，使之免受其内部个别成员的疏忽或外部人员的干涉所造成的损失。为此，在非正式组织中，有自己的核心人物和领袖，有大家共同遵循的观念、价值标准、行为准则和道德规范等。

梅奥指出，非正式组织与正式组织有重大差别。正式组织遵循效率逻辑，而非正式组织则以感情逻辑为其行为规范。如果管理人员只是根据效率逻辑来管理，而忽略工人的感情逻辑，必然会引起冲突，影响企业生产率的提高和目标的实现。因此，管理当局必须重视非正式组织的作用，注意在正式组织的效率逻辑与非正式组织的感情逻辑之间保持平衡，以便管理人员与工人之间能够充分协作。

第三，新的领导能力在于提高工人的满意度。在决定劳动生产率的诸因素中，置于首位的因素是工人的满意度，而生产条件、工资报酬只是第二位的。职工的满意度越高，其士气就越高，从而生产效率就越高。高的满意度来源于工人个人需求的有效满足，不仅包括物质需求，还包括精神需求。

3. 组织行为学

霍桑实验之后，各方面的学者、专家致力于行为研究，自然科学和社会科学方面不断取得成果推进了这一领域的研究进程，从而行为科学这一新兴学科在20世纪40年代末50年代初正式形成。1949年，芝加哥大学的一次跨学科讨论会上，正式将该学科定名为"行为科学"。

20世纪60年代中叶之后，行为科学中针对组织行为的研究开始兴起，其主要内容是论述企业组织内个人和群体的行为，也就是说，既注意人的因素，又注意组织的因素。例如，工作任务、组织结构、隶属关系等。从一定意义上说，它是人群关系学派和组织理论的综合。因而把这个学科称为"组织行为学"。

综上所述，组织行为学的发展，对企业管理的科学化和现代化产生了重大的影响，它改变了传统管理对人的错误认识，从忽视人的作用变为重视人的作用。因此，现代管理已从原来以"事"为中心,发展到以"人"为中心;由原来对"纪律"的研究,发展到对人"行为"的研究;由原来的"监督"管理,发展到"激励"管理;由原来的"独裁"管理,发展到"参与"管理。

二、组织行为学的发展

组织行为学是随着组织的演变、管理理论的发展而产生和发展的。这个发展过程实质上是组织行为的研究探索过程,是组织管理理论与人力资源学理论、权变理论、组织文化理论不断融合的结果。整个组织行为学的产生和发展是从古典管理理论之后,开端于人际关系理论,继而是人力资源学派的出现。

20世纪50年代后期,美国出现了经济衰退;与此同时,美国阿波罗登月计划的实现,又标志着科学技术的迅猛发展。此时,员工的需要和期望发生着巨大的变化,心理学界对人的动机、需要、群体动力等的研究也趋于深化。这些客观因素都促使行为科学家重新探讨激励员工积极性的途径。于是,一个新的学派——人力资源学派产生了。人力资源学派理论认为,组织中发生的种种问题的根源在于没有发挥职工的潜力。阿吉雷斯在1957年发表的《个性与组织》中,呼吁管理者进行组织改革,鼓励员工多负责任,让他们有成长和成熟的机会。1960年,麦格雷格在《企业中人的方面》中总结了人性假设理论——X理论、Y理论。他以"自我实现人"假设,即Y理论为前提,认为现代组织的管理者应该让员工负更多的责任,发挥他们的潜力。如果这样做,将会如发现原子能那样,开发出难以想象的人力资源。

在人力资源学派理论发展过程中,权变理论逐渐进入了管理领域。权变理论认为,管理的对象和环境总是处于复杂的变化中,所以对于管理问题的处理,不存在一个简单的、普遍适用的方案。人们必须按照管理对象和情景的具体情况,选择具体的对策。

组织行为学理论吸收了权变理论的观点,认为遵循权变理论并不等于没有理论,而是告诉人们怎样从错综复杂的情境中寻找关键性变量,然后找出变量之间的因果关系,从而针对一定的情境,使用一定的对策。

"二战"后,日本经济奇迹般地迅速崛起并对美国经济构成强大威胁,引起了管理理论界的关注。在这一阶段,组织行为学开始进入深入研究阶段。理论研究者们认为,"软"管理的核心是对人的管理,爱护人才,发现人才,调动人的积极性和创造性,并与硬性管理相结合,才能使组织成功制胜。组织文化理论与实践是对传统管理模式的突破和超越,是管理理念的又一次重大转变,也是现代管理理论发展的必然趋势。

第三节 组织行为学的研究方法

一、研究分类

组织行为学作为科学,必须按照一定的研究程序,探讨组织环境中人们行为的规律性。从 20 世纪初开始用科学方法系统研究企业组织中人的行为。我们可以从应用广度、研究目标和研究可控性三个方面对组织行为学的研究进行分类。

以应用广度为原则的分类。包括理论性研究、应用性研究、服务性研究和行动研究。理论性研究侧重从理论上阐明某种心理或行为现象，而不是着重研究成果是否能应用于实践和怎样应用于实践的问题；应用性研究恰好相反，着眼于潜在的应用价值而进行的研究；服务性研究是咨询人员的研究，比如说，你以专家身份被某公司请去当咨询顾问，那么你的研究就属于服务性研究；行动研究是对某种情况所进行的调查性研究，组织行为学家卢因曾大力提倡此种方法。

以研究目标为原则的分类。包括描述性研究、因果性研究和预测性研究。描述性研究只反映组织行为的现实，不涉及事物之间的联系，即只回答"是什么"，不回答"为什么"，也不讨论具体措施。因果性研究要求弄清楚各个因素之间的相互关系。比如你想知道你的下属对工作的满意感与工作绩效的关系，那就会有三种可能：第一种是好的工作绩效导致工作满意感；第二种是工作满意感促进好的工作绩效；第三种是工作绩效与工作满意感相互促进。因果性研究就是要解决到底是哪种情况。预测性研究是人们根据对客观规律的认识预先考虑今后可能发生情况的方法。

以研究可控性为原则的分类。包括案例分析、现场研究和实验室实验。案例分析是指研究人员通过查阅各种原始记录，或通过访问、调查和实地观察所收集的有关某一个人或某个群体的各种情境，用文字如实记载，形成案例，学生在分析讨论中，找出主要问题，并运用知识提出解决问题的意见。在本门课程学习中，我们将进行多次案例分析环节。现场研究顾名思义，就是在现实环境中对实际情境的研究，与实验室实验相比具有更强的逼真性。实验室实验是一种按照周密的实验设计，在实验室里实施研究的方法。相对于案例分析和现场调查而言，这种方法可以控制实验条件，减少外部因素的作用，并在实验过程中主动排除各种偶然变化因素。比如，在实验室里观察灯光对员工单位时间工作效率的影响，就必须尽量保证其他因素不发生变化，只有灯光强度这唯一自变量发生变化，从而确定其变动对因变量工作效率的影响。

二、技术方法

组织行为学的研究常常是由受过学术训练的，具有管理学、应用心理学或应用社会学知识背景的行为科学家完成的。科学的研究方法的运用可以使人们对工作做出正确评价，形成关于组织行为的正确认识。下面介绍几种常用的研究方法。

（一）问卷研究法

问卷研究法是研究者根据研究问题的性质，运用问卷、调查表等工具，或进行电话访问、面谈等，对特定人群进行调查，收集材料以研究被调查者的行为特征或规律的方法。在调查中，无论是"访谈"，还是用"问卷"，都必须对所提问题进行仔细的推敲和研究，保证结果的准确有效。例如，如果你想知道员工家庭和谐程度对工作绩效的影响，那么在问卷中可能会出现这样一个题项，"请问您的家庭和谐程度？非常满意、比较满意、一般、比较不满意、非常不满意"，大家预测一下，哪类量度的比例最高？大家的答案应该是比较一致的,都集中在非常满意和比较满意。那么,你的员工真的都有很和睦的家庭吗?这就不一定了。因为家庭和谐涉及隐私问题,即使不满意,也不会有人愿意把"家丑"宣扬出去。所以会有些人隐瞒真实情况选择满意。也就是说这道题的设计并不能真实地测量家庭的和谐程度,需要做进一步调整。

(二)实验法

实验法是指能较严格控制无关变量,较自由地操作自变量,以发现因变量的变化,从而求得自变量与因变量之间因果关系的一种研究方法。实验法主要分为两类:实验室实验法与现场实验法。实验室实验法是指在实验室内进行实验的一种方法。现场实验法是指在工作现场进行实验的一种方法。

(三)数量统计法

近年来,组织行为学的研究趋于定量化,数量统计方法应用日益广泛,这是组织行为学研究走向深入、追求精确的重要标志。统计方法是社会科学数量研究的最一般、最基本的方法。调查、观察、实验和比较等方法中得到的经验材料要经过统计处理,得以发现其统计规律,并经过统计方法进行显著性检验,以上升到理性认识,指导人们的行动。

(四)理论模型方法

通过理论模型探究人们理性的行为逻辑是最近十几年兴起的新方法。传统研究方法着重于经验实证,对行为现象背后的内在逻辑和形成机制探讨不够,这样在解决实际问题时的前瞻性就显得不足。20多年来,博弈论作为探究人们理性的行为逻辑的基本工具,拓宽了行为科学研究的领域。

 思考题

1. 何谓组织?组织存在的必要条件是什么?
2. 什么是组织行为学?
3. 组织行为学的发展经历了哪些主要阶段?每个阶段有何特点?
4. 简述组织行为三个层次的主要内容。
5. 组织行为学有哪些主要的研究方法?

第二章　个体心理与个体行为

本章要点

- 了解关于人的理论；
- 掌握个体行为的一般规律——需要决定动机，动机决定行为；
- 掌握价值观的内涵、分类，讨论价值观对人的行为的影响；
- 掌握知觉、感觉与社会知觉的异同，了解影响知觉准确性的因素；
- 了解归因理论及其在管理工作中的应用；
- 掌握态度的内涵，讨论态度与行为的关系，了解态度的测量方法；
- 了解人格的内涵、气质的类型和性格分类，人格特质与组织绩效的关系，人格特质的测试方法，影响组织行为的主要人格特质以及如何实现人格与工作的匹配。

引导案例

> 日本大金工业株式会社（以下简称"大金公司"）是一家拥有70多年历史、1万多名员工、产业遍布全世界的大公司。这家公司一直奉行人本主义的经营理念，注重员工的自主管理。大金公司与多数日本企业一样，实行终身雇佣制，保证长期稳定的雇佣关系，即使在经济不景气的时候也坚持这个原则。终身雇佣制使员工与公司结成利益体，因为员工以公司为家，不会轻易跳槽。在大金公司的《企业经营理念》小册子上，明确地指出："保证长期稳定的雇佣关系，是本公司经营的第一目的。"尽管由于日本泡沫经济破灭、亚洲金融危机的冲击，整个日本经济处于历史最低点，大金公司也坚持不解雇员工，大金公司强调"人和"。在这家公司的任何一个办公场所，都能看到"明朗人和"的标语。但这种"和"，并非你好我好大家好的老好人主义，而是鼓励员工对工作中出现的问题畅所欲言，甚至可以展开激烈的争论。这种"和"的企业文化氛围同时又在人力资源管理上表现为"柔"，尽量创造条件让员工自主管理。
>
> 大金公司不把员工仅仅当作劳动力，而是把员工当作企业这个大家庭中的"自己人"。公司领导层和管理层关心员工的福利、业余生活，对干部、员工在业余时间里的所想所为十分在意，尽量创造条件让他们利用一切机会形成向心力和凝聚力。例如，公司建立业余活动俱乐部，使员工产生家庭感。

> 大金公司的企业内部工会是独立的工会。公司的工会是公司管理层的朋友、合作者，因为公司和工会在主张以人为本的企业管理体制上观点是一致的，因此不存在根本的利害冲突。在更多的情况下，工会总是积极协助和推动企业的经营管理。
>
> 管理者的人性观决定着管理者管理政策的取向及管理方法的选择，这说明有关人的性质和人的行为的假设，对于决定管理人员的工作方式、管理措施等来讲是极为重要的。也就是说，各级管理人员以他们对人性的假设为依据，然后用不同的方式来组织、领导、控制、激励员工。因此，了解个体心理与个体行为是学习组织行为学的一个重要的任务。
>
> 资料来源：张志宏. 组织行为学 [M]. 上海：立信会计出版社，2009：31-32.

对于心理和行为的研究，一般都要从个体心理与行为的研究开始。因为个体是群体和组织的细胞，个体心理与行为是群体心理与行为和组织心理与行为的基础。要研究个体心理与行为，必须对人的本质——人性有明确的认识，清楚人的需要、动机、行为之间的因果关系，并对人的价值观、知觉、态度、个性、意志、感情等心理因素进行详细考察，它们是形成个体心理与行为的具体要素、原因和内在动力。

第一节 关于人的理论

"人啊，认识你自己"这句著名的话，是刻在神庙门口的铭文。古往今来，凭吊于斯的人们触景生情，往往对人的复杂性大发感慨。尽管历史前进了几千年，人类在认识自然的进程中关山飞度，摘星揽月，从20世纪50年代以来更是"宏观在宇，微观在握"，但对自身认识的进展却迂回曲折。随着漫长的社会实践积累，认识的逐渐系统深入，形成了复杂多样的关于人的理论。

一、人性假设理论

研究人首先要研究人性，即人的本质是什么，这是一个古老的命题。在人类思想发展史上，人性问题一直是思想家们所关注的重要问题之一，它源远流长、广泛深入，又丰富多彩、绵延不绝。从中国先秦时代关于"性善论"和"性恶论"的争论，古希腊犬儒学派对别人行为动机和诚意的怀疑态度开始，对于这一复杂而广泛的问题，不同时代、不同学派的人们都从不同的角度、不同的侧面，提出了自己的理论和观点。美国心理学家和行为学家沙因（E. H. Schein）总结前人的观点，将人的特性理论归纳为四种假设：

（一）"经济人"假设

"经济人"假设作为西方经济学和泰勒理论的出发点，是古典经济学家和古典管理学家关于人性的假设。美国工业心理学家麦格雷戈（D. McGregor）将该假设称为X理论。

"经济人"的假设起源于享乐主义，认为人的行为就是为了获得最大的经济利益，工作的目的是为了获得经济报酬。它的主要内容为：
- 大多数人都是懒惰的，他们尽可能逃避工作。
- 大多数人都没有雄心壮志，宁愿接受别人领导，也不愿负任何责任。
- 大多数人的个人目标与组织目标都是相矛盾的，为了达到组织目标必须靠外力的强制。
- 大多数人都缺乏理智，不能克制自己，很容易受别人影响。
- 大多数人为满足基本生理需要和安全需要，将选择那些经济上获利最大的事情去做。

人群大致分两类，多数人符合上述假设，少数人能克制自己，这些人应负起管理的责任。根据经济人假设，管理人员的职责和管理方式应当将管理工作的重点放在如何提高劳动生产率，完成任务方面。应用职权发号施令，使对方服从。强调严密的组织，制定具体的规范和工作制度，如工作定额、技术规程。在激励约束制度上，主要用金钱报酬调动人的积极性，同时对消极怠工者采取严厉的惩罚措施。

泰勒制是"经济人"假设的典型代表，它采用"胡萝卜加大棒"的办法，一方面靠金钱刺激，一方面靠严密的控制、监督和惩罚，迫使人为组织目标努力。总结一句话就是"人之初，性本懒，叫他干，就得严"。现在，在发达的资本主义国家，一般认为"经济人"的时代已经过去，但其思想影响仍然存在。在我国企业改革和组织管理工作中，这一理论仍具有借鉴意义。

（二）"社会人"假设

"社会人"假设是梅奥等依据霍桑实验的结果提出来的，这一假设认为，人们最重视的是工作中与周围人友好相处，物质利益是相对次要的因素。其基本内容是：
- 交往需要是人们行为的主要动机，是人与人之间形成认同感的主要因素。
- 工业革命以来，专业化分工和机械化使劳动失去了内在的乐趣而趋于单调。
- 非正式组织存在于正式组织之中，通过人际关系所形成的影响力，比正式组织的管理措施和奖励对人具有更大的影响。
- 组织领导者的领导方式也有所改变，应当满足职工归属、交往和友谊的需要，工作效率会随着职工社会需要的满足程度而提高。

根据这一假设，相应的管理措施为：

（1）管理人员不能只考虑如何完成工作任务，应当关心人、体贴人，爱护尊重员工，致力于融洽的人际关系，提高组织士气。

（2）对员工的奖励，应尽量采取集体奖励，而不能单纯采取个人奖励。

（3）管理人员要由单纯的监督者变为上下级之间的中介，鼓励交流、沟通，经常倾听员工意见并向上级发出呼吁。

总结一句话就是"人之初，性本善，尊重他，积极干"。这一理论对西方的组织管理方式有很大影响，诸如建立劳资联合委员会、实行利润分成等措施的推行，收到了较好的效果。

（三）"自我实现人"假设

马斯洛的需要层次理论、阿吉雷斯的"成熟—不成熟"理论中所谓成熟的个性、麦格雷戈的Y理论，以上三大理论均遵循"自我实现人"假设，认为人都期望发挥自己的潜力，表现自己的才能，只要人的潜能充分发挥出来，就会产生最大的满足感。其主要内容大体分为五点：

- 一般人都是勤奋的，厌恶工作并不是人的普遍本性，只要环境条件有利，工作就像娱乐、休息一样自然。
- 人们是能够自我管理、自我控制的，外来的控制、惩罚不是鞭策人们为组织目标努力工作的唯一方法。
- 个人自我实现的要求和组织目标并不矛盾，在适当条件下，人们会自我调整，将个人目标和组织目标统一起来。
- 在正常情况下，人们会主动承担责任，力求有所成就，缺乏抱负、逃避责任并非人的本性。
- 大多数人都具有高度的想象力、聪明才智和解决组织中困难问题的创造性。在现代工业社会，人的潜能只能部分发挥。

根据这些假设，总结一句话就是"人之初，性本勤，条件好，就奋进"。相应的管理措施为：

（1）管理的重点是创造一个有利于人发挥潜能的工作环境，管理者的职能应从监督、指挥变为帮助人们克服自我实现过程中的障碍。

（2）激励方式应从外在激励改变为内在激励为主。外在激励来自经济收入、人际关系等外部因素，内在激励来自工作本身，诸如工作的挑战性，在工作中获得知识，增长才干，发挥潜能，满足自尊、自我实现的需要。

（3）在管理制度上给予工人更多的自主权，让工人参与管理和决策，分享权力。

（四）"复杂人"假设

"复杂人"假设是在20世纪60年代末70年代初提出来的。沙因等学者经过长期研究，认为以往的人性假设，如经济人、社会人、自我实现人，各自反映出当时的时代背景，适合于某些人和某些场合，有合理的一面，但也失于简单和绝对化。事实上，人是复杂的、多变的，不能把所有的人归为一类。

由此提出了复杂人假设：

- 人的需要可以分为许多种，纷繁复杂，而且随发展阶段、生活条件和具体环境的不同而变化。每个人的需要各不相同，表现形式也因人而异、因事而别。
- 人在同一时间会有多种需要和动机，他们相互作用，并结合为统一的整体，形成错综复杂的动机模式。
- 人在组织中可以产生新的需要和动机，在某一特定的阶段和时期，人的动机是内部需要和外部环境相互作用的结果。
- 人在不同的组织、不同的工作部门和岗位，可以有不同的动机模式。
- 本人的需要结构及其与组织之间的相互关系决定了人致力于组织工作的程度。工作能力、工作性质、与同事的关系都可能影响员工的积极性。
- 由于人的需要不同，能力各异，对同一管理方式会有不同的反应，所以没有对任何时代、任何组织和任何个人，普遍适用的、唯一正确的管理方式。

根据复杂人假设，管理的方法和技巧必须因环境的不同而随机应变、审时度势、因势利导、灵活机动,对保证组织管理的成功是至关重要的。管理者最重要的能力便体现在鉴别情景、分析差异、诊断问题的洞察力上。几乎同一时期,美国管理心理学家约翰·摩尔斯和杰伊·洛希在1970年提出了"超Y理论",其思想观点和复杂人假设如出一辙。它们共同构成了权变学派的理论基础。总结一句话为"人之初,性善变,因时异,因地移"。

总之,人性假设理论的演变,反映了人性认识深化发展的特点,不同的管理理论与管理措施,不仅反映了人性认识上的差异,也是与生产力发展水平、员工的生活水平和受教育程度相联系的。西方学者总结的人性假设理论固然有其局限性,但也在一定程度上揭示了人们行为的内在依据,揭示了组织结构、管理方式对人性发展的依赖和影响。借鉴这些理论,根据马克思主义的人性观,发展适合我国特点的组织行为理论是摆在我们面前的历史性任务。

二、需要层次理论

(一)需要的层次

对人的需要的研究,是认识人的心理规律和行为动机的出发点。人到底有哪些需要?需要的一般规律何在?许多学者对此进行了探索。其中影响最大的是马斯洛的"需要层次理论"。

马斯洛在1943年把人的需要分为生理需要、安全需要、社交需要、尊重需要和自我实现需要五个层次(见图2-1)。

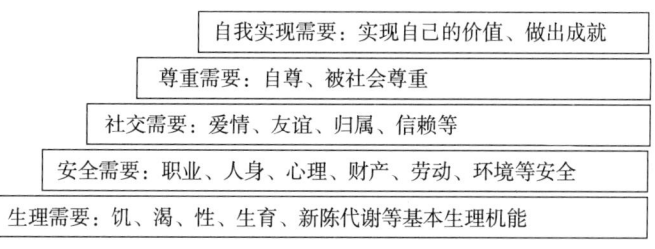

图 2-1 马斯洛需要层次理论

我们来看一下每种需要的具体内涵。生理需要即饥、渴、性、生育、新陈代谢等基本生理机能。安全需要包括职业、人身、心理、财产、劳动、环境等安全。社交需要包括爱情、友谊、归属、信赖等。尊重需要包括自尊、被社会尊重的需要。最后是实现自己的价值、做出成就的自我实现需要。

这些需要要通过不同方式得以满足:

1. 生理需要

生理需要即人们维持生命最基本的需要,是各种需要的基础。每个人都有衣食住行的要求,而且要首先考虑。要满足这些需要,可以组织家庭、通过工作获得金钱购买满足生理需要的物质条件。一旦生理需要得到相对满足,人的注意力就会集中到更高一层次的需要上,即所谓"仓廪实而知礼节,衣食足而知荣辱"。

2. 安全需要

人们希望保护自己身体和情感免受外界因素的伤害、威胁,希望自己已满足的需要,已得到的利益不再丧失以及尽量保持,对今后不确定性的控制即是安全需要。例如人身安全、工作安全、生活保障等。

3. 社交需要

社交需要也称友爱与归属需要。如人们希望通过交流、沟通形成群体，渴望得到关心、支持和友爱。因此，工作单位和地点就不仅仅是一个工作场所，也为人们进行社交活动、建立友谊和归属提供了机会。当然，社交需要比生理、安全需要细致得多，不同的人差别也大，与个人的性格、经历、教育、信仰等因素有关。

4. 尊重需要

一个人的归属感满足后，其并不满足作为群体中的一员，通常还会产生自尊的需要，即希望人们承认自己的重要性，对自己的成绩、人品、才能给予较高的评价，希望自己享有一定的声望，发挥一定的影响力。如上级对自己工作的肯定，就会满足一个人的尊重需要。

5. 自我实现需要

这是最高层次的需要。当上述的需要基本得到满足时，自我实现的需要就会凸显。自我实现的需要就是要实现个人的理想和抱负、最大限度地发挥自身潜能并获得成就。这种需要往往要通过对挑战性工作的胜任感和在创造性活动中得到的成就感来满足。

（二）主要观点

马斯洛认为对于一般人而言，这些需要由低到高形成一个阶梯，在低层次需要得到相对满足后，就会产生更高一级的需要，只有未被满足的需要才能影响行为。他还认为，一个国家的人民对各个需要层次的分布和经济、社会发展水平直接相关。欠发达国家，生理、安全需要占主导的人数比重大，高层次需要的比重小；发达国家情况则相反。同一国家的不同地区、不同时期，人的需要层次也因生产力水平而异。

（三）马斯洛需要层次理论的两重性

马斯洛需要层次理论具有科学性和局限性两个方面。科学性体现在一定程度上反映了人类行为和心理活动的共同规律。局限性在于过于强调个人需要和人的自然需要，缺乏对社会需要的考虑。

马斯洛还认为只有满足了低一级的需要之后，才能进入下一个层次的需要，这样由低到高，逐级递升。这种观点有形而上学和机械论的倾向。实证研究表明，低级水平的需要未满足时，高级水平的需要也是可以发展的；而高层次需要得不到满足时，人们会有"回归"倾向，对低层次的需要更强烈。

由于人的一切活动都是为了满足自己的需要，需要成为人们行为的出发点。因此，研究需要、动机与行为的关系是激励理论的基础。

第二节 需要、动机与行为

一、需要与行为的关系

行为是人类有意识的活动。行为科学认为，行为既是人对外界刺激做出的反应，又是人通过一连串动作实现其预定目标的过程。行为产生的原因是心理学家争论的焦点。有人认为，行为是个体的生物本能；还有人强调行为是由社会环境决定的。心理学家卢因融合各派理论所长，认为人的行为是环境与个体相互作用的结果。他于1951年提出了著名的人类行为公式：

B=f（P，E）

行为B是个体P与环境E的函数表达。式中，B——行为；P——个人；E——环境；f——函数关系。

卢因的理论得到多数人的认同。根据这种理论，人的行为是由动机决定的，而动机是由需要支配的。

需要，是指客观的刺激作用于人们的大脑，所引起的个体缺乏某种东西的状态。这里所说的客观的刺激，既包括身体外部的，也包括身体内部的。客观的刺激可以是物质的，也可以是精神的。例如，宣传雷锋精神对社会的精神风貌有一定的影响，人们思想上感恩社会、友好互助的心理会更强烈一些。精神的刺激可以反映个体的要求，也可以反映社会时代的要求。例如，振兴民族产业的要求，反映到人的头脑里，会产生工作的责任感和自觉劳动的需要。

动机的原意是引起动作。心理学上把引起个人行为、维持该行为，并将此行为导向满足某种需要的欲望、愿望、信念等心理因素叫作动机。

动机是在需要的基础上产生的，但需要并不必然产生动机。需要转变为动机的条件有两个：一是需要达到一定强度，产生满足需要的愿望；二是需要目标的确定。需要强度在某种水平以上才可能成为动机并引发行为。当人产生的需要处于萌芽状态时，它以不明显的、模糊的形式反映在人的意识之中，使人产生不安，这时，人的需要以意向的形式存在着；需要增强到一定程度，而又未能满足时，心理上就产生一种紧张状态，人也明确地意识到，通过什么手段可以解除这种紧张，这时，意向就转化为愿望。但愿望只反映了内心需要，是人活动的内在驱动力，由于还没有明确的目标，所以这种驱动力没有方向，还不是动机。在遇到能满足需要、解除心理紧张的特定目标，并且展现出达到目标的可能性时，这种驱动力就有了方向，以愿望形式出现的需要就变为动机，推动人去进行某项活动，向着目标前进，如图2-2所示。也就是说，有一定强度的需要，还要有诱因条件，才能成为推动实际活动的动机。动机是内在的愿望和外部具体对象（诱因条件）建立心理联系时产生的。

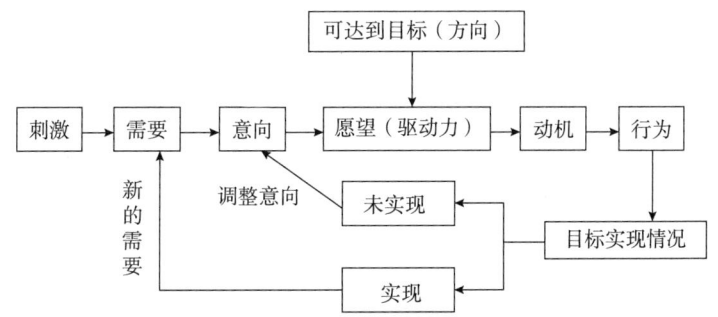

图2-2　需要、动机与行为的转化关系示意图

如上所述，有某种需要不一定就会产生某种动机，同样，有某种动机不一定就会引发某种行动。在实际生活中，一个人的需要总是多种多样的，这种种需要，会形成一定的需

要结构。不同人有不同的需要结构，同一个人在不同的时期也会有不同的需要结构。例如，老年人的需要结构有别于青年人的需要结构，成年人的需要结构也不同于儿童的需要结构。不同的需要结构，必然导致不同的动机结构；在同样的需要下，也会产生不同的动机。

动机也不是单独存在的，一个人往往同时有着各种各样的动机。例如，一位乘长途火车的旅行者，下车后可以饥、渴、累三者兼有，但不可能同时满足这三种需要，只能根据这三种动机的强弱选择其一，或先吃，或先喝，或先睡。

动机之间不仅有强弱之分，而且会有矛盾和斗争，以其一定的相互关系构成动机体系（或叫动机系统）。动机体系中，各个动机的强度不同，在同一个人身上所占的地位和所起的作用也不同。有的动机比较强烈而稳定，而另一些动机比较微弱而不稳定，那种最强烈而又稳定的动机，叫优势动机，其他动机叫辅助动机。如图2-3所示，B是优势动机或叫主导动机，A、C、D、E是辅助动机。一般来说，只有优势动机可以引发行为。一个人的行为是受优势动机支配的，辅助动机对行为存在着影响，但不起支配作用。事实上，一项行为的产生，往往并非由一种动机所引起，而是由几种动机共同起作用，但对人的行为起支配作用的则是优势动机。

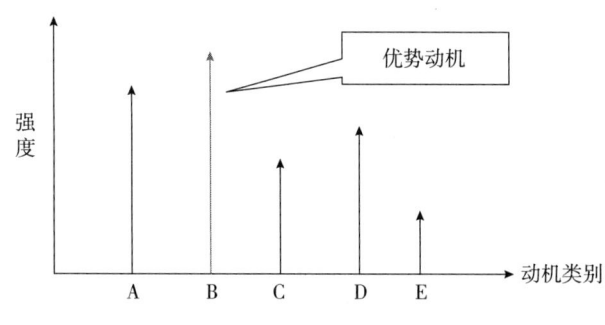

图 2-3 动机结构与强度

行为科学认为，人的行为可分为三类：一是目标导向行为，指为了达到目标所表现的行为。有了动机就要选择和寻找目标，目标导向行为代表寻求、到达目标的过程。二是目标行为，指直接满足需要的行为，也即实现目标、达到满足的过程。三是间接行为，指与当前目标暂无关系，为将来满足需要做准备的行为。

一般情况下，优势动机引发的行为由目标导向行为与目标行为两部分构成。例如，发表一次演讲，从收集资料、进行构思到准备完毕，属于第一阶段；上台演讲到演讲完毕，则为第二阶段。

根据心理学的研究，在目标导向行为和目标行为阶段，动机和需要的强度变化是不同的。先来看目标导向行为，动机强度会随着这种行动的进行而增强，越接近目标，动机强度越强，直到达到目标或者遇到挫折停止。目标行为则不一样，当目标行为开始后，需要强度就有减弱的趋势。例如，一个饥饿的人，为了充饥，迫不及待地寻找食物，对食物的需要强度不断增加，而当他得到了食物并开始吃东西时，随着进食的增多，对食物的需求强度便逐渐降低，直到吃饱，进食动机暂时消失。

当优势动机引发的行为后果达到目标时，紧张的心理状态就会消除，需要得到满足。

一个需要满足了，又会有新的需要产生。这样周而复始地发展下去，从而推动人去从事各式各样的活动，达到一个又一个的目标。这就是需要、动机和行为的关系，也是需要、动机和行为的一般规律。

二、动机与行为的关系

一般来说，动机是行为产生的直接动力，行为是动机的外在表现，由优势动机引发人的行为。那么动机和行为之间的关系是不是完全确定的对应关系呢？不是的。由卢因的人类行为公式可知：由于任何一个行为都是个人因素与环境因素相互作用的结果。因此，人的行为是这些因素的综合效应。这使动机和行为有着复杂的关系，具体表现在以下几个方面：

（1）同一动机可以引起多种不同的行为。例如，人们都想装修一套较为舒适的住房，这种动机可能在不同的人身上引起不同行为：第一，努力工作，多得奖金，攒钱装修；第二，平时省吃俭用，省钱装修；第三，努力用正当经营赚钱装修；第四，搞歪门邪道、捞不义之财装修；第五，偷钱物来装修；等等。

（2）不同的动机产生同一行为。例如，一个人埋头工作，可由种种不同的动机引起。第一，争取做优秀职工，为社会多做贡献；第二，为了受表扬得个好名声；第三，得到领导的好感，以便受提拔重用；等等。

（3）多种动机可能推动同一种行为。比如我们刚才说的那个埋头苦干的职工，分析一下他的动机，其中有为社会多做贡献的动机，也有想得到领导的提拔重用的动机，也可能有希望获得先进工作者荣誉称号的动机，还有可能有多拿奖金的动机等。当然，其中的优势动机是该行为的主要驱动力量。

（4）合理的动机可能引起不合理的甚至错误的行为。有的管理者看到自己的下级工作出了差错很痛心，一心想帮助其改正，但因急于求成，采取了简单粗暴的做法，结果未能使下属认识自己的错误，反而使下属产生了抵触情绪。

（5）错误的动机有时被外表积极的行为所掩盖。在已经查处的经济犯罪分子中，有的犯罪分子早来晚归，对领导百般殷勤，还被选为先进工作者。但其"先进"的行为，正是为了掩盖其犯罪动机。

由此可见，人的动机和行为之间的关系是十分复杂的。无论动机与行为的关系如何复杂，但需要、动机、行为关系已经较明显地揭示出它们之间的关系以及发展规律。遵循这一规律，管理者能从宏观上掌握员工的心理，从而制定相应的较为科学的管理措施，以高效地实现组织目标。

第三节　价值观与行为

在日常生活和工作中，价值观潜移默化地影响着人的行为，而且影响着人在工作和组织中的整体感受——是否愉快、健康、如意。比如，学生在择业问题上的喜好差异比较大，有的学生首先看能否有发展提高的机会；有的学生看薪酬；还有的学生主要考虑工作福利待遇。标准是五花八门，实际上都反映了价值观对人们观念和行为的影响。

一、价值观的内涵

（一）价值观的定义

价值观代表了一系列基本的信念，所谓价值观是指一个人对周围的客观事物（包括人、事、物）的意义、重要性的总评价和总看法，是一个人基本的信念和判断。

定义包含着判断的成分，反映了人们在观念上对于正确与错误、重要与不重要、好与坏的判断和评价。一个人认为最有意义的、最重要的客观事物，就是最有价值的东西；反之，就是最无价值的东西。比如，人对金钱、友谊、权力、自尊心、工作成就和对社会的贡献等因素的总看法、总评价就不尽相同，有人看重金钱报酬，有人注重工作成就，有人认为地位和权力最重要，有人把对国家的贡献看得最有价值。如果根据强度排列一个人的价值观，将对各个事物的看法和评价根据心目中的主次轻重、相对重要性排列次序，形成层级，就是价值观体系。价值观和价值观体系是决定人们行为的核心因素。

（二）价值观的来源

关于价值观体系的来源，一部分是遗传获得的。另一部分受到社会环境因素的影响，如民族文化、家庭教育、教师、朋友等。

从遗传的角度看，对分开抚养的双胞胎进行的研究表明，大约40%的价值观是遗传获得的。所以，亲生父母的价值观在解释一个人价值观方面起着重要作用。

但是，价值观的变异大部分是由社会环境因素引起。从社会历史来看，人类文化中有些价值观经历了千百年，被证明是合理而有用的，在文明中沉淀下来，代代相传。诸如和平、自由、民主、尊严、权利、荣誉、诚实、正直、道义、公正、平等、合作、快乐、勤俭等，都是文化中被肯定的价值观，它们相对稳定，即使变动，也极其缓慢。这样，作为个体来说，一个人出生后，就生活在现实社会中，接受文化的洗礼，在社会规范的作用、塑造下，建构起自己的价值观体系和行为风格。在这一过程中，人们所处的社会生产方式及经济地位，对价值观的形成有决定性的影响。

教育是多层次的，可以来自家庭教育、学校教育、同伴团体、社会舆论、大众传播媒体及其他社会文化因素。例如，父母、老师、朋友和英雄模范人物的观点与行为，对价值观的形成有不可忽视的作用，尤其是在幼年和少年时期，作用更为明显。最终，人们学会判定是非、善恶、美丑、优劣，懂得怎样为人和做事。

人的价值观一旦形成，就如同社会文化价值观一样，是相对稳定和持久的。因此其行为会形成相对一致的标准，不致陷入变化无常的盲从状态。当然，价值观并非绝对一成不变。当人们处在某种新的环境，其行为必须符合新的情境要求时，人们常常会对旧的价值观提出疑问，对可能不再适合的部分进行修正，反复比较，导致价值观的变化。

从组织行为学的观点来考察，价值观影响当前及将来员工的行为，所以对价值观的理解很重要。从个体层面了解员工的价值观，是了解其工作态度和动机的基础，对理解员工的心理、预测员工的行为极其重要。从群体、组织的层面看，个体对组织核心价值观的认同是影响组织效能的重要方面。如果员工的价值观与所在群体、组织的制度、文化所体现的核心价值观一致，那么，就容易形成"志同道合"的效果。反之，就需要培训、磨合，如果价值观还是互不相容，那就只能是"道不同，不相为谋"了。

二、价值观的分类

作为一个基本的信念和判断，价值观代表了人对周围的人、事、物的意义、重要性的总评价和总看法。价值观是一个复杂的体系，有不同的类型，不同个人、群体、组织的价值观是不同的。

（一）斯普朗格尔的价值观分类

美国组织行为学家斯普朗格尔（E. Spranger）最早对人的价值观进行了归类，他将价值观分为下列六类（见表2-1）：

表2-1 斯普朗格尔六种价值观类型

类型	描述
经济型	追求实用价值，关心生产商品、提供服务和积累财富
政治型	对权力感兴趣，喜欢支配和控制他人，强调权力的获取和影响力
宗教型	最高价值是整体性，相信命运，注重超自然力和感觉的东西，设法将自己与对宇宙整体的信仰联系起来
艺术型	追求形式与和谐，主要兴趣在于审美和对美的追求
社会型	以爱护和关心他人为中心，热心社会活动，喜欢与人交往，能为他人牺牲自己
理论型	追求知识和真理，求知欲强，富于幻想，重视用批判和理性的方法寻求真理

当然，没有哪个人是绝对属于某一种类型的。一个人并不是只具有一种类型的价值观。实际上，六种类型在不同的人身上有着不同的配置。根据奥尔波特（G. W. Allpork）等的调查，这六种价值观在美国社会中起中心作用，但哪些最为主要在看法上有分歧，在美国以第一种、第二种居多。他们还发现：不同职业的人对这六种价值观的重视程度不同，形成了不同的优先顺序，反映了不同的价值体系（见表2-2）。

表2-2 三种职业的人对价值观重要性的排序

排序	牧师	采购代理商	工业工程师
1	宗教	经济	理论
2	社会	理论	政治
3	艺术	政治	经济
4	政治	宗教	艺术
5	理论	艺术	宗教
6	经济	社会	社会

从表 2-2 中我们可以看到,牧师最看重的是宗教价值观,经济价值观居于最后;采购代理商更关注经济价值观,工业工程师重视理论价值观,他们两者均把社会价值观排在末位。

(二)罗克奇的价值观调查

1973 年,米尔顿·罗克奇设计了罗克奇价值观调查问卷,简称 RVS。包括两种价值观类型,每一种类型有 18 项具体内容(见表 2-3)。第一种类型称为终极价值观,指的是一种期望存在的终极状态,是人一生中希望实现的最根本的目标。诸如舒适的生活、成就感、和平的世界、平等、自由、快乐、自尊等。第二种类型称为工具价值观,指的是人喜欢的行为方式或实现终极价值观的手段。诸如雄心勃勃、心胸开阔、清洁、勇敢、宽容、富于想象、顺从、负责、自我控制等。

表 2-3 罗克奇价值观的两种类型

终极价值观		工具价值观	
舒适的生活 (富足的生活)	内在和谐 (没有内心冲突)	雄心勃勃 (辛勤工作、奋发向上)	富于想象 (大胆、有创造性)
振奋的生活 (刺激的、积极的生活)	成熟的爱 (性和精神上的亲密)	心胸开阔 (开放)	独立 (自力更生、自给自足)
成就感 (持续的贡献)	国家的安全 (免遭攻击)	能干 (有能力、有效率)	智慧 (有知识、善思考)
和平的世界 (没有冲突和战争)	快乐 (快乐的、休闲的生活)	欢乐 (轻松愉快)	符合逻辑 (理性的)
美丽的世界 (艺术和自然的美)	救世 (救世的、永恒的生活)	清洁 (卫生、整洁)	博爱 (温情、温柔的)
平等 (兄弟情谊、机会均等)	自尊 (自重)	勇敢 (坚持自己的信仰)	顺从 (有责任感、尊重的)
家庭安全 (照顾自己所爱的人)	社会承认 (尊重、赞赏)	宽容 (谅解他人)	礼貌 (有礼的、性情好)
自由 (独立、自主的选择)	真挚的友谊 (亲密关系)	助人为乐 (为他人的福利工作)	负责 (可靠的)
幸福 (满足)	睿智 (对生活有成熟的理解)	正直 (真挚、诚实)	自我控制 (自律、约束的)

实证研究表明,不同人群的 RVS 价值观有较大差异。调查表明,社区工作者认为"平等"是最重要的终极价值观,而公司管理者和工会会员却分别将其排在第 14 位和第 13 位;社区工作者将"助人为乐"排在工具价值观的第 2 位,而公司管理者和工会会员却将其排在第 14 位。这些差异表明,人们要想对具体问题达成一致意见是有困难的。

三、价值观对人行为的影响

上述论述说明，价值观与人的世界观、人生观紧密相连，对个体心理和行为、对群体凝聚力和组织效能有广泛的影响。价值观是相对稳定和持久的，所以这些影响也是深远的。管理者必须重视价值观的作用。

一个人的价值观，会影响对其他个人及群体的看法，从而影响到人与人的关系；影响个人所选择的决策和解决问题的方法；影响个人对所面临的形势和问题的看法；影响确定有关行为的道德标准；影响个人接受或抵制组织目标和组织压力的程度；影响对个人及组织的成功和成就的看法；影响对个人目标和组织目标的选择；影响管理和控制组织中人力资源的手段。

第四节　知觉与行为

对同样一个人、一件事、一个问题，不同人的观点可能差别很大。为什么会形成这种差别呢？一种可能是价值观或个性心理不同，不同价值观或个性心理的人，其判断标准不一样。还有一种可能是价值观标准相同，但对同一个对象，大家捕捉到的信息不一样，从而得出不同的结论。"盲人摸象"就是这种情况。

经理怎么了？

请想象你是一家公司的经理，有这样一个早晨：给你带孩子的保姆病了，你太太又不能请假。因此，你只得给邻居打了好几个电话，为照顾三岁多的孩子作安排。你抓起一杯咖啡往外赶时，你家的小狗又绊了你一跤，你不得不去换掉溅满咖啡的西服。路上开车比平时更让你神经紧张，一个十几岁的小孩横穿马路，你的车差点撞上他。

你的雇员谁都不知道这些事情。他们只看到：上司绷着脸进来，径直走进他的办公室而没有像平时那样与大家打招呼，然后重重地关上门。

到上午10点钟，关于你的行为已经有许多种说法。有的人说你遇上婚姻危机了；有的人说你在路上吃罚单了；还有一个职员说他昨天看到报纸上一篇文章，文章说当地一个投资者正在物色购买公司。正当大家推测"出了什么事"时，这一消息不胫而走。到中午时，这一说法已经传遍公司，说得像真的一样：公司已经被卖掉，上司就要丢掉饭碗，在今后的几个月中还会有许多人像他一样，加入失业行列。

人们拥有的信息作用于对客观事物的认知过程和心理过程，而认知过程是从人脑对客观现实的反映——感觉与知觉开始的。一切较高级、复杂的心理过程活动，都以感觉与知觉作为基础。由于不同的人的知觉过程不一样，那么即使面对相同的原始材料，人们在经过各自知觉过程的处理后得到的信息也会有差别，所以人们做出的决策就可能不一样。

另外，信息的发出者和接收者对信息的理解是存在差异的。在一定程度上，行为是以人们对现实的知觉为基础的。在研究人的行为和组织行为时，这是一个非常重要的问题。

一、感觉与知觉

感觉是直接作用于人们感觉器官的，客观事物的，个别属性或个别部分在人脑中的反映。在日常生活中，人时刻都能接触到外界的许多事物，它们直接作用于人的各种感觉器官，从而在人脑中产生了各种各样的感觉，如人们看到的颜色、听到的声音、闻到的气味等。同样，身体的运动与姿态、体内器官的状况，也能作用于有关的感觉器官，从而在大脑里产生舒适、疼痛、饥渴等感觉。

知觉是直接作用于感觉器官的，客观事物的，整体属性或各个部分在人脑中的反映。客观事物的各种属性并不是各自孤立地作用于个人，而是组合成整体，同时或相继作用于人的感官，于是在大脑中就产生事物的整体映象。例如，当我们拿起苹果品尝时，苹果的颜色、气味、表面光滑度和味道等个别属性，便分别作用于眼、鼻、手、舌等感官，在脑中产生相应的感觉，这些感觉经过人脑的选择、处理和组织，形成一个有机组合，就构成了完整的苹果映象，这就是对苹果的知觉。

感觉和知觉的共同点在于，两者都是直接作用于感官的当前事物在人脑中的反映，所产生的主观映象都是具体的感性形象。感觉和知觉的区别在于，感觉是人脑对直接作用于感觉器官的事物的个别属性的反映；知觉是人脑对直接作用于感官的事物的整体反映，是将各种感觉有机结合而成的综合的、整体的反映。感觉和知觉又有联系，感觉是知觉的成分，是知觉的基础；知觉是在感觉之上产生的，它依赖于人脑中储存的一系列感觉信息组合，没有感觉，就不会有知觉。知觉的基础是社会实践。检验知觉真实性的标准，也只能是社会实践。随着人类社会实践向无限广度和深度的发展，人们知觉的对象更加丰富多彩，人们对如何知觉这些对象的探讨也会更加深入、更加科学。知觉是客观事物在人脑中的主观映象，因而知觉受人的各种主观意识特点的影响和制约。例如，一个人的知识水平、兴趣爱好、情绪体验等都直接影响着知觉过程。所以，不同的人对于同一对象的知觉的完整性和准确性往往是不相同或不完全相同的，甚至同一个人在不同时间对同一对象的知觉也往往是不相同或不完全相同的。

二、社会知觉的概念和分类

从知觉对象看，可以把知觉划分为对物的知觉和对人的知觉。他们都服从于知觉的一般规律，但是他们又表现出各自的特殊性。社会知觉就是对人的知觉，就是对人和社会群体的知觉，就是对社会对象的知觉。这一概念由美国心理学家布鲁纳于1947年首先提出。

社会知觉是知觉主体的一种特殊的社会意识，影响着主体的心理活动，调节着主体的社会行为。组织行为学特别注重社会知觉的研究，因为它与人的行为密切相关。我们在知觉人的过程中，可以从不同的角度和侧面进行，所以就有不同的社会知觉类型，即对人的知觉、人际知觉、自我知觉、角色知觉等。

1. 对人的知觉

对人的知觉是指通过对他人的外部特征的知觉，借以了解其动机、感情、意图的认识活动。人的外部特征主要包括容貌、穿戴、仪表、风度、举止、言谈等，这些都是知觉的对象。在人与人的交往接触中，尤其是初次接触时，总会给人以鲜明的感知，甚至直接影响人们之间交往的深度、交往的质量。当然，这其中也有知觉者自我主观的知觉因素的作用。比如说，有外貌协会的，有在乎内在美的，还有看重穿戴的。总之，对人的知觉既受知觉对象的外部特征影响，也受知觉者主观因素影响。

2. 人际知觉

人际知觉是指对人与人之间关系的知觉，其主要以人的交际行为为知觉对象，对人们交往中的动作、表情、态度、言语、礼节等进行感知。这种感知有明显的情感因素在起作用，会使人们相互之间产生友好的、一般的或者对立的情感。

3. 自我知觉

自我知觉是指一个人通过对自己行为的观察而对自己心理状态的自我感知，是自己对自己的看法。一个思维健全的正常人在社会实践中，不仅要知觉周围的人和事，也要知觉自我，即自悟，两个过程交错进行。自我知觉与知觉别人互相影响、互相作用。

4. 角色知觉

角色知觉是指对人们所表现的社会角色行为的知觉。每个人在社会中都充当着某些角色。例如，某人是他父母的儿子，又是他儿子的父亲；是他领导的部属，又是他部属的领导；是他学生的老师，又是他老师的学生等。这就要求每一个人在社会实践活动中、在每一天的人际交往中，把握住各种角色知觉（其实是把握住主要的角色知觉），把握住各种角色的行为标准，形成角色意识，使人的行为合乎规范。

三、影响知觉准确性的因素

现实中，人的知觉往往不准确、不符合实际情况，甚至产生错觉。"风声鹤唳，草木皆兵"就是典型的例子。知觉的偏差会影响人的认识，导致决策的失误，误导人的行为，给工作造成损失。因此，在组织管理活动中，必须研究影响知觉准确性的因素，减少偏差和失误。

影响知觉准确性的因素可以大致归纳为三个方面：知觉者的主观因素、知觉对象的特征、知觉的情境因素。

（一）知觉者的主观因素

知觉者的主观因素不同会导致知觉的个体差异，即对同一事物，不同的人知觉也不同。

1. 人的兴趣和爱好

人在兴趣和爱好方面的个体差异性会影响知觉的选择性。通常人们对自己最感兴趣的事物最容易知觉到，并能把握更多的细节，如"见微知著"；对自己不感兴趣的事物往往排除掉，如"熟视无睹"。比如，一个书法爱好者和一个绘画爱好者一起去字画店，绘画爱好者往往会首先看有没有新画册；而书法爱好者则会在书法集的柜台前流连忘返，对别人关注的新书，他们则可能根本没有注意。此外，兴趣和爱好相近的人，也往往有相近的知觉，容易沟通，从而形成非正式群体。

2. 需要和动机

人们的需要和动机不同也在很大程度上决定人们的知觉选择。一般来说，凡是能够满足人的某种需要、合乎其动机的事物，容易成为知觉的对象和注意的中心；反之，则不易被人知觉到。

3. 知识和经验

个体具有的知识和经验对于知觉的选择性影响也很大。例如，对同一台戏曲节目，外行人和内行人的知觉就有区别，所谓"外行看热闹，内行看门道"。不懂戏的人只关心故事情节，而票友评价一出戏更在于唱腔、动作。

4. 个性特征

个性也是影响知觉选择性的因素。比如，不同气质类型的人在知觉的深度和广度上存在着明显的差异。一般来说，多血质的人知觉速度快、范围广，但不细致；黏液质的人知觉速度慢、范围窄，但比较深入细致。

此外，个人的价值观、对未来的预期、身体状况、自身条件等因素也会影响知觉的选择。由主观因素造成的个体知觉差异性，使人的知觉世界各有千秋。虽然知觉反映了客体的本质属性，但在具体的反映形式和结果上，却体现着个人风格，形成了选择性知觉。

（二）知觉对象的特征

知觉对象的特征是影响知觉的重要因素。知觉对象的颜色、形状、大小、声音、强度和高低、运动状态、新奇性和重复次数等因素，都会影响知觉的结果。

1. 颜色

由颜色引起的知觉差异，已经被人们应用于日常衣着和房间格调的布置上。你们有没有注意到，肯德基、麦当劳这一类的快餐店店面的色调基本都是暖色调，还有永和豆浆、真功夫也是以红色和橙色为主。研究表明，红色、黄色之类的暖色调不仅能够让人的饥饿感和食欲大大提升，还能让用户在进食的时候感到幸福。所以红色、橙色、黄色这样的暖色调就成为快餐文化连锁店的主要选择。

2. 形状

由形状引起的知觉差异很大。例如，垂直线段和水平线段等长，但看起来好像垂直线段长于水平线段。最著名的是缪勒—莱依尔错觉：两条等长线段两端附加箭头，一条线段两端的箭头向内，而另一条线段两端的箭头向外，后者显得长些（见图2-4）。

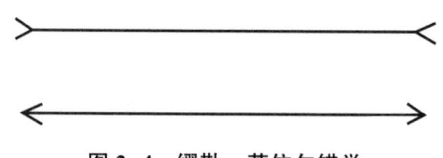

图2-4 缪勒—莱依尔错觉

3. 强度

在其他因素不变的情况下，形状大、强度高、新奇、熟悉的事物更容易被知觉。例如，在人群中，身材高大的人、穿着奇特的人、熟人一般会先进入眼帘而被知觉到。鞭炮声比掌声、枪声比鞭炮声更容易被知觉。

4. 动态和重复性

一般情况下,动态的事物、重复次数多的事物容易被知觉。例如,晚上在广场,那些颜色变化、运动的霓虹灯广告牌就比静止的广告牌给人的印象更深刻。商品广告的多次重复也能起到更好的效果。但我们也要知道,超过重复阈值会适得其反,例如2008年"恒源祥十二生肖"广告门事件。

5. 知觉整合原则

人们在知觉事物时,会根据对象的特征进行组织、整合,这种整合遵循一定的规则,包括接近律、相似律、闭锁律和连续律。

(1) 接近律。在时间、空间上接近的对象,有被知觉为同类的倾向。例如,一个车间的两个工人同时要求辞职,人们很容易觉得他们是串通一气的,其实可能仅仅是巧合。图2-5中的八条线,我们往往把它们分成四组,而不是知觉为八条线组成的整体。

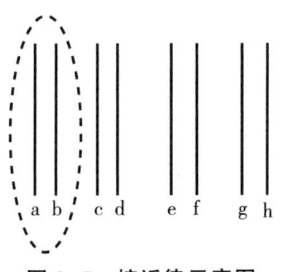

图 2-5 接近律示意图

(2) 相似律。具有相似性的对象易被知觉为一组。在图2-6中有77个小圆点。但人们往往不把它们知觉为一个整体,而是知觉为灰色背景和白色三角形的两组。

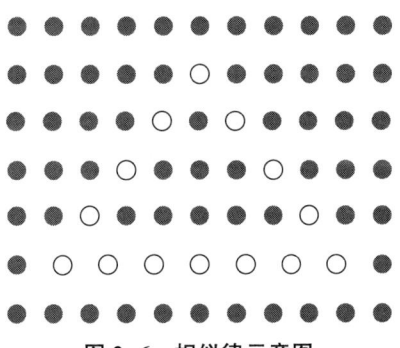

图 2-6 相似律示意图

(3) 闭锁律。人们能够把分散而又有一定联系的知觉对象的反应综合起来,形成一个整体。这是知觉整体对象的形式和能力之一,事实上,一组分散的知觉对象包围一个空间,容易被人知觉为一个单元。例如,在火车车厢中,面对面坐的乘客比背靠背坐的乘客更容易被知觉为一个单元(见图2-7)。

(4) 连续律。在空间、时间上有连续性的对象,容易被知觉为一个整体。图2-8中散落的圆点,由于空间上的连续性,很容易被看作a、b两条虚线。比如,在电影院售票处,人们往往把排队购票者知觉为一个整体,而对其他散乱的人则没有明晰的知觉。又如,弹奏钢琴的声音因其连续性被人感知为乐曲。

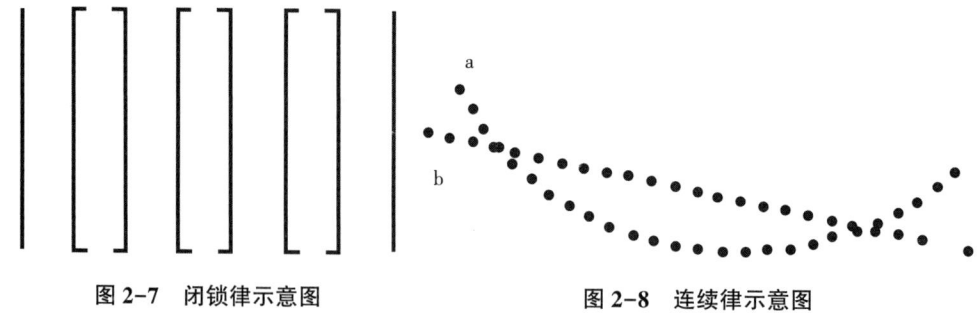

图 2-7　闭锁律示意图　　　　　图 2-8　连续律示意图

这些规则的意义在于使知觉更为简便有效，通过对知觉对象的组织更迅速地把握它们。因此，这些规则又统称为知觉组织的"简明性规则"。

知觉的简明性组织倾向，往往使人们在时空或运动特征上有关联而实质毫不相关的对象之间做出因果的判断，产生错觉。比如，某工厂的厂庆期间天气很好，有人便会觉得这是天助人事、吉利，其实只是巧合。一位员工上班路上偶然碰到厂长，就一同来到厂里，有人马上认为他们关系不一般。公司来了新经理，不久销售绩效显著提高，人们很容易得出结论说新经理领导有方，但也许是因为原来推出的新产品进入成长期的缘故，新经理只是个"福将"。

（三）知觉的情境因素

知觉的情境因素正是通过影响人的感受性而改变知觉的效果。所谓感受性就是人的感觉灵敏度，人对外界刺激物的感觉能力。人的感受性在环境作用下发生的变化，表现为以下几种现象：

1. 适应

由于刺激对感觉器官的持续作用而引起感受性变化的现象叫适应。它可以表现为感受性的提高，也可以表现为感受性的降低。例如，白天进入熄灯的电影院，开始觉得一片漆黑，慢慢会辨别出周围物体的轮廓，这是视觉的适应现象；入芝兰之室，久而不闻其香，入鲍鱼之肆，久而不闻其臭，是嗅觉的适应现象；冬泳刚下水时觉得很冷，几分钟后感觉不太冷，就是皮肤对温度的适应现象。

2. 对比

同一感觉器官接受不同的刺激而使感受性发生变化的现象称为对比。例如，吃了糖以后接着吃广柑，觉得广柑很酸，这种情况为先后对比。同时对比，也称为对象与背景的对比，对感受性和知觉的影响很大。比如，姚明和队友在一起并不觉得他高，但和我们普通人一比就成了巨人。同一事物在不同的背景下，可以使人产生不同的知觉。比如，同一个人穿横条纹的衣服会显得胖些，穿竖条纹的衣服会显得瘦些。事物与其背景的反差越大，事物越容易从背景中区别出来，"万绿丛中一点红"会使人感到格外鲜艳；反之，则难以区分。

3. 敏感化

在某些因素影响下，感受性暂时提高的现象称为敏感化。它与适应不同，适应会使感受性提高或降低；而敏感化则都是感受性的提高，由不同于适应的原因引起。例如，感觉的相互作用、人的心理活动的变化、兴奋性药物刺激等都能提高敏感性，加深人对某一事物、活动的知觉。

4. 感受性降低

感受性降低与适应引起的感受性变化不同，它是由其他因素引起的。知觉的相互作用、人的生物因素和心理因素、不良嗜好（如吸烟）的作用以及某些药物的刺激等都会引起感受性降低。例如，"欢娱嫌夜短，寂寞恨更长"就是由于心理因素、情趣不同产生的时间错觉。

综上所述，人的知觉是知觉主体、知觉对象、外界环境因素相互作用、相互影响的结果，是一个主观反映客观的过程。由于任何知觉者自身必然具有这样或那样的局限性，知觉对象的特征也会千奇百怪、参差不齐，知觉环境不断转换，这些因素作用于人的知觉过程，就会使人们的知觉产生偏差，以致形成错觉。在学习、生活和实际工作中必须引起注意，提高认识，努力克服。

四、知觉的偏差

在社会知觉领域，由于知觉的主体、客体都是人，影响知觉准确性因素更多涉及人的态度、价值观等；另外主客体双方的关系、相对地位和知觉对象行为的真实程度等，都会影响其准确性。这就使社会知觉的问题更为复杂，产生错觉的可能性大为增加。社会知觉发生偏差或错觉时，有多种反应效果。这里只就若干典型的效应及其应用加以简述。

（一）首因效应

首因效应又叫作第一印象效应，是指人们根据最初获得的信息所形成的印象不易改变，甚至会左右对后来获得的新信息的解释。当我们和一个陌生人第一次见面时形成的第一印象，主要是获得对方的表情、姿态、身材、仪表、年龄、服装等方面的印象，如果这个人给我们留下了比较美好的第一个印象，这种印象就将影响到以后我们对他（她）的知觉；反之亦然。

鲍达列夫实验

苏联社会心理学家鲍达列夫（A. Bonajieb）做过一个实验，实验者把同一个人的照片分别给两组被试看，但看照片前的指示语不同：告诉 A 组被试，照片上的人是一个恶习难改的罪犯；告诉 B 组被试，照片上的人是一个著名学者。然后要求被试根据照片口头描述其肖像。

结果发现，两组被试对同样的照片作了截然不同的描述。A 组被试的描述是：深陷的双眼隐露凶狠的神色，突出的下巴显示了他顽固不化的决心，等等。B 组被试认为这双深陷的眼睛能流露出深邃的思想，而刚毅的下巴体现了百折不挠的勇气，等等。

实证研究结果表明，第一印象包括亲眼所见的信息，也包括看到或听到的其他方面的材料。直接资料包括外表和才华，间接材料是对方的背景介绍。

首因效应，也就是先入为主的作用，它影响着以后的交往。即使我们感知的某人的表现已经变化了，第一印象形成的影响也将是缓慢地、滞后地改变。但是随着时间的推移，交往的增多，第一印象也是可以改变的。

这种效应告诉我们：一方面，在看待别人时，一定要避免受第一印象的不良影响。看人不能先入为主，要有发展的眼光，以第一印象为先导，连续观察感知，反复深入甄别，防止对人作出错误判断和错误结论。另一方面，凡是领导者、公关人员、供销人员、做群众工作的管理人员等，一定要注意给自己的工作对象留下良好的第一印象，这又确实是今后更好地开展工作的良好基础。

（二）晕轮效应

所谓晕轮效应是指在知觉过程中，通过获得知觉对象某一行为特征的突出印象，而将其扩大成为整体行为特征的认知活动。它好像刮风天气到来之前，晚间月亮周围出现的晕轮，把月亮光芒扩大了一样。晕轮效应是对别人认知的一种偏差倾向，实质上是"以点代面"的思想方法，只见一点，不及其余。

阿希晕轮效应实验

美国社会心理学家阿希做了一个实验。他给被试者看一张列有聪明、灵巧、勤奋、坚定、热情五种品质的表格，要求被试者想象一个具有这五种品质的人。被试者普遍把具有这五种品质的人想象为一个理想的友善的人。然后，他把这张表格中的热情换为冷酷，再要求被试者根据这五种品质想象出一个适合的人。结果发现，被试者普遍推翻了原来的形象，而产生了一个完全不同的形象。

晕轮效应的错误：第一，它容易抓住事物的个别特征，习惯以个别推及一般，就像盲人摸象一样，以点代面。第二，它把并无内在联系的一些个性或外貌特征联系在一起，断言有这种特征必然会有另一种特征。第三，它说好就全都肯定，说坏就全部否定，这是一种受主观偏见支配的绝对化倾向。

晕轮效应往往在对道德品质的知觉中表现得很明显。晕轮效应对人们的启示在于：首先，对人、对事要防止以点代面，以偏概全，避免晕轮效应的遮掩性和弥散性，如"情人眼里出西施"或者"厌恶和尚恨袈裟"。其次，要注意防止把自己的主张强加于人，避免以己度人的"投射倾向"。要启发别人理解自己的意向，"引而不发"、潜移默化地在知觉别人中感应别人。这些对组织中的领导者尤其重要。

（三）近因效应

近因效应是指在知觉过程中，最后给人留下的印象最为深刻，该印象对以后的评价有着强烈的影响。它和首因效应正好相反。一般来说，在知觉熟悉的人时，近因效应起较大的作用；在知觉陌生人时，首因效应起较大的作用。

把首因效应与近因效应结合起来会得到有益的启示：首先，要预防两种效应的消极影响，既不能"先入为主"，也不能不究以往、只看现在，而应该以联系发展的态度感知事物，把对人、对事的每一次感知，都当作认知事物过程中的一个阶段，避免形而上学的片面性。其次，要在一定条件下，发挥两种效应的积极作用。讲话、办事、接触人、做具体工作，要善始善终，不能使人感觉"无头无尾""虎头蛇尾"。

（四）定型效应

定型效应是指人们在头脑中把形成的对某类知觉对象的形象固定下来，并对以后有关该类对象的知觉产生强烈影响的效应。定型效应减轻了信息加工负担，但在很多情况下定型效应是一种社会偏见。

人们在社会生活实践中，不断地感知某类对象，因而对该种对象逐渐地形成了固定化的印象。提起商人，就联想到"图利"；提起教师，总是与文质彬彬联系在一起；提起工人一定戴着安全帽；提起农民，就联想到朴实的形象；等等。以致对不同的年龄、不同的民族、不同的职业、不同的社会角色，人们都有了固定的印象。这就是人们意识中的定型效应。在组织行为学中，要注意利用定型效应的积极方面，克服定型效应的消极方面。例如，对于工作程序、教学程序、日常事务性工作等，都要培养起人们的定型效应，使工作有序进行；而对于认识上的偏见、交往中的误解、体制上的弊端造成的定型效应，如过去落后的人现在一定落后等定式心态，要实事求是地纠正。

（五）对比效应

对比效应是指在知觉过程中，我们对人的评价不是孤立进行的，而是通过与我们最近接触到的其他人进行比较做出的。如果最近接触到的其他人水平较高，对目前的知觉对象评价就低；反之则高。对比效应在面试和比赛中是常见现象，如果前面几位应试者表现平庸，后面的一位应试者就比较幸运，而前几位发挥出色，就不利于后一位评估。所以对一名具体的候选人而言，评估的失真可能是他在应试中的位置带来的结果。所以，选用尽可能客观的指标，在所有的选手展示结束再统一评价，在一定程度上可以降低对比效应的负面影响。

社会知觉中存在着多种心理效应，不能一一研究。但是择其要者，我们已经可以看出端倪：这些效应实质上是由于个体信息的不对称造成组织信息的失真。由于多种因素的影响，导致知觉偏差是难以避免的。但如果任其发展，可能使组织在对人的评价上出现系统误差，歪曲绩效评估和人力资源政策，导致激励机制的失败。特别在客观评价指标缺乏、主观评价比重较高的领域，极有可能发生"逆选择""逆淘汰""劣币驱逐良币"的现象。这些现象的严重后果还在于，它会摧毁作为组织和社会文化底线的公平公正原则，毒化人际关系，加剧不正当竞争，引发组织和社会的伦理困境。

五、归因理论

（一）概念

归因理论是说明和分析人们行为活动因果关系的理论，人们用它来解释、控制和预测相关的环境，以及随这种环境而出现的行为，因而也称为"认知理论"，即通过改变人们的自我感觉、自我认识来改变和调整人的行为的理论。从最后目标来看，归因理论也是一种行为改造理论。

（二）海德的社会认知理论

美国心理学家海德（F. Haider）在《人际关系心理》一书中指出，在日常生活中，不光是心理学家，每一个人都对各种行为的因果关系感兴趣，力图弄清周围人们行为的前因后果。人的行为是有原因的，其原因或者取决于外界环境，或者取决于主观条件。如果判断个人行为的根本原因来自外界力量，我们把它们称为情景归因，如环境条件、社会舆论、企业的设备、工作任务、天气的变化等；如果判断个体行为的根本原因是个体本身的特点，那就称为个人倾向归因，如能力、兴趣、性格、努力程度等。在管理工作中，当员工完成任务受挫折时，管理人员要及时了解员工的归因倾向，才能帮助员工正确总结经验教训和顺利进行归因，使员工胜不骄、败不馁，进一步严格要求自己，更加发奋努力。

（三）维纳的归因模式

美国心理学家维纳（B. Weiner）1974 年的研究结果表明，在现实中，一般对行为的成功或者失败进行分析时常作四种归因：一是个人努力程度的大小；二是个人能力的大小；三是任务（事业）难度的大小；四是机遇状况的好坏（见表 2-4）。

表 2-4 维纳的归因模式

稳定性	原因	内因	外因
稳定		能力	难度
不稳定		努力	机遇

归因理论在激发成就动机、促进继续努力的行为方面有重要的作用。不同的归因对人的持续行为有不同的影响。

如果把工作和学习中的失败和挫折归因于智力差、能力低、任务难等内外因中的稳定因素，就会降低人们对成功的期望和信心，难以产生坚定的持续努力行为。相反，如果把失败归因于自己不努力、马虎大意等不稳定性的偶然因素，就会使行为者在今后的学习、工作中接受教训，改正不稳定因素造成的影响，增强成功的信心，坚持努力行为，争取成功机会。

（四）判断行为归因的影响因素

当我们观察某一个体的行为时，如何更加准确地判断它是由内部原因还是外部原因引起的呢？这要考虑到三个因素：区别性是指个体在不同情境下是否表现为不同的行为；一致性即其他人在这种场合下是否也如此；一贯性指该行为是否频繁出现。可能单纯从概念上理解还比较抽象，并不利于大家理解。那么我们来观察一名员工迟到的行为。

我们要了解员工今天迟到这种行为是否不同于平常，考察其行为区别性。如果答案是肯定的，则观察者可能会对其行为作外部归因，认为他的迟到可能是由于交通阻塞造成的；如果是否定的，则可能归于内部原因，认为他的迟到可能是晚上休息太晚造成的。

比如，所有走相同路线上班的员工都迟到了，则这一迟到行为就符合一致性的标准。如果一致性高，我们更可能对迟到行为进行外部归因；反之，如果走相同路线的其他员工都准点到达，你会断定迟到行为的原因来自内部。

如果这名员工上班迟到十分钟是一个特例（比如，他有好几个月从未迟到过），而对另一种情况（比如，他每周迟到两三次），则说明迟到行为是固定模式的一部分。行为的一贯性越高，观察者越倾向于对其作内部归因。

应用三个因素进行归因，如果一名员工完成目前工作的水平与其他类似的工作相同，而在这项工作中其他员工的水平总是与他的水平十分不同，并且他这一工作绩效无论何时都是稳定的，那么大家就会认为他自己对这一工作绩效承担主要责任。

（五）归因理论对于管理者的意义

归因理论对认识组织行为规律有重要的指导意义。在组织活动中，各级领导者要注意树立通过改变人的思想认识来改变人的行为的工作方针，对成功者和失败者今后行为的引导，尽可能地把成功与失败的原因归因于不稳定性因素。对于成功者而言，不能将成功完全或主要归因于他们智力水平高、能力强，要引导他们注意不稳定性的内部和外部原因，如他们最近工作努力、各方面支持配合、工作任务容易完成、个人情绪状态良好等；对于失败者来说，要防止他们将失败归结于他们太笨、能力太差、水平太低，要引导他们注意不稳定性的内部和外部原因，如他们最近精力不够集中、情绪不够稳定、没有和各方面协调配合好、领导指导不力等。这样，使成功者不骄不躁，保持清醒的头脑，以利于以后的工作；使失败者有继续工作的信心，坚持不懈地努力工作，争取成功的可能。

（六）自利性偏差

归因理论说明了解释行为的依据和复杂性，说明对同一行为可以有不同的解释。同时还揭示了归因误差的存在，如自利性偏差（self-serving bias）。所谓自利性偏差，就是个体倾向于把自己的成功归功于内部因素，如能力和努力；而把自己的失败归因为外部因素，如运气。

例如，在实践中，管理者对影响自己晋升的因素的解释。当问及自己的成功归功于哪些因素时，80%的人归功于自己的知识水平和在工作中取得的成就；当被问及哪些因素阻碍自己晋升到更高的管理职位时，56%的管理者说因为自己没有与恰当的人建立关系，23%的人说自己是缺乏足够的教育、智力或专业领域方面的知识。

美国专栏作家戴夫·巴里指出："无论年龄、性别、信仰、经济地位或种族有多么不同，有一件东西是所有人都有的，那就是在每个人的内心深处都相信，我们比普通人要强。"也就是说，我们眼中的自己比别人眼中的自己更优秀，我们的自我评价往往高于别人对我们的评价。这是几乎人人都存在的共性思维，很难完全克服，所以如果在自己身上发现了自利性偏差现象，也并不是什么特别丢脸的事情。但是在了解到这种现象的存在以后，我们就应该懂得进行适当纠正，不让这种偏差过度影响到我们的判断，进而得出比较中肯的评价。

第五节 态度与行为

人们在知觉基础上与人交往、与客观事物接触，就会逐渐形成态度。由于每个人的社会生活环境、知识经验不同，待人处事的态度往往迥异。态度差异是个体差异的一个重要方面，对人的行为有很大的影响，这是组织行为研究必须注意的问题。

一、态度的内涵

态度是指个体对外界事物的一种较为持久而又一致的内在心理和行为倾向。人们在认识客观事物或在工作交往中，总是对人或事产生不同的反应，做出各种各样的评价，如赞成或反对、亲近或疏远、喜欢或厌恶、接纳或排斥等。这种对客观对象所表现出来的积极、肯定的或消极、否定的心理倾向，是一种内在的心理准备状态，它一旦变得比较持久稳定，就会成为态度。

态度有指向性，态度必须有态度主体和态度客体。比如，某人对所从事工作的态度、领导对群众的态度、员工对经理的态度等。态度具有相对稳定的连续性。

态度的心理结构由三种成分构成：认知、情感和意向。

（一）态度的认知成分

态度的认知成分是指人对事物的看法、评价以及带评价意义的叙述。它包括个人对某一对象的理解、认识以及肯定与否定的评价。态度中包含的理解、认识是主观的，无论是否符合实际。比如，主管认为在一个员工有效进行某项操作之前，应该进行两周的培训，实际上可能四天培训就可以了，这就反映了主管对于培训的态度。态度中包含的肯定或否定的评价是一种认知体系。例如，"歧视员工是错误的"就是一种信念的价值陈述。与价值观有密切关系。认知成分直接或间接地涉及态度表达。例如，"目标管理可以调动人的积极性"是直接赞成的鲜明观点，而"强调数量容易使人忽视质量"是间接不赞成的态度。所以态度不等于认知，但含有认知倾向。

（二）态度的情感成分

态度的情感成分即人对事物的好恶，带有感情色彩和情绪特征。人的喜爱或讨厌、热爱或憎恨、尊敬或蔑视、耐心或厌烦、热情或冷淡、谦逊或骄横等，都反映出人的态度。例如，"我不喜欢张经理，因为他歧视民工"。态度与情感不能画等号，但态度含有情感倾向，情感情绪可以直接反映出态度。

（三）态度的意向成分

态度的意向成分即人对事物的行为准备状态和行为反应倾向。态度不同于行为，但态度含有行为倾向，人的行为反映其态度。例如，"我厌恶张经理，不想见他"。

态度的三种成分之间的关系是复杂的。一般情况下，三者是协调一致的。比如，对工作的重要意义认知清楚，则情感上会热爱工作，表现在行为上是专心一致，认真负责，甚至废寝忘食。但三种成分之间也可能不一致。例如，往往有人说："理智地说，某一制度（政策）是正确的，但感情上我难以接受，因而行动就有抵触。"这就表明了三者的不协调。

二、态度和个体行为

态度和行为之间的关系错综复杂，组织行为学在这一问题上的研究也经历了较长的过程。

（一）态度一致性

组织行为学的研究表明，人们总是寻求态度之间以及态度和行为之间的一致性。这意味着个体试图消除态度的分歧，并保持态度和行为之间的协调一致，以便使自己表现出理性和一致性。当出现不一致时，个体会采取措施，以回到态度和行为重新一致的平衡状态。要做到这一点，要么改变态度，要么改变行为，或者为这种不一致找一种合适的理由。

例如，A公司人力资源部的一名校招人员，他的工作是走访大学校园，向学生宣传A公司的优势，吸引并确定合格的求职者。如果他认为A公司的工作环境并不好，给大学毕业生提供的机会也很少，那么他就会处于冲突状态。随着时间的推移，招聘者的冲突状态会发生三种可能的改变：第一种可能是通过不断宣传A公司的优势，自己对A公司的态度向积极方面转化。第二种可能是他对A公司的态度日益消极，公开指责公司宣传与实际不符并准备离开。第三种可能是他认识到A公司的工作环境确实不理想，但自己作为职业经理必须宣传好的一面。他可能使自己的态度进一步合理化，认为完美的工作场合是没有的，A公司固然有问题，但也有优势。

（二）认知失调理论

所谓认知失调（cognive disonance）指个体可能感受到的两个或多个态度之间或者他的行为和态度之间的任何不和谐。任何形式的不和谐都是令人不安的，因而个体将试图减少这种不协调，寻求使不协调最少的稳定状态。

没有人能够完全消除不协调状态。例如，家长告诉孩子饭后刷牙，但自己却做不到。那么，到底应该将不协调降低到什么程度呢？这取决于三个因素：导致不协调的因素的重要性、个人认为他对这些因素的影响程度以及不协调可能带来的后果。

1. 导致不协调的因素的重要性

如果不协调的因素相对而言不太重要，那么改变这种不平衡的压力就比较低；反之压力就大。例如，公司总裁杜某坚信企业不应该污染空气和水，但是如果将该公司的废弃物排入当地的河流能使公司获得很大收益，杜某该怎么办？显然杜某面临高度的认知失调。因为河水对当地人民的生活极为重要，杜某无法忽略这种不一致。

他可能采用下述途径处理面临的困境：第一种是改变行为，停止污染河流。第二种杜某会说"处在管理者的位置上，我不得不考虑企业生存问题，等公司发展了，我们会努力治理污染"。也就是他认为这种不协调的行为毕竟不重要，以此来减少不协调的程度。第三种是杜某改变态度，认为"污染河流没什么错"。第四种是宣称"我们生产的产品的社会效益要大于污染的损失"，寻找其他因素来平衡不协调因素。

2. 个人认为他对这些因素的影响程度

个体认为他对认知因素的影响程度影响到他对不协调做出反应的方式。例如，不协调行为是老板指令的结果，那么减少不协调的压力就比个人自发行为所带来的不协调要小。尽管失调存在，但可以被合理化，得到辩解。也就是说，如果他认为这种不协调是不可控制的结果，他没有选择的余地，就不大可能改变态度。

3. 不协调可能带来的后果

奖赏也影响个体试图减少不协调的动机。当高度的不协调伴随着高奖赏时，可以减少不协调所产生的紧张程度。奖赏通过增加个体平衡的一致性来起到减少不协调的作用。

这些中介因素表明，不协调并不一定使人们直接寻求一致性，朝着减少不协调的方向努力。当上述三个因素的作用到达一定程度时，降低不协调的努力才会发生。

认知失调理论有助于预测员工行为改变的倾向性。例如，如果由于工作需要要求人们去做与他们个人态度相冲突的事情，他们将努力改变自己的态度，以便使他们的态度与言行协调一致。

（三）态度与行为的关系

在早期的态度研究中，人们一般认为，态度与行为之间存在逻辑上的因果关系，态度决定行为。这符合人们的一般直觉，例如，人们所看的都是自己喜欢的节目，员工逃避自己厌恶的工作等。

20世纪60年代末，韦克（A. W. Wicker）对这种态度A与行为B之间假设的关系提出了挑战，认为态度与行为之间不相关，或者至多只有很小的相关关系。近年来，克饶斯（S. J. Kraus）等的研究表明，这种A-B关系可能因为中介变量的权变因素而得到改变。

第一个中介变量是态度与行为的具体性，可以增强A-B关系的相关程度。测量的态度和确认的行为越具体，越可能表明态度和行为之间的联系。如果你问周围的人是否关心保护环境，这是一个非常抽象而笼统的问题。那么大多数人可能会说"是"。但这并不意味着他们愿意从垃圾箱中挑选出可再利用的物品，这里的态度与行为之间的相关性可能只有20%左右。但是，如果问题更具体一些，例如，问他们认为在挑选可再利用的物品这件事上个人有多少义务？态度与行为之间的相关性可能会达到50%，甚至更高。

第二个中介变量是社会规范对行为的约束。态度与行为之间的不一致可能是因为社会压力强迫个体按照一定的行为方式行动，这也就是从众行为的影响。

第三个中介变量是问题中所涉及的态度的体验。如果要评价的态度针对的是个人有过体验的事情，态度与行为之间的关系可能更强烈。例如，如果要求没有工作经验的大学生评价影响跳槽率的各项因素的重要性，并据此预测流动行为，显然是不精确的。

三、员工工作态度的类型和测量方法

（一）员工工作态度的类型

工作满意度是指个人对他所从事的工作的一般态度。工作满意度高的人就可能对工作持积极的态度；对工作不满意的人则持消极的态度。一般所说的员工的态度，更多的是指工作满意度。

工作投入是组织行为学中较新的概念，它指的是一个人心理上对工作的认同程度，认为工作绩效对自我价值的重要程度。工作投入度高的人，对工作有强烈的认同感，很在意他所从事的工作。

组织承诺是反映员工对组织的忠诚度的一种态度，表达了员工对组织及其前景的关注。

组织公民行为（Organizational Citizenship Behavior, OCB）是目前非常流行的概念，被定义为"个体的行为是自主的，并非直接地或外显地由正式的奖惩体系引发，这种行为的不断积累能够增加组织的有效性"。

这四种态度是相关的，但也有明显的区别。工作满意度、工作投入集中于员工对工作的态度，相对于工作满意度而言，工作投入体现了更多的积极性和主动性，其测量与工作满意度有较强的相关性，所以这里介绍工作满意度测量；而组织承诺、组织公民行为的讨论集中于员工对整个组织及其目标的认同和态度，所以这里以介绍组织承诺的测量为主。高工作投入意味着一个人对特定工作的认同，而高组织承诺意味着一个人对所在组织的认同。

研究表明，工作满意度、工作投入和组织承诺与缺勤率及流动率都呈现负相关关系。事实上，组织承诺是预测流动率更好的指标，原因在于它是对组织整体更全面、更长久的反映。一个员工对工作不满意可能是暂时的现象，而当不满意蔓延到组织时，员工就可能考虑跳槽了。

（二）员工工作态度的测量方法

1. 态度调查

仅从概念层面理解这四种态度是远远不够的，我们更需要从操作层面了解员工态度，对人力资源政策的制定具有重要的指导意义。最普遍的方法是通过态度调查来获得。

典型的态度调查是针对管理层希望了解的问题确定调查目的，由此设计出能反映员工态度的一系列陈述或问题，形成态度调查表，由被调查者填写。态度调查内容主要包括态度的方向和强度。方向指个体对客体的反应，其内容包括喜欢或不喜欢，肯定或否定。强度则指个体对客体的感觉强度。被试者对每个问题进行自评赋分，以代表对某个对象所持态度强弱和变化的趋势。当然，以个人的态度分数为基础，还可以对群体、部门、组织的总体态度进行研究。为了准确地反映真实态度，心理学家先后开发了多种专业性的量表。

态度调查的结果有助于发现管理中存在的真实问题，以便对症下药，加以改进。例如，国内一家制造企业的技术员工流动率很高，管理层最初认为是待遇问题，但是采用了有吸引力的薪酬结构以后，状况并没有改变。后来，通过专业人员设计的员工满意度调查发现，导致员工不满意的主要因素是这个家族企业在干部任命上存在一定的问题，员工对一些干部不满，进而认为管理层不公正，所以在积累了一定的技术能力后纷纷跳槽。通过调查才使管理层发现了真正的问题所在，使问题逐步解决。

2. 工作满意度测量

工作满意度是得到广泛认可的员工态度类型。有两种较常用的测量方法：单一整体评估法和工作要素总和评分法。单一整体评估法只要求个人回答一个问题，例如，"把所有的因素考虑在内，你对自己的工作满意吗"？然后被试者就从数字 1~5 中圈出一个合适的数字，分别代表从"非常满意"到"非常不满意"的程度。工作要素总和评分法首先要确认工作中的关键因素，然后询问员工对每一个因素的感受，根据标准量表评价这些因素，然后将分数相加就产生了工作满意度总分。

直觉上容易认为工作要素总和评分法能够得出比单一整体评估法更精确的评价。然而，研究结果并不支持这种直觉。因为工作满意度概念的内涵太广，单一整体评估法实际上成了包容性更广的测量方法。

由于工作是多个独立因素的综合，所以从因素分析的角度讨论，有许多因素影响工作满意度。组织行为学多年来的研究已经形成了影响工作满意度的重要特征。

（1）工作本身。它包括有趣的任务、来自工作本身的反馈以及自主性、学习机会和接受责任的可能性。

（2）公平的薪酬和晋升政策。员工把薪酬、晋升看作管理者对于他们对组织贡献的评价，晋升为员工提供了成长机会、社会地位，当员工感到薪酬、晋升是公正地建立在绩效、技能基础上时，满意度会提高。

（3）上级的管理。它是指上级的领导作风、提供技术帮助和行为支持的能力。领导风格有两个维度：一是员工中心性，通过上级对于员工的个人关注程度来进行测量。可以通过考察员工工作情况、给出建议来帮助员工、与员工的沟通等方面表现出来。二是参与，管理者允许下属参与一些影响下属工作的决策。在多数情况下，上级营造的参与性的氛围，对员工的满意度有积极的作用。

（4）同事。这是指同事的技术能力和互相支持的程度。支持性的同事和融洽的同事关系既提高效率，也满足员工的社交需求，直接促进工作满意度的提升。工作团队就是很好的例子。

（5）工作条件。工作条件是保健因素，如果条件良好，不会有满意度的问题；如果条件很差，则可能影响工作满意度。

基于上述影响因素的讨论，我们可以得出工作满意度是一个多维度概念构成。在应用实践过程中，工作满意度的测量应该更完备地考察相关因素的影响，从而实现科学地预测工作满意度和绩效、离职率、缺勤率之间的影响关系，促进组织行为研究的深入。

3. 组织承诺

组织承诺是反映员工对组织的忠诚度的一种态度，表达了员工对组织及其前景的关注。组织承诺通常包括三个方面：保持组织成员身份的强烈期望，愿意做出更多的努力来代表组织，对组织的价值观和目标的信任和接受，因此可以对组织承诺进行测量。

相关研究表明，组织承诺与高绩效、低离职率和低缺勤率之间有正相关关系，组织承诺的预测结果比工作满意度要好，因而值得管理者们加以注意。

四、态度在管理中的应用

态度是组织行为研究中一个重要的议题。态度有复杂的结构，不能直接观察，只能通过人表现出来的语言、文字、表情、行为推测人对事物的认知、情感和意向。这就要求管理者充分重视态度在管理中的作用，深入研究与态度有关的问题，并正确分析，采取切实有效的措施改进管理工作。

（一）要充分认识员工态度在管理中的作用和这种作用的复杂性

由于组织层级制的存在，管理幅度的限制，加之态度本身的内在性质，管理者很容易忽略员工的态度和内心感受，被一些表象迷惑，就事论事采取一些治标不治本的管理措施。比如，有一些管理者听到员工抱怨沟通不畅，就匆忙采取措施，规定每月或每周召开几次会议加强沟通，这样的措施可能没有改善沟通，反而加剧文山会海现象。实际上，决策权的分配方式不仅影响沟通成本，而且影响基层管理人员和员工对于沟通的态度。所以，因决策权的分配不当而形成的沟通障碍是难以通过会议沟通消除的。因此，观察管理现象，必须充分认识员工态度对认知、行为的影响作用。

（二）要运用多种方法定期进行员工态度调查

要运用多种方法定期进行员工态度调查，能够提醒管理层潜在的问题，及时了解员工的意图，为管理层提供有价值的信息。一方面，通过相关因素的测量来综合反映员工总体的态度。另一方面，通过各种具体调查把握具体人员在具体问题上的态度。在态度测量时，将各种测量方法与人的一贯表现结合起来综合评定，才能得出比较可靠的结论。为此必须科学地设计员工态度调查表，并且要采用多种调查方法了解人的态度。除了应用前面介绍的态度调查法来反映员工总体的态度外，还有主管人员或者同事进行平时观察法、有关资料统计法、面谈法等。

（三）改善对员工的态度，采取相应的管理措施

由于态度对人的行为的影响是多方面的，所以，管理者面临的另一项重要任务是要通过改善对员工的态度来增强其动力作用，还要通过对员工的教育来达到自我态度的改善，以激起他们最大限度的热情与工作积极性。为此，我们要研究改变员工的态度的方法，排除改变态度的障碍，这符合组织中员工的共同利益。通过各种调查方法取得资料后，就要对所取得的资料进行系统整理，比较分析。在此基础上，制定相适应的管理措施，这对提高组织士气具有重要作用。一个组织可以根据实际情况选择增强员工满意度的方法。例如，迪士尼、福特、IBM，把大量的精力用于了解将要雇用的新员工与现有老员工的兴趣和技能，目的就是要获得人和工作的恰当的匹配。

综上所述，组织的领导人应当仔细地观察了解下属人员的态度，并通过教育和各种影响去改变他们的不正确态度，进一步发扬巩固正确态度，提高士气，以增进员工对组织的

忠诚度与向心力，使员工对工作更热忱，对同事更和谐，对管理措施更支持，使每个人工作得更为满意，表现得更好。这样，整个组织就会达到更好的效能。

第六节　人格与行为

在许多场合，我们都可能发现风格迥然不同的人，如有人安静被动，有人活跃进取。这种在社会实践活动中表现出来的、习惯化的行为方式，独特的、区别于他人的稳定的心理特征就是心理学上讲的人格。大家都知道，世界上没有两片相同的叶子，也没有两个人格完全相同的人，对人格理论的学习能够帮助我们解释和预测个体行为，使每个人尽可能发挥作用。

一、人格的概念与特点

（一）人格的概念

所谓人格（personality），即个性，就是个体独有的稳定的心理特征的总和，它决定了一个人的行为方式与他人的差异。

在有关人格的研究中，早期的争论主要集中在人格是如何形成的：人格究竟是由遗传因素决定还是来自于环境？也就是说，人格是在个体出生时就已经被事先决定了，还是在个体与周围环境相互作用的过程中产生的？显然，这里并无非此即彼的答案，人格是两者共同作用的结果。实际上，人格形成还有第三个因素，即情境。目前普遍认为，成人的人格是由遗传和环境两方面因素组成的，同时受到情境因素的影响。

遗传是指先天决定的生理素质，是人格形成的基础因素。身材、相貌、性别、禀性、肌肉组成与反射、能量水平以及生理节律等特点全部或大部分受到父母生理的、内在心理配置的影响。

有一些研究者曾对 100 多对刚出生就分开，并在不同地域成长的同卵双胞胎进行研究。如果遗传在决定人格方面所起的作用很小，那么，在这些分开抚养的双胞胎身上将很难发现相似性。但研究发现，他们在很多方面是共同的。比如，一对双胞胎分离了 39 年，在相距 72.4 千米的两地成长，但研究者发现他们驾驶型号、颜色完全一样的汽车，抽同一品牌的香烟，给自己的狗起相同的名字，而且常常去距离各自 2413.9 千米以外的海滨度假。这就极大地支持了遗传观点。研究者发现，50%的人格差异来自于遗传，而30%的娱乐和业余兴趣方面的差异来自于遗传。

如果人格特征完全由遗传决定，那么从个体出生时，其人格就应该固定下来，并且在成长过程中不会发生任何改变。然而，实际情况告诉我们，情况并不完全如此。环境因素在人格形成过程中也起了很大的作用。成长的文化背景，早年的生活条件，家庭、朋友和社会群体的规范，其他方面的经历等，这些因素对于人格的塑造起着十分重要的作用。文化所建构的规范、态度和价值观的稳定流传，对人格的养成有显著影响。比如，在新教伦理为主流的文化环境中，成长的北美人往往始终如一地贯穿着勤奋、成功、竞争、独立等特征；而中国人则更容易具备重视人际关系、强调亲情等特点。

情境也在遗传和环境对人格的影响中起着一定的作用。尽管个体的人格是稳定的、持久的，但在不同的情境下会有所改变。例如，在企业中进行的聘用面试，限制了很多行为；而在公园中的野餐，则相对较少地限制行为。不同情境要求一个人的人格，表现出不同的侧面，因此不应该独立地看待人格模式。

由此可见，在人格的形成中，遗传等先天生理素质建构了人格的前提条件，社会环境是个性心理特征形成和发展的决定性因素，教育对其形成和发展起着主导作用，社会实践是其形成和发展的主要途径。在具体情境中，个体的潜能取决于如何调整自己以适应环境的要求。

（二）人格的特点

人格具有以下几个主要特点：

1. 整体性和层次性

整体性是指人格的各个要素不是孤立、互不相关的，而是统一在一组心理特征有机组合的整体中。人格具有内在的统一性，也就是一个人人格结构中的各方面人格特质是否协调一致，这是一个人心理健康的重要标志。同时，我们在考察一个人的人格特征时，也要将这一特征放在整体中加以考虑，才能准确而全面地了解一个人。比如，看到某人进行了一次充满激情的演讲，就断定此人是外向型的，这是不够的，还必须观察他是否好动、乐于交往、热情开朗等。此外，同样的人格特质在不同的人身上表现也不同。例如，独立性在一些人身上理解为决策时的主见，在另一些人身上则理解为不喜欢与他人交往。

层次性是指根据各种人格成分的意义和作用不同，可以分成不同的层次。高层次的人格成分对低层次的人格成分具有控制作用，处于核心地位。

2. 独特性和一般性

每个人既具有自己独特的人格特征，也具有其所从属的团体的一些共同特征。例如，北方人的群体有一些共同的人格特征，而南方人的群体可能具有另一些共同的人格特征。民族思想感情、文化传统、生活习惯等因素必然在个性心理特征方面形成共同的典型特征。如果知道一个人所属的群体，就可以推断他具有某些特定的人格特征。当然，这里也要注意其独特性，不然就会形成"定型效应"导致的偏差。

3. 稳定性和可变性

每一个人的人格都是在先天生理素质基础上，受家庭、社会潜移默化的影响和学校教育的熏陶以及实践活动的锤炼塑造形成的。所以，人格一旦形成，就比较稳定，总以重复性、持续性、必然性的面貌出现，在不同的时间、场合，表现出一些一致、持久的特质。比如，任性的人，对己、对人、对事、对工作处处表现出刚愎自用的特点。这为我们从一个人目前的行为推断其未来的表现提供了理论基础。

人格的稳定性只是相对的，不是绝对的。随着社会实践条件、人的知识水平、家庭和个人生理心理等因素的变化，人格特征也必然发生变化。一般来说，这种变化可以发生在任何人的任何年龄阶段上，特别是当人在生活实践中遭遇和经历了某种重大事件，都会给人的个性打上深深的烙印，并使其人格发生变化。

二、人格的分类和描述模型

有关人格的研究经历了一个历史的过程，形成了不同的流派，从而也产生了与人格或个性相近的词语，如气质、性格等。如前所述，早期的人格研究主要集中在人格如何形成的问题上，人是生物实体，所以一个自然的观点就是与生俱来的生物特性，是种族发展和遗传的产物，这种强调先天的生物制约性对个性心理特征的影响就是气质。随着对人格形成研究的深入，人格心理特征在具有生物制约性的前提下，就其本质来说是社会的。这种社会存在，决定了每个人的意识、心理具有社会制约性。这种兼顾生物制约性和社会制约性、获得广泛认同的人格理论流派，就是人格特质理论。

综上所述，人格理论具体包括四种气质类型、荣格的内外向性格论、卡特尔的人格特质论、"大五"人格模型和 MBTI 人格测试。这些理论在管理中具有广泛的应用和价值。接下来我们择其要点进行讲述。

（一）四种气质类型

气质是心理活动的动态特征，较多地受个体生物组织的制约，是天赋的心理特征，与人的其他心理特征相比有更强的稳定性。"江山易改，本性难移"说的是，一个人的气质在他参与的不同活动中会有近似的一贯表现，一般与活动的内容、动机和目的无关。例如，一个稳定沉着、具有内倾气质的人，不论是参加庆祝会还是追悼会，不论是受到表扬还是批评，都会喜乐自持、哀怒有控，不会表现出手舞足蹈或呼天抢地等情不自禁的举动。在生活中，个人的气质特点在任何时间、场合都会表现出来。

1. 气质的概念

所谓气质是人典型的、稳定的心理特点，是人天生的、表现在心理活动动力方面的个性心理特征。这一定义有以下几层意思：

首先，气质是先天的个性心理特征，是指与人的先天神经特点有关的心理特征，即人的神经反应速度、强弱、平衡性、灵活性等高级神经活动的特征。

其次，气质也是人的心理活动的动力特征。心理活动的动力特征是指心理活动过程的速度（具体指的是知觉的速度、思维的敏捷性、情感发生的快慢、情绪体验的快慢等）、稳定性（指的是注意力集中时间的长短）、强度（指情绪、情感和意志力的强弱程度）、指向性（指的是心理活动指向外部世界，还是指向自己的内心世界。平时人们常说的，此人"外向"，彼人"内向"，即是指气质特点）。气质作为决定人的心理活动方面的自然属性，使每个人增添了独特的色彩。茫茫人海、芸芸众生，每个人表现出斑驳陆离的个性特色。气质没有好坏之分，每一种类型的气质特点各有其长短，关键在于在社会实践活动中，要注意气质与工作、事业、生活的心理适应性，扬长避短，使气质能够熠熠闪光。

2. 气质的类型与特征

人的气质千差万别，但如果对人群进行观察就不难发现，气质也有一些相似的类型。系统的气质学说最早是由古希腊的医生希波克拉底（Hippocrates）和罗马医生盖仑（Galen）提出的。当时他们用人体的体液解释气质，虽然缺乏科学依据，但这种分类是从实际生活中概括出来的，具有朴素的唯物主义的思想，所以为人们普遍接受。

希波克拉底和盖仑认为人体内有四种体液：血液、粘液、黄胆汁和黑胆汁。四种体液的含量决定了人的气质，这四种体液含量多的人依次形成了多血质、粘液质、胆汁质和抑郁质四种气质类型。

多血质的一般特征是：情绪兴奋性高，思维语言动作敏捷，心境变化快但强度不大，稳定性差。活泼好动，富于生气，灵活性强。乐观亲切，善交往，浮躁轻率，缺乏耐力和毅力。不随意而反应性强，具有可塑性。外倾性较强。

粘液质的一般特征是：情绪兴奋性和不随意反应性都较低，沉着冷静，情绪稳定，深思远虑，思维言语动作迟缓。交际适度，内心很少外露，坚毅执拗，淡漠，自制力强。感受性较低而耐受性较高。内倾性明显。

胆汁质的一般特征是：情绪兴奋性高，反应迅速，心境变化剧烈，抑制能力较差。易于冲动，热情直率，不够灵活。精力旺盛，动作迅猛，性情暴躁，脾气倔强，容易粗心大意。感受性较低而耐受性较高。外倾性明显。

抑郁质的一般特征是：感受性很强，善于觉察细节，见微知著，细心谨慎，敏感多疑。内心体验深刻但外部表现不强烈，行动迟缓，不活泼。易于疲劳，疲劳后也易于恢复，办事不果断而缺乏信心。内倾性明显。

上述传统的气质体液分类学说一直被沿用至今，在现实社会或文学作品中还可以找到这些气质类型的典型代表人物。例如，《红楼梦》中多血质的王熙凤八面玲珑，工作能力强，思维语言迅速敏捷；胆汁质的史湘云开朗爱说爱笑，心直口快思维敏捷；薛宝钗则是粘液质的人物，她善于平衡各种关系，稳重含蓄，城府较深；林黛玉则是典型的抑郁质，敏感多疑、多愁善感，孤僻不合群。因此，这种气质体液分类有很大的参考价值。

我们假设一个看戏迟到的情境，来考察不同气质类型的人的行为差异。

多血质的人立刻明白人家不会放他进去，但通过楼梯则比较容易，于是跑到楼上去了。

粘液质的人看到不让他进入正厅，就想第一场大概不太精彩，我还是等一会儿，到幕间休息的时候再进去。

胆汁质的人与检票员争论起来，企图进入剧场，他分辩说，戏院的时钟走快了，他不会影响到任何人，打算推开检票员径直跑到自己的位子上去。

抑郁质的人说我老是不走运，偶尔来一次戏院就这样倒霉，于是就回家去了。

在现实生活中，只有少数个体是各种气质类型的典型代表，而绝大多数个体只是接近于某种气质，同时又有其他气质的一些特点。纯属于某一气质类型的人是极少见的。不过气质类型的划分，毕竟给我们认识人的心理特征以有力的理论指导，帮助我们理解个体心理以充分调动人的积极性。

（二）荣格的内外向性格论

日常生活中，人的性格千差万别，尤其是文学家笔下的人物更能突出典型的性格特征，例如莎士比亚的哈姆雷特，塞万提斯塑造的堂吉诃德，鲁迅小说中的阿 Q、祥林嫂、孔乙己等，令人过目不忘。人们常把性格和个性混为一谈，也不注意气质和性格的区分。事实上，它们的含义是不同的。

1. 性格的含义

性格是一个人对现实的态度和在习惯性的行为方式中所表现出来的较为稳定的心理特征。简单地说，性格是人对现实的稳定态度和习惯化的行为方式。

（1）性格是个体对社会环境较稳定的态度和行为方式。每个人对人、对事、对社会总会有自己的态度并见诸行动，经过长期的社会生活实践和人们的心理认知活动，这种态度与行为逐渐巩固下来，在以后的社会活动中自然地、反复地表现出来，形成了个人的一种习惯方式。性格是一个人现实态度和行为方式的统一。

（2）性格是稳定的、独特的心理特征。社会中没有两个性格完全相同的个体，性格总是某个个体的性格。即使是同一性格特征的人，不同人的表现也会不一样。例如，同是勇敢、鲁莽的性格，张飞粗中有细，李逵横冲直撞、不顾后果。性格一旦形成就比较稳定，在个体的生活实践中经常表露出来。

（3）性格是个体的本质属性，在个体心理特征中起核心作用。气质是心理过程的动力特征，能力是个体完成所面临的某项活动所必备的心理特征，只有性格才能使它们带有一定的意识倾向性，作用于客观现实。性格对气质和能力的影响是很大的，它能使三者结合成人格心理特征这一有机整体。

气质和性格所反映的是人的本质属性的不同侧面：气质更多反映个性的自然属性，而性格反映了人的社会属性；前者的形成多与遗传因素有关，后者则更多受到社会环境的影响，可塑性比前者大。在社会意义的评价上，气质无好坏之分，无论哪种气质类型的人都可以取得显著成就；而性格则有好坏之分（如勤奋比懒惰好，诚挚比虚伪好），对事业有显著影响。

气质和性格相互影响，密切相关。首先，气质可以影响性格的表现方式，使同一性格内容有不同的表现色彩。例如，助人为乐的性格特点在不同气质类型的人身上表现形式不一。胆汁质者表现为热情、豪爽、快速、有力的助人方式；多血质者能灵活机动地帮助他人想出各种解决问题的方法；粘液质者不露声色、脚踏实地地给予支持；抑郁质者从细枝末节处发现对方的难处，给予细致的关怀。虽然表现风格各异，但都有共同的性格内容。其次，气质可以影响性格形成的难易和速度。例如，胆汁质的人容易形成勇敢的性格，粘液质的人容易形成自制力。此外，性格可以在一定程度上调控、掩盖或改造气质，使气质的消极因素得以抑制，积极因素得以发展。例如，具有意志坚强性格特征的人，胆汁质者可克制急躁；粘液质者能鼓起勇气；多血质者能尽力使自己脚踏实地一些；抑郁质者能减少自己的消极情绪。

（4）性格有复杂的结构。现实世界多姿多彩，因而人就会产生形形色色的态度以及相应的行为方式，形成各种各样的特征。构成性格的特征可以依据态度、情绪、意志、理智等来划分。

1）性格的态度特征。性格的态度特征指对待和处理社会关系的性格特征。它可以分为四类：一个人对社会、集体和他人的态度特征（如善良、诚实、热情、残酷、虚伪、冷淡等）；对待劳动、生活、学习的性格特征（如勤劳、懒惰、认真、敷衍、进取、守成、细致、马虎等）；对待劳动产品的态度特征（如勤俭、挥霍、爱惜公物等）；对待自己的性格特征（如自尊、自信、自律、谦逊、自卑、自大、放任、骄傲等）。

2）性格的情绪特征。性格的情绪特征指情绪活动的强度、稳定性、持久性及主导心境等方面的特征。表现在：情绪的高涨与低落、稳定与波动（忽高忽低、忽冷忽热）、持久与短暂（几分钟热情）、情感的深厚与淡薄。主导心境指一段时间内支配性的主要情绪状态，如愉快乐观、精神饱满、抑郁低沉、消极悲观等。

3）性格的意志特征。性格的意志特征指一个人是否具有明确的目的性，能否自觉地支配行为向预定目标努力的性格特征。如自觉与盲目性、纪律与散漫性、独立与易受暗示性、自制力与冲动性、主动性与被动性、镇定与惊慌、果断与优柔寡断、勇敢与怯懦、坚忍与动摇性等。

4）性格的理智特征。性格的理智特征指在感知、注意、记忆、思维、想象等认识过程中表现出来的性格特征。如分析型与综合型、快速型与精确型、保持持久型与迅速遗忘型、深刻型和肤浅型、再造想象型与创造想象型等。

2. 荣格的向性说

向性说是按照个体心理活动的倾向来划分性格类型的学说。瑞士心理学家荣格最早以精神分析的观点来划分性格类型学说，主要是将人的性格分为内向型和外向型两种。内向型性格：沉静谨慎，深思熟虑，顾虑多，反应缓慢，适应性差，情感深沉，交往面窄，较孤僻；但内在体验深刻，具有自我分析和自我批评精神。外向型性格：主动，活泼，情感外露，喜欢交际，热情开朗，不拘小节，独立性强，对外部事物比较关心；但比较轻率，缺乏自我分析和自我批评精神。荣格在测验中发现，多数人是介于两者之间的中间型。

（三）卡特尔的人格特质论

人格的特质理论是在人格研究中最具影响力，并且获得最广泛接受的人格理论流派。人格的特质理论假设人有多种特质，每个人都不同程度地具有这些特质，人与人之间的人格差异在于人与人之间特质水平上的差异。

最早提出特质概念的是美国心理学家奥尔波特，他认为人格特质（personality traits）指人的稳定的、经常出现的行为方式。一个偶然发生的行为不能称为特质，因为即使外向的人也有偶尔沉默的时候，最内向的人也可能偶然爆发。

美国心理学家卡特尔在奥尔波特对特质的定义的基础上，通过对描述人格的词汇进行聚类分析，得出了 35 个特质群，称其为表面特质。又对表面特质进行因素分析，得到 16 个根源特质，他认为根源特质是构成人格的基本要素。每个特质又可分为低分特征和高分特征两个极端。

卡特尔提出的 16 种人格特质如表 2-5 所示，这些特质可以在他编制的人格测验中得到测量。卡特尔的 16 种人格因素测验（简称 16PF）在组织管理情境中的使用也较为广泛。

表 2-5 卡特尔的 16 种人格特质

因素	特质名称	低分者特征	高分者特征
A	乐群性	缄默、孤独	乐群外向
B	聪慧性	迟钝、学识浅薄	聪慧、富有才识
C	稳定性	情绪激动	情绪稳定
E	好强性	谦逊、顺从	好强、固执
F	兴奋性	严肃、审慎	轻松、兴奋
G	有恒性	权宜敷衍	有恒心、负责任
H	敢为性	畏怯、退缩	冒险敢为
I	敏感性	理智、注重实际	敏感、感情用事
L	怀疑性	信赖、随和	怀疑、刚愎
M	幻想性	现实、合乎成规	幻想、狂妄不羁
N	世故性	坦白直率、天真	精明能干
O	忧虑性	安静沉着、有自信心	忧虑抑郁、烦恼较多
Q1	实验性	保守、服从传统	自由、批判、激进
Q2	独立性	依赖、附和	自立、当机立断
Q3	控制性	矛盾冲突、不识大体	知己知彼、自律严谨
Q4	紧张性	心平气和	紧张困扰

(四)"大五"人格模型

20世纪八九十年代,随着对人格结构特质研究的深入,许多研究者在对人格特质进行因素分析时发现,人格研究的一系列资料中一般都显示出了五个人格维度的证据,形成了近十几年来最为流行的人格理论模型——"大五"人格模型。

这五项人格因素最基础的维度是:

1. 外向性(extraversion)

外向性是指个体喜好社交的倾向性。一个人善于社交、言谈得体、大方自信,就是外向性;而在社交中表现羞怯、腼腆,就显示出内向性。

2. 随和性(agreeableness)

随和性描述一个人随和、合作和信任方面的特点。

3. 责任心(conscientiousness)

责任心描述一个人责任感、可靠性、持久性、成就倾向方面的人格维度。

4. 情绪稳定性(emotional stability)

情绪稳定性是指个体情绪稳定的程度。它描述一个人是倾向于平和愉快、沉着冷静、富于安全感,还是倾向于紧张压抑、焦虑失望、没有安全感的人格维度。

5. 经验开放性(openness)

经验开放性指个体是否有好奇心、愿意吸收新的经验、富于幻想、兴趣广泛及对差异的敏感性等特征。

结合管理实践的研究发现，这五个维度与工作绩效之间有着密切的关系。研究结果表明，外向性可以预测管理和销售职位的工作绩效；随和性得分高的人在需要大量群体合作的情境中表现出色；责任心和情绪稳定性得分高低可以预测工作绩效；经验开放性在预测培训效果方面十分重要。这些结论为人力资源管理提供了有益的启示。

（五）MBTI 测量指标

迈尔斯—布瑞格斯类型指标简称 MBTI，是目前风靡全球、在工商管理领域应用最为广泛的人格测验。该测验中所测量的心理类型其实是人们在工作和生活中比较偏好的行为风格，是人们在工作和生活中逐渐形成的相对稳定的行为模式和倾向。这一人格测验包括 100 个问题，主要集中在以下四个两极性的维度上进行。

（1）外倾（E）—内倾（I），这个维度主要测量的是人们倾向于将注意力集中在外部世界还是内部世界。

（2）感觉（S）—直觉（N），这个维度主要测量一个人是如何获取信息的。

（3）思维（T）—情感（F），这个维度主要测量的是人们如何处理信息并做出决策的。

（4）知觉（P）—判断（J），这个维度主要测量的是人们通常表现的对待外部世界的方式。

MBTI 之所以在工商管理领域备受欢迎，一个重要的原因在于不同的心理类型与适合从事的工作之间有着密切的关系，对于组织中人与工作的匹配很有价值。表 2-6 所示的是从各个单一维度看不同类型所适合从事的工作类型。

表 2-6　MBTI 单一维度不同类型所匹配的工作特点

类型	匹配的工作特点
外倾型	要求群体交往、社交、会谈的工作，有大量的旅行、谈话和变化
内倾型	安静、独立的文案工作，少打扰，要求集中注意力和思考的工作
感觉型	要求注意细节的、短期、具体、目标明确或与目标直接相关的工作
直觉型	有挑战性、非重复的工作，靠洞察力和沉思解决的复杂工作
思维型	需要解决大量问题、进行逻辑推理、有明确解决方案的工作
情感型	为他人提供服务，需要体察他人情感和需要的工作
知觉型	适应新环境的工作，发挥创造性的任务
判断型	具有高度组织性、结构化的工作

外倾型的人较多地关注外部世界的人和事物，他们的精力是指向外部环境，他们偏好通过交谈的方式沟通，喜欢通过实践和讨论来学习，兴趣广泛，善于社交和表达。内倾型的人则倾向于将注意力指向自身内部的观念和经验，喜欢反思、独处，不太愿意与外界交流，兴趣不广但比较深刻。感觉型的人倾向于通过感觉器官获得真实存在的信息，他们相信经验，观察力敏锐，注重细节，比较实际。直觉型的人往往依赖不太显而易见的直觉来

获取信息，喜欢寻找事物发展的可能性，倾向于看到事物的整体和抽象性的东西，富于想象，有创造力。思维型的人处理信息做出决策时依赖的是逻辑上的因果关系，他们擅长客观分析，逻辑思维，理智公正，不以感情为转移。情感型的人喜欢权衡事物对自己与他人的价值和重要性，在决策时他们容易将自己置于问题情境中，过多考虑感情因素，富于同情心，更多考虑人的因素而不是客观事实。知觉型的人喜欢用感知的功能来对待外部世界，以灵活、好奇的方式生活，容易冲动，适应性强，对事物的变化持开放态度，常常在最后一分钟完成工作。判断型的人喜欢用判断的方式对待外部世界，他们生活得有计划、有秩序，擅长使用系统组织的方式解决问题，做事有条不紊，有始有终。

MBTI测量的四个维度都是两极性的连续体，一个人在每个维度上都是处于连续体上的某一点，多数人只是在两种对立的行为风格中相对更偏向其中的一种，在此基础上组合成为16种人格类型（见图2-9）。

ISTJ Inspector 稽查员/检查员	ISFJ Protector 保护者	INFJ Counselor 咨询师/劝告者	INFP Healer/Tutor 治疗师/导师
ESTJ Supervisor 督导/监督者	ESFJ Provider/Seller 供给者/销售员	ENFJ Teacher 教师/教导者	ENFP Champion/Advocate 倡导者/激发者
ISTP Operator/Player 操作者/演奏者	ISFP Composer/Artist 作曲家/艺术家	INTJ Mastermind/Scientist 策划者/科学家	INTP Architect/Designer 建筑师/设计师
ESTP Promoter 发起者	ESFP Performer/Demonstrator 表演者/示范者	ENTJ Field Marshall/Mobilizer 统帅/调度者	ENTP Inventor 发明家

图2-9　MBTI16种人格类型

不同类型组合的人格类型能更准确界定所适合的工作。例如，INFJ型是咨询师，他们有创造性思想，并有极大的内驱力实现自己的想法和目标。他们的特点是怀疑、批判、独立、决断，甚至常常有些顽固。ESTJ型为监督者，他们很现实，实事求是，具有从事商业和机械工作的能力，擅长组织和操纵活动。ENTP型则为发明家，他们敏捷、聪明，擅长处理很多方面的事务，这种人在解决挑战性任务方面资源丰富，但在处理常规工作方面则较为消极。有人调查了13位企业家，包括苹果计算机公司、联邦快递公司、本田汽车公司、微软公司和索尼公司的创始人，均为直觉思维型（NT），而直觉思维型在人群中的比例仅占5%。所以，MBTI测验是人员选拔和评价中应用最为广泛的测验之一，尽管尚无有力证据证明MBTI是有效的人格测量工具。这从侧面说明了组织管理者对于人格测量工具的巨大需求。

三、有效组织行为的主要人格特质

大量研究发现，一些人格因素是组织行为的有效预测指标，包括控制点（locus of control）、自尊（selfesteem）、自我监控（selfmonitoring）、冒险倾向（propensity for risk-taking)、马基雅维利主义(Machiavellanism)以及 A 型人格(type A personality)。

(一)控制点

一些人认为自己可以控制命运,是命运的主人,被称为内控者;另一些人则认为自己受命运的操纵,被外界的力量所左右,认为生活中发生的一切均是运气和机遇的作用,被称为外控者。

内控者和外控者的特质差异,决定了他们在工作中的不同表现。外控型的人对工作更不满意,缺勤率较高,不能像内控型的人那样全心全意地投入工作。内控型的人适合担任管理和专业性较强的工作,完成较复杂的任务,并在工作中表现出创造性和独立性。相对来说,外控型的人比较愿意听从别人的指挥,适合于从事按规章制度办事的工作。

(二)自尊

人们喜爱自己的程度各有不同,这一特质称为自尊。组织行为学的研究表明,自尊与成功预期呈直接正相关。自尊心强的人相信自己拥有工作成功所必需的大多数能力,与自尊心弱的人相比,自尊心强的人不太喜欢选择那些传统性的工作。就工作满意度而言,大量研究证实,自尊心强的人比自尊心弱的人对他们的工作更为满意。自尊心弱的人对外界影响更为敏感,他们需要从别人那里得到积极的评估。因此,自尊心弱的人更乐于赞同他人观点,更倾向于按照自己尊敬的人的信念和行为行事,更注重取悦他人,很少站在不受欢迎的立场上。

(三)自我监控

近来,自我监控这一人格特质越来越受到人们的重视,它指的是根据外部情境因素而调整自己行为的个体能力。

高自我监控者在根据外部环境因素调整自己行为方面,表现出相当高的适应性,他们对环境线索十分敏感,能根据不同情境采取不同行为,并能够使公开的角色与私人的自我之间表现出极大差异;而低自我监控者则不能以这种方式伪装自己,倾向于在各种情境下都表现出自己真实的性情和态度,因而在他们是谁以及他们做什么之间存在着高度的行为一致性。

初步的研究证据认为,高自我监控者比低自我监控者更倾向于关注他人的活动,行为更符合习俗。高自我监控者能够在不同的观众面前呈现不同的"面孔",所以高自我监控者在管理岗位上更容易成功。

(四)冒险倾向

人们的冒险意愿各不相同,这种接受或回避风险的倾向性对管理者做决策所用的时间以及做决策之前需要的信息量都有影响。例如,一项研究让 79 名管理者模拟人事练习,要求他们做出聘用决策。高冒险性的管理者比低冒险性的管理者决策更为迅速,在做出选择时使用的信息量也更少。有趣的是,两组的决策准确性是相当的。

一般认为,组织中的管理者属于冒险回避型,但仍然存在着个体差异。因此,认识这些差异并且根据工作的具体要求考虑冒险倾向性是很有意义的。比如,对于一名股票经纪人来说，高冒险倾向性可能会导致更高业绩，因为这类工作需要迅速决策；相反，冒险倾向性高可能成为一名从事审计工作的财会人员的主要障碍，最好安排低冒险倾向的人从事这种工作。

（五）马基雅维利主义

政治学奠基人马基雅维利，以主张为达目的可以不择手段而著称于世，马基雅维利主义也因之成为权术和谋略的代名词。它通常分为高马基雅维利主义和低马基雅维利主义（见表2-7）。高马基雅维利主义的个体重视实效，保持着情感的距离，相信结果能替手段辩护。低马基雅维利主义易受他人意见影响，阐述事实时缺乏说服力。高马基雅维利主义者比低马基雅维利主义者更愿意操纵别人，赢得利益更多，更难被别人说服，他们更多的是说服别人，但这些结果也受到情境因素的调节。

表2-7 马基雅维利主义的行为特征

高马基雅维利主义	低马基雅维利主义
抵制社会影响	易受他人意见影响
隐藏个人罪恶	显露内心的罪恶
有争议立即改变态度	坚持己见
拒绝承认	立即坦白承认
阐述事实时具有较高的说服力	阐述事实时缺乏说服力
怀疑他人的动机	在表面上接受他人的动机
情境分析	对情境进行了大量的假设
不接受互惠主义	接受互惠主义
对他人可能行为的判断持保留态度	相信他人应该以"确定"的方式行动
能够随情境改变策略	局限自己的行为
说别人喜欢听的话	说实话
对他人的信息很敏感	对他人的影响很敏感
如果他人不能报复则尽可能多地剥削	不愿意去剥削他人
绝不明显地操控别人	操控别人时往往很明显
不容易脆弱到恳求屈从、合作或改变态度	以社会所期望的方式去反应
偏爱变动的环境	寻求稳定的环境

从两者行为特征的研究发现，高马基雅维利主义者在以下几方面成效卓著：与别人面对面交往，而不间接地相互作用时；情境中规则限制最少，即兴发挥的自由时；情绪投入与获得成功无关时。对于需要谈判技能的工作（如劳工谈判者）和成功能带来实质效益的工作（如代理销售商），高马基雅维利主义者会十分出色。

（六）A 型人格

有些人总愿意从事高强度的竞争活动，并长期有种时间上的紧迫感，这些人就拥有 A 型人格。A 型人格者总是不断驱动自己要在最短的时间里做最多的事，并对阻碍自己努力的其他人或事进行攻击。在北美文化下，这种特点被高度推崇，而且它与进取心和物质利益的获得直接相关。与 A 型人格相对照的是 B 型人格。B 型人格者很少因为要从事不断增多的工作或要无休止地提高工作效率而感到焦虑。

A 型人格者常处于中度至高度的焦虑状态中，他们不断给自己施加时间压力，总为自己制定最后期限。这些特点导致了一些具体的行为结果。比如，A 型人格者是速度很快的工人，对数量的要求高于对质量的要求。A 型人格者愿意长时间工作，但他们决策欠佳，因为他们做得太快了。A 型人格者很少有创造性，他们关注的是数量和速度，常常依赖过去经验解决自己当前所面对的问题。对于一项新工作，无疑需要专门时间来开发解决它的具体办法，但 A 型人格者很少分配出这种时间。他们很少根据环境的各种挑战改变自己的反应方式，因而他们的行为比 B 型人格者更易于预测。

尽管 A 型人格者工作勤奋，但 B 型人格者常常占据组织中的高位。最优秀的推销员常常是 A 型人，但高级管理者常常是 B 型人格者。因为组织中晋升的常常是那些睿智而非匆忙，机敏而非敌意，有创造性而非仅有好胜心的人。

四、人格与工作匹配

人格特质与工作绩效的关系中，工作要求在其中起着重要的作用。因此，重视人格特质与工作要求的协调一致在管理上具有重要的意义。在这方面的研究中，霍兰德在 20 世纪 50 年代提出的人格—工作匹配理论具有重要的影响。霍兰德认为大多数人都可以划分为以下六种基本的人格类型：现实型、研究型、社会型、常规型、企业型和艺术型。每种人格类型与相应的职业及工作环境匹配。

现实型：现实型的人喜欢与物体打交道，比如操作工具、机械、设备等具体有形的实物，偏好需要技能、力量、协调性的体力劳动；不喜欢与人打交道的活动。具有害羞、真诚、持久、稳定、顺从、实际等人格特点。适合做机械师、钻井操作工、装配线工人、农场主等。

研究型：研究型的人偏好对各种现象进行观察、分析和推理，并进行系统创造性的研究。表现出分析、好奇、创造、独立等人格特点。适合做科学研究人员和新闻记者等。

社会型：社会型的人偏好能够帮助和提高别人的社会服务性活动，重视社会和伦理道德问题。显示出平易近人、友好、合作、理解等人格特点。适合做社会工作者、教师、议员、临床心理学家等。

常规型：常规型的人偏好规范、有序、清楚明确的活动。表现出的人格特点为顺从高效、实际、缺乏想象力、缺乏灵活性等。适合做会计人员、业务经理、银行出纳员、档案管理员等。

企业型：企业型的人偏好能够影响他人和获得权力的言语活动，喜欢从事领导他人实现目标、获取效益的活动。表现出自信、进取、精力充沛、盛气凌人等人格特点。适合做法官、房地产经纪人、公共关系专家、小企业主等。

艺术型：艺术型的人偏好模糊、自由、无规则可循、非系统化的活动，并在这些活动中实现创造性的表达。艺术型的人富于想象力、理想化、情绪化。适合做画家、音乐家、作家、室内设计师等。

霍兰德的研究表明，员工的工作满意度与流动倾向性，取决于个体的人格特点与职业环境的匹配程度。当人格和工作相匹配时，会产生最高的满意度和最低的流动率。例如，社会型的个体应该从事社会型的工作，社会型的工作对现实型的人则可能不合适。

总之，作为个体所有反应方式和与他人交往方式的总和，人格对个体心理特征与行为模式的理解和把握起着重要的作用。对于个人来说，通过对人格特质的测试能更好地认识自己，扬长避短，把握好职业生涯中的发展机遇。在工作和社会实践中，每个人都应该学会自我调控，针对环境和工作需要，加强修养，发展完善人格的积极方面，努力培养自身良好的人格特质。对于组织而言，通过人格特质的测试，结合工作表现，更好地实现员工与工作的匹配，优化团队和领导班子中人格特质的"互补"组合，从而增强凝聚力、战斗力。在教育、培训、思想工作中，要针对人格特点，因材施教，增强针对性，使员工切实得到有效提升，从而在管理人、培养人、使用人等方面切实有效地开展工作。

思考题

1. 简述个体行为的一般规律。
2. 简述价值观的内涵、分类。并结合现实讨论价值观对人的行为的影响。
3. 感觉、知觉和社会知觉的异同是什么？谈谈影响知觉准确性的影响因素有哪些？
4. 简述归因理论的内容，及其在管理工作中的应用。
5. 什么是态度？并举例说明态度与行为的关系。
6. 简述人格的概念、形成及特点。
7. 简述人格的气质类型理论。
8. 简述气质与性格的联系。
9. "大五"人格理论的主要内容是什么？请举例说明它的五个维度与工作绩效的关系。
10. MBTI人格测试指标的主要维度是什么？
11. 论述影响组织行为的主要人格特质。
12. 简述霍兰德的人格—工作匹配理论。

第三章 群体心理与群体行为

本章要点

- 了解群体的概念和类型，以及群体发展的阶段模型；
- 了解群体特征因素；
- 了解在群体压力下，群体内的成员是如何产生从众行为的；
- 掌握群体决策的概念、组成及其风险心理、创造心理和群体思维的关系；
- 了解冲突的性质、来源，减少冲突的策略以及让冲突保持在最适宜水平的方法；
- 了解团队与群体的区别、团队类型和团队建设的流程；
- 了解影响团队绩效的因素、团队情商的概念以及创建成功团队的方法。

引导案例

有这样一则寓言：酋长要求每一家捐出一壶自己酿的酒，在庆典结束的时候大家共享。于是由几个人抬大桶经过各家，每户都往桶里倒下了自己家酿的酒。到共享的时候，酋长从大桶中给每人都注满了一大杯酒，但大家喝的时候却发现杯子里装的都是清水。

同样的情况，很多人在一艘船上划船。有人会想，我不用承担自己行为的全部后果，那我就少出一点力；而本来尽全力的人，由于不能得到全部好处，他也会少用一点力。这样导致划船的速度低于正常速度。导致"1+1 小于 2"的结果，多个个体力量相加，并不等于每个"1"所相加的数学之和。

群体是一种社会现象，它是介于个体与组织之间的一种特殊"关系体"，是众多个体为了某种需要而结合在一起的"集合体"。群体中个体的行为大于单个人行为的总和。认识群体对解释组织行为具有重要意义。

资料来源：龙立荣. 组织行为学［M］. 大连：东北财经大学出版社，2016：120-121.

第一节　群体的概念

一、群体的定义

"物以类聚，人以群分"。群体与个体相对，是个体的共同体。两人或两人以上的集合体，他们遵守共同的行为规范、在情感上互相依赖、在思想上互相影响，而且有着共同的目标，就形成了群体。个体往往通过群体活动达到参加社会生活并成为社会成员的目的，并在群体中获得安全感、责任感、亲情、友情、关心和支持。

尽管群体之间在类型、大小、性质、规模等方面千差万别，但所有群体都有下面几个特征：

首先，各成员之间具有共同的群体目标与利益。任何一个群体必须具有群体目标，群体内有相互协作与配合的组织保证，群体内每一个成员有着共同的兴趣，并为实现群体目标而做出自己的努力。通常，群体的目标是单个个体无法独自实现的。

其次，各个成员都具有群体意识。群体中每个成员都意识到自己是群体的一员，意识到其他成员的存在，并与他们相互影响，建立起相互依存的关系与情感，群体成员之间经常进行必要的交流与沟通。群体的成员资格有助于建立积极的社会认同，有利于形成一体化的自我感觉。几个人或更多人集合在一起，若彼此在心理上没有多大联系，那么这几个人就称不上是群体，只能把这几个人说成是一堆人或一群人。

最后，群体要满足各成员的归属感需要。这是个体自觉归属于所属群体的一种情感，在心理上有依存关系和共同感。有了这种情感，个体就会以这个群体的目标为准则，进行自己的活动、认知和评价，自觉地维护群体的利益，并与群体内其他成员在情感上产生共鸣。

案例分析

在对群体内涵理解的基础上，我们还要掌握在现实生活中识别群体的能力。大家可以观察一下，在一个风和日丽的星期天的下午，公园四周哪些人的集合是群体？

（1）有些人聚集在热狗站，等待购买食物；

（2）五六个十来岁的少年，身穿牛仔、T恤、骑在自行车上一路欢呼而来；

（3）还有一些零星的散步者、漫游者、儿童；

（4）转到左边来看看，老师领着小朋友们围着一个公园桌子野餐。

（3）松散、零星的特点首先排除；（2）（4）具备群体的基本特征，因此断定为群体；但对（1）的判断，是不是就有些拿不准了？从群体的界定可以看出，群体和我们一般所讲的人群是不同的概念。在社会学研究中，人群通常是指那些偶发聚集体，也就是偶然地在同一时间、同一地点临时聚集起来的一群人，比如搭乘公共汽车的乘客、商店里购物的顾客、电影院里观看电影的观众、餐厅里就餐的食客等。在这些人群的成员之间并不发生具有意义的社会互动，也没有共同的归属感，聚合的时间也十分短暂。因此（1）不能算作群体。

需要指出的是，即使是松散的人群，在一定条件下也会转化为我们所说的群体。比方说，公共汽车上突然有乘客晕倒，这时乘客们就可能会彼此交换意见，寻求救助的办法，这时这群人就有了一定的目标，出现了朝向这个目标的社会互动，于是就会形成实际的群体。

二、群体的类型

组织中有各种各样的群体，根据不同的标准可以划分为不同的种类，这样有利于识别群体，了解群体成员的心理活动。

（一）正式群体和非正式群体

根据是否有明文规定，群体可以分为两种：正式群体和非正式群体。正式群体（formal group）是指有明文规定的群体，在企业中往往是根据组织结构或有关的规章制度建立起来的职务分配明确的群体，例如部门、车间、小组等。正式群体是组织中完成任务的主要群体，也是管理者平时接触最多的群体。非正式群体（informal group）又称随意群体或小团体，是指员工为了满足社会交往的需要在工作环境中自然形成的群体，它既没有组织的明文规定，也没有正式结构。非正式群体在现代组织中发挥着越来越重要的作用，下面将详细阐述。

（二）职能群体和任务群体

根据组织内部的不同目标，正式群体又可以划分为两类：职能群体和任务群体。职能群体（command group）是指组织结构规定的群体，其目标是组织长远的主要目标，由直接向某个主管人员报告工作的下属组成。如公司中的部门、工厂中的车间、学校中的班级等。一般来说，职能群体是组织中的主要群体。任务群体（task group）也是由组织结构规定的，它是为完成一项工作任务而在一起工作的人，但其目标往往是组织的短期目标。如检查团、评比委员会、攻关小组、协调小组等。在企业中适当地建立一些任务群体是必要的，但过多的任务群体会干扰职能群体的正常运作。

（三）大群体和小群体

根据群体成员的多少，群体可以分为两种：大群体和小群体。大群体（large group）是指成员人数超过12人的群体。大群体有明确的领导人；领导人的指挥作用明显；规章制度正规化程度较高；一般成员参与决策的机会较少；成员之间相互沟通较少；容易再形成小群体；对领导者的要求较高等。小群体（small group）是指成员人数少于或等于12人的群体。小群体的特征与大群体相反，一般来说，组织的基层工作单位以小群体为好。

第二节　群体的发展阶段

一、群体发展的五个阶段模型

从 20 世纪 60 年代中期起，人们大都认为，群体的发展要经过五个阶段的标准程序，如图 3-1 所示。

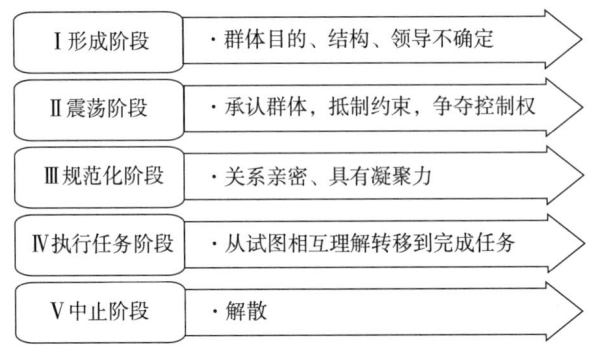

图 3-1　群体发展的五个阶段

（一）形成（forming）阶段

这个阶段的特点是，群体的目的、结构、领导都不确定，群体成员各自摸索群体可以接受的行为规范。当群体成员开始把自己看作是群体的一员时，这个阶段就结束了。

（二）震荡（storming）阶段

这个阶段是群体内部冲突阶段，群体成员接受了群体的存在，但对群体加给他们的约束，仍然予以抵制。而且，对于谁可以控制这个群体，还存在争执。这个阶段结束时，群体的领导层次就相对明确了。

（三）规范化（norming）阶段

在这个阶段中，群体内部成员之间开始形成亲密的关系，群体表现出一定的凝聚力。这时会产生强烈的群体身份感和友谊关系，当群体结构稳定下来，群体对于什么是正确的成员行为达成共识时，这个阶段就结束了。

（四）执行任务（performing）阶段

在这个阶段中，群体结构已经开始充分地发挥作用，并已被群体成员完全接受。群体成员的注意力已经从试图相互认识和理解转移到完成手中的任务。

(五) 中止 (adjourning) 阶段

对于长期性的工作群体而言，执行任务阶段是最后一个发展阶段，而对暂时性的委员会、团队、任务小组等工作群体而言，因为这类群体要完成的任务是有限的，因此，还有一个中止阶段。在这个阶段中，群体开始准备解散，高绩效不再是压倒一切的首要任务，注意力放到了群体的收尾工作。在这个阶段，群体成员的反应差异很大，有的很乐观，沉浸于群体的成就中，有的则很悲观，惋惜在共同的工作群体中建立起的友谊关系，不能再像以前那样继续下去。

五阶段模型的许多解释者都带有这样的假设：随着群体从Ⅰ阶段发展到Ⅳ阶段，群体会变得越来越有效。虽然这种假设在一般意义上可能是成立的，但使群体有效的因素远比这个模型所涉及的因素复杂。在某些条件下，高水平的冲突可能会导致较高的群体绩效。所以，我们也可能会发现这样的情况：群体在Ⅱ阶段的绩效超过了Ⅲ阶段和Ⅳ阶段。同样，群体并不总是明确地从一个阶段发展到下一个阶段。事实上，有时几个阶段同时进行，比如，震荡阶段和执行任务阶段就可能同时发生。群体甚至可能回归到前一个阶段。因此，即使是这个模型的最强烈的支持者也没有假设所有的群体都严格地按照五阶段发展。

二、间断—平衡模型

群体的发展不会经历完全相同的阶段，但是群体的形成和变革运作方式的时间阶段是高度一致的。这种间断—平衡模型认为，群体发展的过程中基本上以接近中间的某个时间作为分水岭划分为两个阶段，第一个阶段中群体运行的方式与第二个阶段有着明显的不同。

间断—平衡模型包括以下几方面内容：
(1) 群体成员的第一次会议决定群体的发展方向；
(2) 第一阶段的群体活动依惯性进行；
(3) 在第一阶段结束后，群体发生一次转变，该转变时间处于群体寿命周期的中间阶段；
(4) 转变会引起群体的重大变革；
(5) 转变之后，群体的活动又依惯性进行；
(6) 群体的最后一次会议的特点是完成工作任务的活动速度明显加快。

群体的间断—平衡模型的特点是：群体在其长期的依惯性运作过程中，会有一个暂时的变革时期，这种变革主要由群体成员意识到完成任务的时间期限和紧迫感所引发。该模型将群体的发展划分为群体形成、规范和低效执行的第一阶段，冲突、震荡、飞越变革、群体高效执行和结束的第二阶段。

第三节　群体结构

群体结构是群体成员的构成，可分为群体成员的年龄结构、能力结构、知识结构、性格结构等。群体的结构对群体行为和工作成果有重要影响。群体成员搭配得当，则能使群体各成员协调一致，密切配合，从而提高工作效率。群体成员搭配不当，则会使群体涣散，从而降低工作效率。

一、群体角色

莎士比亚说：世界是一个大舞台，所有男人和女人不过是舞台上的演员。运用同样的比喻方法，可以说，所有的群体成员都是演员，每个人都扮演一种角色（role）。我们这里运用角色这个词，是指人们对在某个社会性单位中占有一个职位的人所期望的一系列行为模式。如果我们每个人都只选择一种角色，并可以长期一致地扮演这种角色，对角色行为的理解就简单多了。但是很不幸，无论上班时，还是下班时，我们都要被迫扮演多种不同角色。正如我们看到的，要理解一个人的行为，关键是弄清他现在扮演什么角色。

（一）群体成员角色种类

几乎在任一群体中，都可以看到成员有三种典型的角色表现，就是自我中心角色、任务角色和维护角色。这些不同的角色对群体绩效会产生不同的影响（见图3-2）。

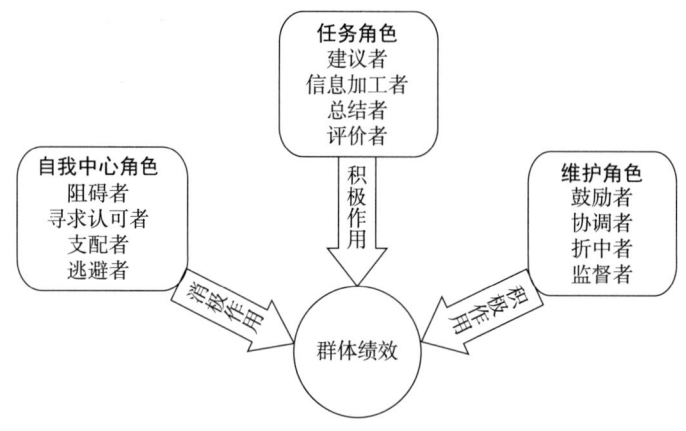

图3-2　群体成员角色种类

1. 自我中心角色

自我中心角色是指成员处处为自己着想，只关心自己。这类人包括：

（1）阻碍者，指那些总是在群体通往目标的道路上设置障碍的人。

（2）寻求认可者，指那些努力表现个人的成绩，以引起群体注意的人。

（3）支配者，这类人试图驾驭别人，操纵所有事务，也不顾及对群体会产生什么影响。

（4）逃避者，这类人对群体漠不关心，似乎自己与群体毫无关系，不做贡献等。

研究表明，这些角色表现大多会对群体绩效带来消极作用，造成绩效下降。

2. 任务角色

任务角色包括以下成员：

（1）建议者，是指那些给群体提建议、出谋划策的人。

（2）信息加工者，指为群体收集有用信息的人。

（3）总结者，指为群体整理、综合有关信息，为群体目标服务的人。

（4）评价者，是帮助群体检验有关方案、筛选最佳决策的人。

3. 维护角色

维护角色包括以下成员：

（1）鼓励者，指热心赞赏他人对群体做贡献的人。

（2）协调者，指解决群体内冲突的人。

（3）折中者，指协调不同意见，帮助群体成员制定大家都能接受的中庸决策的人。

（4）监督者，指保证每人都有发表意见的机会，鼓动寡言的人，而压制支配者。

任务角色和维护角色都起积极作用。每一个群体不仅要完成任务，而且要始终维持自己的整体。成员的任务角色和维护角色的作用正是为达到这两个目的。研究发现，任务角色、维护角色和群体绩效之间有正相关关系。

（二）群体角色构成的群体类型模型

一个群体要想取得高绩效，以上所说的任务角色和维护角色都是很重要的。到底哪种角色更重要，则视群体发展阶段而定。在形成阶段，监督者和建议者的角色有助于群体奠定一个良好的基础。前者可以使每个成员都增强主人翁精神，后者可以为群体提出努力方向。在震荡阶段，总结者、信息加工者、协调者和折中者的角色可以帮助群体解决不可避免的冲突，顺利进入规范化阶段。在群体规范化和执行任务阶段，任务角色和维护角色都很重要。总之，一个有效的群体应激发成员扮演任务角色和维护角色的需要，而避免自我中心角色。

如果以任务角色和维护角色两维度构成的群体类型，任务角色的表现为横轴，维护角色的表现为纵轴，如图3-3所示可以把群体分为四种类型：任务群体、团队群体、人际群体和无序群体。

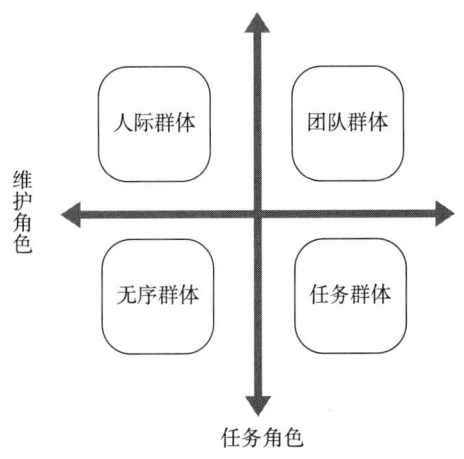

图 3-3 以任务角色和维护角色两维度构成的群体类型

在一个群体中，如果成员扮演任务角色多而扮演维护角色少，则被称为任务群体。这种群体对于应付紧急任务很适合，但很容易瓦解。作为管理者，就应该多扮演维护角色以帮助群体发展为团队群体。在团队群体中，任务角色和维护角色都很多。对于长期目标来说，团队群体是最有绩效的，这种群体的领导可以放心大胆地充分授权给下级。

如果群体成员扮演维护角色多，扮演任务角色少，则称之为人际群体。在这种情况下，管理者就需要扮演任务角色，以免群体成员自我陶醉，忘乎所以，而耽误了任务的完成。

在无序群体中，任务角色和维护角色都很少。在这种群体中，多数成员只顾自己，而很少关心任务及人际关系。无序群体是最没有绩效的，管理者需要既扮演任务角色又扮演维护角色。一般是先着重任务角色，待群体有几次成功经验后，就可以削弱任务角色而更多地注意维护角色。

二、群体规范

（一）群体规范的含义

群体一旦形成，为了保障其目标的实现和群体活动的一致性，就需要有一定的行为准则以统一成员的信念、价值和行为，这种约束成员的准则，就叫群体规范。群体规范是指群体内要求成员共同接受、共同遵守的行为准则。规定群体对其成员行为可以接受和不能容忍的范围。这些标准为群体每个成员所公认，而且是每个成员必须遵守的。群体规范可以是在群体内正式规定的，但大部分是在群体中自发形成的，并且能潜移默化地影响着个人的行为及人格的发展，起着调节成员活动和关系的作用。

群体规范的形成是受暗示、模仿、顺从等因素影响的。暗示是不以明显的方式有意识地向个体发出信息，使之无意识地接受并做出所要求的反应。比如皱眉、点头微笑。模仿是在非控制性刺激下引起的一种行为。例如时尚潮流就引导着人的着装倾向。顺从是个体按照组织要求、群体规范、舆论压力、他人意志做出的相应行为。

因为群体在讨论时，一个人会受到其他人意见的暗示，而影响自己的判断；或者少数人在大多数人意见的压力下，为了避免自己被孤立而受到其他成员的另眼相看，而产生顺从他人、模仿他人、再现他人的行为和意见，从而形成统一的看法。正是这种一致性的意见，保障着群体活动的共同性。

（二）群体规范的形成

大多数规范通过以下四种方式建立起来：

1. 主管或者同事的明确声明

有利于群体生存和完成生产任务的规范经常是由群体的领袖或者有权势的成员建立的。例如，一个群体的领袖可能明确提出午饭时不能饮酒的规范，因为喝过酒的成员在与客户或者上层管理者交往时更容易出问题，或者更容易在工作中发生事故。

上级管理者或者重要的群体成员还可以确定每个群体成员的角色期望。例如，上级管理者或者某个工作人员可能在一次会议之后走近一位新成员，向他提出一个格言式的建议:"新成员应该多做少说。"资历较深的成员可能想帮助这位新成员,使他不至于显得冒失或者缺乏能力,或者做出不得体的事,令其他成员感到尴尬。这种干预行为为新成员限定了角色期望。

迎合上级管理者喜好的规范往往也会建立起来,尽管客观上看这些规范在工作中是不必要的。例如,组织的规范非常民主,规定成员之间直呼其名,但是有的管理者更喜欢被称为某某先生、夫人或者女士。尽管遵守规范不会对群体成员造成任何损失,但是违反规范可能会导致在日常工作中与上级管理者发生摩擦。

由管理者明确制定的规范往往表达了群体的核心价值观念。例如,某个大学的校长规定,教职工必须遵守工作时间,必须每天都到学校。这种规范向学校的成员重申他们有教学和服务的责任,同时也向学校以外的人传达了信息,说明教职工的哪些行为会受到学校的重视,或者学校在哪方面与众不同。大学校长还可以制定规范,允许教职工每周有2~3天从事咨询或者管理工作。这些规范使教职工的相应行为合法化,同时向校内外人士说明了学校的核心价值观念。

2. 群体历史上的特殊事件

有时候,群体历史上的特殊事件会成为重要的先例。例如,一个群体的成员与组织内其他部门的人员讨论了雇佣计划,结果群体丧失了一些新职位,或者使优秀的申请者的竞争更加激烈了。这种轻率的举动可能严重地威胁群体的生存或者阻碍生产任务的完成;那位成员很可能受到正式或者非正式的批评。结果,群体会建立规范,实行保密制度,以便在未来相同的情况下保护群体。

3. 最初的做法

群体中首次出现的行为方式往往会决定群体以后的期望。如果在第一次会议上管理者和下属之间有非常正式的交流,群体通常会希望以后的会议以同样的方式进行。开会时或者房间中人们的位置往往由最初的做法决定。人们一般会继续坐在第一次会议时所坐的位置,尽管这些位置本来并没有进行分派,人们其实可以在每次开会时变换自己的位置。关系好的几个学生一般在教室里有自己的固定位置,有人占了"他们"的座位时,他们会很吃惊或者感到沮丧。

以最初的做法建立规范是因为这样可以将事情简单化,成为约定俗成的习惯,使群体成员明白应该怎么做。对这些行为进行规范可以使生活更有规律,更容易预测。

4. 以前延续下来的行为

群体成员会把在其他组织的工作群体中既定的角色期望带到新的群体中,组织中的许多群体规范是由于这个原因建立起来的。过去个人行为的延续可以增加新情况下群体其他成员行为的可塑性,有利于完成工作任务。例如,学生和教授在不同的课堂有比较稳定的角色期望。于是,学生从一个课堂到另一个课堂时,不必再重新学习如何行事。例如,他们知道迟到时应该赶快主动在教室后面的位置坐下。教授也无须不断地重新学习自己的角色。例如,他们知道说话不能含糊,板书不能过于潦草,布置作业要清楚。另外,大多数有利于完成工作任务的规范都是从一个组织延续到另一个组织的。这种延续的规范还有助于避免尴尬的人际关系问题。人们会更了解哪些谈话和行为可能使自己的同事感到恼火、愤怒或者尴尬。

（三）群体规范的功能

一般来说，群体规范具有以下四方面的功能：

1. 群体支柱的功能

群体规范是一切社会群体得以维持、巩固和发展的支柱。群体规范越能被群体成员所一致接受，则群体成员之间的关系越密切，群体也越团结。

2. 评价准则的功能

群体规范是群体成员的行动准则，因此，群体成员要以群体规范来评价自己和其他成员的行为。

3. 对群体成员的约束功能

群体规范的约束作用主要表现在群体舆论中。这种群体舆论是大多数成员对某种行为的共同评论意见。当某些成员的行为举止与群体规范相矛盾时，多数成员会根据群体规范对这种行为做出一致的判断或批评。这种带有情绪色彩的共同意见，对个人行为具有约束作用，使其不至于违反群体规范。

4. 行为矫正的功能

群体成员如果违反了规范，就会受到群体舆论的压力，迫使他改变行为，与群体成员保持一致。因而，群体规范具有行为矫正的功能。所谓群体凝聚力，或称群体内聚力，指群体对其成员的吸引力以及群体成员之间的相互吸引力两个方面。

三、群体凝聚力

（一）影响群体凝聚力和绩效的因素

社会交往是人类行为的自然特点，但是确保和谐的工作关系和有效的团队合作都不容易。管理者主要关心的是，工作群体的成员相互合作以达到他们的预期结果。在团结、有凝聚力的群体中，成员的合作有可能更多。有凝聚力的群体成员资格是个人的有益经验，有助于提升士气、释放创造力和能量。士气高涨的群体中的成员更愿意把自己作为群体中的一员并更高效地合作。因此，强大的、有凝聚力的工作群体对组织大有裨益。

1. 态度和目标的一致性

当群体成员拥有相似的态度时，他们愿意在一起。同样，个体往往被一个与自己具有相似目的的群体所吸引。

2. 外部威胁

外部威胁的存在可以增加群体凝聚力，因为这时群体成员不得不同舟共济、相依为命。与外界的竞争可以导致凝聚力增强，而群体内成员的竞争将导致凝聚力下降。

3. 群体规模

小群体比大群体有更高的凝聚力，因为小群体为成员们提供了更多的相互交往的机会。群体越大，异质越多，态度和价值观差异也增大，所以大群体往往凝聚力低。

4. 奖酬体制

以群体为单位的奖酬比起以个人为单位的奖酬，会导致更高的凝聚力。以群体为单位的奖励制度可以使成员们意识到他们的命运连在一起，因此增加合作精神。相反，鼓励群体成员之间竞争的奖励制度（如把所有奖金都奖给最佳工作者）将削弱群体凝聚力。

5. 班组的组合

以人际吸引、价值观和目标的一致为基础组成的班组有较高的凝聚力。在一个经典研究中，凡·扎尔斯特（Van Zelst）根据无记名选择工作伙伴的结果，把木工和砖瓦工重新编组，发现这种以人际吸引为基础的班组比随机组成的班组有更高的工作满意度。

6. 与外界的关系

一般来说，与外界隔离的群体有更高的凝聚力。这些群体往往认为自己与众不同、独一无二。隔离也使得群体成员产生同命运感以及共同抵御外界威胁的需要。

7. 群体的绩效

一个成功的群体更容易发展凝聚力。成功使得成员产生优越感，彼此增进好感。失败则往往使成员们互相埋怨，把别人当替罪羊，这种冲突将减弱凝聚力，甚至导致群体瓦解。

8. 领导作风

在民主的气氛下，领导者有意识地创造优秀的群体规范，这样可以大大地增强群体凝聚力。此外，不同的信息交流方式，群体成员的不同个性特征、兴趣和思想水平等，都会影响群体的凝聚力。

（二）凝聚力的作用

凝聚力对于群体来讲起到积极作用，但对于一个组织而言，群体的凝聚力可能存在积极和消极两个方面的作用。

1. 满意度

满意度更高，高凝聚力群体的成员比低凝聚力群体的成员可以得到更大的满足。他们认为作为群体的一员很值得，也很愿意参加群体的活动，并忠诚于群体。

2. 沟通机会更多

高凝聚力群体中的成员比低凝聚力群体中的成员沟通的机会要多得多。因为凝聚力高的群体成员间往往有共同的价值观和目标，互相之间愿意交流，因此有更多的沟通机会。这样的沟通又反过来加深了相互关心和了解的程度，促进了凝聚力的增加。

3. 群体意识

凝聚力高的群体容易形成群体意识。在凝聚力过强的群体中，是不能容忍异议的。对这样的群体来说，最有价值的是大家一致，而不是做出高绩效。群体意识的另一个表现为高凝聚力群体成员一致对外。凝聚力使得群体成员产生优越感，这种优越感导致成员们对外界的敌视和排斥。

4. 生产率更高

决定凝聚力对生产率影响的主要因素是群体的目标与组织目标是否一致。

如图3-4所示，如果两者相一致，则高凝聚力群体会做出高绩效；如果两者相违背，则高凝聚力群体会做出低绩效。总的来说，高凝聚力群体比低凝聚力群体更倾向于维护他们的目标。

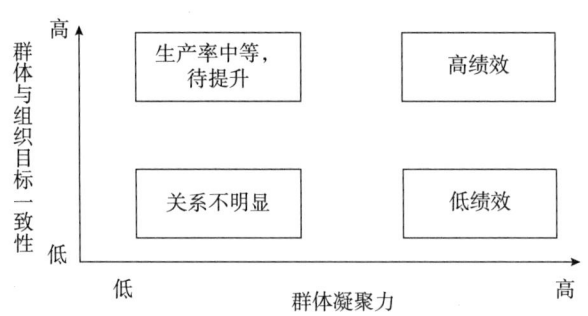

图 3-4　群体凝聚力与组织生产效率的关系

最具典型的研究是社会心理学家沙赫特（Schackter）的实验：沙赫特等在严格控制的实验条件下检验了群体凝聚力和对群体成员的诱导（宣传）对于生产率的影响。实验的自变量是凝聚力和诱导，因变量是生产率。除了设立对照组进行对比之外，沙赫特等人把实验组分成四种条件，即高、低凝聚力和积极与消极诱导。

实验结果说明，两种诱导产生明显不同的效应，极大地影响了凝聚力与生产率的关系。无论凝聚力高低，积极诱导都提高了生产率，而且高凝聚力组的生产率相对更高。消极诱导则明显降低了生产率，高凝聚力组的生产率更低。这说明高凝聚力条件比低凝聚力条件更易受诱导因素的影响。

四、群体规模

群体规模与工作效率有着密切的关系。在完成任务、采取行动方面，小群体（7人左右）比大群体效率高。

群体规模与解决问题的有效性有密切关系。在解决问题方面，大群体（12人以上）比小群体效果好。

群体规模与成员责任心有密切关系。规模的扩大导致责任的扩散，从而导致个人责任心的降低，如"搭便车"现象等。

第四节　群体内行为

在组织中，群体会对个体产生重大的影响，个体在群体中产生的心理活动和行为反应，与在单独环境中的心理活动和行为反应有明显的差异。因此，管理者为了有效地组织、指挥员工为达成组织目标而工作，有必要了解群体中的一些基本行为规律。

一、群体压力与社会从众行为

(一) 群体压力

当一个人在群体中与多数人的意见或行为不一致时,就会感受到群体对其形成的压力。一般情况下,当事人都有群体归属、社会交往以及安全、被尊重等需要。怕被所属群体冷落、孤立、排斥和唾弃。因此产生心理紧张、焦虑的状态。

群体压力类型包括理智压力、情感压力、舆论压力和规范性社会压力。理智压力和情感压力来自个体对事物的认知和情感判断,具有很强的社会从属性。舆论压力是指社会生活中公众对某一事态所持的意见和看法给当事人或者持不同意见的人带来的心理或行动的影响。规范性社会压力指的是"服从其他人积极期望的一种影响力"。处在某个群体中的个人,想继续成为这个群体的一部分,都会了解如果被该群体拒绝所引发的那种焦虑,这不是没有根据的害怕,这种拒绝是令人痛苦和烦恼的。

在群体压力下人可能产生四种反应。首先就是顺从,一味服从。其次就是反抗,一味反抗。再次是行为不受压力约束,我行我素的独行侠。最后是受文化影响较大的集体主义自决者,理性思考做出支持或反对决定,其依据为集体主义观点,通常行为都是从大局出发。当群体压力非常大时,群体的成员往往会违背自己的意愿产生完全相反的行为,也就是顺从群体。社会心理学中把这种行为叫作"从众"。

(二) 从众

1. 从众的内涵

所谓从众,又叫顺从,是指个体在群体中与大多数人的意见发生分歧时,感到一种群体的压力,当这种压力非常大时,会迫使个体违背自己的意愿,迁就大多数人的意见,从而顺从群体规范的一种行为。从众与服从的主要区别在于从众是群体中少数人顺从多数人,而服从是下级顺从上级。

阿希从众实验

美国心理学家阿希(S. E. Asch)曾在20世纪50年代做过一个著名的从众实验。被试者是大学生,每组有7~9人,其中只有一个人是真正的被试者,其余的都是试验者的助手,但是真正的被试者并不知情。试验者让一组人围桌而坐,并故意让真正的被试者坐在靠后的位置,接着,试验者出示两张卡片,如图3-5所示。

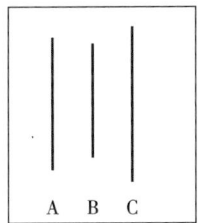 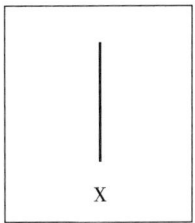

图3-5 阿希实验材料

> 一张卡片上只有一条线 X，另一张卡片上有三条线 A、B 和 C。相似的卡片共有 12 对。大家看过卡片后要指出线 X 和线 A、B、C 中的哪一条等长。其实答案很简单。第一次、第二次助手做了正确的回答，真正的被试者也做了正确的回答。到了第三次，助手开始异口同声地做出错误的回答，说线 X 和线 B 等长，这时真正的被试者困惑了，也做了错误的回答，他从众了。试验结果表明，在没有他人干扰的情境中，被试者做出错误判断的可能性仅为 1%。但是有了他人的干扰之后就会产生群体的压力，被试者做出错误判断的比例竟上升到了 37%。

2. 影响从众行为的因素

（1）群体因素。

1）群体的规模。如果只有两个人反对你，你很可能会坚持自己的意见；而如果有 100 人反对你，你多半会惊慌失措，内心不安，最终从众了事。一般来说，群体规模越大，持有一致意见或采取一致行为的人数越多，则个体所感到的心理压力就越大，也就越容易从众。

2）群体的一致性。如果群体中只有一个人持不同意见，那么他要承受巨大的压力。如果群体中另外还有一个人持反对意见，那么前者所面临的从众压力大大缓解，从而明显降低从众的程度。阿希在进一步的实验中，让一位假被试者做出不同于其他多数人的反应，结果被试者的从众行为减少了 3/4，因为被试者有了一个"合作者"，从中得到了巨大的支持力量。即使这个假被试者并没有发表与被试者相同的意见，但只要他与群体的意见相异，就会增强被试者的信心，削弱从众心理。总之，增设一致性程度越多，个体越倾向于从众。

3）个体在群体中的地位。个体在群体中地位越高，越有权威性，就越不容易屈服于群体的压力。一般来说，地位高的成员经验丰富、资历较深、能力较强、信息较多，能够赢得低地位者的信赖，他们的看法和意见能对群体产生较大影响，并使低地位者屈从，而地位低的成员则不可能影响他们。老师在学生面前，军官在士兵面前，领导在下属面前都会较少从众，因为他们知道自己在群体中是地位高的人，一般不会感到有从众压力。

4）群体的凝聚力。群体的凝聚力越强，群体成员之间的依恋性及对群体规范和标准的从众倾向也越强，个体会为了群体的利益而与群体意见保持一致。有人曾经特意设计了一个阿希式的实验，是以小组式的方式，使五个实验小组相互竞赛。在线段对比实验中，出错最少的小组，其成员将得到两张戏票。结果表明，个体在有共同目标的群体中更容易从众，因为不如此就可能达不到目标。

（2）个体因素。

1）知识经验。个体对刺激对象越了解，掌握的信息越多，就越不容易从众，反之则越容易从众。如果一名医生和一群教师讨论教育问题，他往往不会反对教师们的意见，因为他对此问题不甚了解；而如果是讨论营养问题，他往往会反对教师们的一致意见，因为他在这方面有丰富的知识经验。知识经验多的个体拥有更强的自信心，他倾向于把自己看成是群体中的专家而不愿从众。

2）个性特征。个人的智力、自信心、自尊心、社会赞誉需要等个性心理特征，与从众行为密切相关。智力高的人，掌握的信息比较多，思维灵活，自信心较强，不容易发生从众行为，而智力低的人则容易从众。有较高社会赞誉需要的人，特别重视别人的评价，希望得到他人的赞誉，较易从众。性格软弱，暗示性强的人也容易表现出从众倾向。

（3）问题本身。

当情境模糊不清时。这是最关键的变量，决定着人们在多大程度上会以别人作为信息的来源。当你不确定什么是正确的反应、适应的行为、正确的观点时，你将最容易受到他人的影响。你越是不确定，就会越依赖他人。

危急是另一个促使人们以别人作为信息来源的因素，而且常常与模糊情境同时发生。在危急时刻，我们通常没有时间停下来思考应该采取什么行动，但我们又需要立即行动，因此我们就很自然地去观察别人的反应，然后照着做。

涉及原则性问题的，如果是涉及伦理、道德、政治等原则问题，人们不太容易丧失立场。

（三）群体压力、从众行为与管理对策

在管理工作中，管理者要学会善于利用沿着正确方向发展的群体压力；要善于分析"不从众"者的情况，对出于"集体主义自决"的不从众者，不但不能对其施加压力，而且要给予支持；应该尽量避免用压制的方式对待群众中的不同意见，特别是要注意保护和支持。

同时，在日常管理过程中，要充分利用从众行为的积极作用；要警惕和防止从众心理，避免从众行为的消极作用。领导者在作决策时，要防止在"表现一致"的情况下，匆忙地作出决策；要注意重视并善于倾听不同的及反面的意见。

二、群体决策

一个人对于客观世界的观察、认知和理解与个人的文化背景、知识结构、社会地位及自身能力等密切相关，各种制约因素使得个人对客观世界的认识不可避免地会带有很大的局限性。克服个人认识上的盲区对决策可能造成的不利影响的方法之一就是由多个人参加决策的过程。"三个臭皮匠，顶个诸葛亮"，多人的相互作用就有可能大大减小认识上的盲区。

群体决策（group decision-making）是指两人以上共同作出的决策，如开会决议、投票表决等都是一种群体决策。

（一）群体决策的优势

1. 广泛性

由于有较多的群体参加决策，因此可以收集到更广泛的信息，可以获取更广泛的知识，提高决策的水平。

2. 周密性

一般情况下，群体决策是允许每个参与者发表自己的观点、提出自己的方案，由于各自的地位、角色不同，提出的方案会有较大差别，这样最终的决策会更周密。

3. 实施性

决策后的实施是决策重要的一环,如果不实施,或实施不力,再好的决策也会变得无效或效果不佳。在群体决策时,由于实施者可能也参与了决策,因此对决策有比较全面和深刻的了解,这样更有利于实施决策。

4. 激励性

群体决策使参与者愿意承担更大的责任,使其感觉到自己的重要性,激励参与者更努力地为实现组织目标而工作。

(二) 群体决策的劣势

1. 从众

为了使其成为群体内受欢迎的成员,个体往往有一种从众的倾向,这样就可能使正确意见得不到表达,或不能坚持,对正确决策带来不良影响。

2. 压制

当一个群体中有一个地位明显高于他人的领导者,这个领导者的领导风格又是专制的,而且他能力强、个性强、口才佳、威信高时,群体决策往往会变成个人决策。这位领导人压制了其他成员发挥创造力的机会,群体讨论会流于形式。

3. 情面

在群体决策时,受到情面因素的影响,可能会出现甲成员明知乙成员的方案欠佳,也不提出修正意见;丙成员明知丁成员对自己的方案的修正意见不错,还是坚持自己的错误方案等现象。这样可能使群体决策找不到最佳方案。

(三) 决策群体的组成原则

群体决策要尽可能多地集中智慧,但人数又不能过多。解决这一矛盾的方法,就是决策群体的组成要坚持原则,以提高群体决策的效率。

1. 知识结构上的互补

在一个决策群体中,应该尽可能包括具有不同知识背景的人员。知识背景不同的人对客观世界的理解不同,看问题的角度不同,能力结构不同,思维方式也不同,他们的互补不仅能够使得对客体的认识盲区大大减小,而且使决策群体中的成员能够相互激发,激发出创造性的新思想。

2. 性格、气质和决策风格上的互补

由于不同性格、不同气质的人各有优缺点,在情绪、意志等方面的表现各有千秋。因此组成决策群体时还应注意成员在性格、气质方面的互补。

在决策风格上,可以分为六类:

经济型——决策中更注重经济效益;

审美型——决策中更注重和谐与个性;

理论型——决策中更注重事实的确认和根源的分析;

社会型——决策中更注重人际关系;

政治型——决策中更注重权力、影响和声望;

理想型——决策中更注重理想和献身精神。

这些分类不是绝对的。金无足赤，人无完人，每个人都有其独具的特色，群体决策就是要使大家相互补充，形成一个整体更优的集体，以取得更明智的决策结果。

3. 年龄、性别、所处阶层的合理分布

决策群体的组成还应注意年龄、性别、所处阶层的合理分布。这种合理分布有利于决策群体加强与不同年龄、不同性别、不同社会阶层、不同社会集团的广泛联系，随时采集各方面的意见和建议，发挥各类成员的优势，取长补短，以不断改进其决策。另外，在决策群体中包含组织内部不同层次的成员也有利于调动组织成员的积极性，提高士气。

4. 决策群体的人数

研究表明，5~11 人组成的中等规模的群体决策最有效，能得出更为正确的决策意见；4~5 人的群体较容易使成员感到满足；2~5 人的较小的群体较易得到一致的意见。

三、决策风险

（一）群体决策与风险心理

决策行为本身可能是有风险的。作为个人决策，它对决策方案的风险性偏好在很大程度上取决于个性的冒险性如何。然而在群体决策过程中，情况就要复杂得多，主要是群体动力在起作用。群体决策中风险心理的主要表现形式为"冒险转移"现象。

一般认为，群体决策由于集思广益、博采众长，比个人决策更为合理、更为有效。但是研究表明，群体决策与个人决策相比，往往更倾向于冒险。

（二）冒险转移假设

群体决策的冒险水平要高于个人决策冒险的平均水平。这种在群体决策中冒险水平增加的现象就是所谓"冒险转移"现象。这种现象可以用图 3-6 表示。假定一个小组由 7 人组成，他们分别采用了不同的决策，其平均数为 $\overline{R}$，但在经过长时间讨论之后采用了冒险水平为 R_g 的决策。$R = R_g - \overline{R}$，增量就是群本决策冒险转移的数量指标。

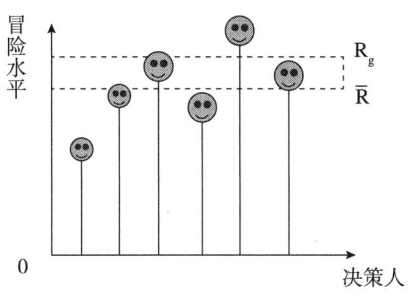

图 3-6 冒险转移现象

冒险转移现象的发现令人感到意外。日常的观点一般认为群体决策应更小心谨慎，要倾向于保守，但国外的科学研究材料都证明群体行为有相反的倾向。因此，这个问题多引起许多学者浓厚的兴趣，要进一步探讨冒险转移现象的原因。各国学者提出了不同的假设，主要有下述五种假设：

1. 责任分摊的假设

每一种包含高风险的决策都与一定的责任相联系。风险越大，失败的概率越高，决策者肩负的责任也越大，责任往往引起决策人的情绪紧张，焦虑不安，不敢贸然采取有较高风险的决策。群体之所以采取有更大风险的决策，是因为对决策后果的责任可由全体人员分摊，万一决策失败，追究责任时不会独承其咎，这样就减轻了个人的心理负担。

2. 领袖人物作用的假设

在群体中总会有领袖人物和有影响的人物，他们在群体活动中起着特殊的作用。他们为了显示自己的才能与胆略，往往会采取冒险水平较高的大胆决策。同时，由于对群体成员具有较大的影响力，在决策中有较大发言权，他们会用各种方式证明他们采取的决策是有根据的，因而他们的决策会被群体所接受，变成群体的决策。日常生活中确实也可以观察到这样的情况。

3. 社会比较作用的假设

在许多群体内，提出有根据的冒险决策会得到好评。因此，群体中的个人提出自己的决策意见时，往往要与别人的意见进行比较。如果个人的意见在冒险水平上低于群体其他成员的平均水平，则会感到不安，担心群体可能对他有不良的印象。基于这种考虑，个人在参加群体决策时提出意见的冒险水平往往要高于单独做决策时的冒险水平。也就是说，群体内各成员的相互比较可能产生冒险转移现象。

4. 效用改变的假设

这种假设是用效用理论的术语来解释群体决策的冒险转移现象。从这种假设来看，在群体中通过讨论彼此交换意见，会影响到个人选择方案效用的改变。同时，彼此相互影响也会改变冒险的效用，发生趋同现象。也就是说，群体中各成员对于冒险价值的主观意义会逐渐类似。但这种假设并不能全面解释冒险转移现象，不能解释为什么冒险的效用会增加，而不是减少，或者说，为什么在大多数情况下是向增加冒险的方向转移而不是向保守方向转移。

5. "文化放大"的假设

这种假设认为，若一个国家或社会的文化中占主导地位的价值观是崇尚冒险，则这种价值观会被"放大"，从而扩散与反映到该文化中的群体决策中来。美国社会正是如此，此假设可用以解释美国群体决策中的冒险转移现象。

综上所述，五种假设虽然都试图解释群体决策的冒险转移现象，但各自都不能解释全部实验材料。因此，这五种假设中的每一种都有一定意义，但不能以偏概全，而应相互补充。群体决策中可能会有冒险转移现象，但不能认为群体决策向冒险方向转移是必然的规律。实际上，如果群体成员有较高的水平，团结一致，掌握充分的信息等，一般会做出适当的决策。特别应当指出的是，近些年来组织行为学的研究发现，群体决策也有向保守方向转移的倾向，尽管这方面的研究资料尚不多见。因此，有人提出，要用两极化倾向的概念代替冒险转移。

四、群体决策的方法

(一) 头脑风暴法

头脑风暴法（经常被称为"脑力激荡"或"云爆发"）涉及在群体中采取"随心所欲"的态度，产生尽可能多的想法，越天马行空越好。头脑风暴鼓励成员暂缓判断。相关的假定是，鼓励群体成员的自然倾向、概念的快速产生及自由联想将获得最佳的积极思考。想法的数量决定质量。

(二) 德尔菲法

德尔菲法，也称专家调查法，1946年由美国兰德公司创始实行。该方法是由企业组成一个专门的预测机构，其中包括若干专家和企业预测组织者，按照规定的程序，背靠背地征询专家对未来市场的意见或者判断，然后进行预测的方法。

德尔菲法本质上是一种反馈匿名函询法。其大致流程是：在对所要预测的问题征得专家的意见之后，进行整理、归纳、统计，再匿名反馈给各专家，再次征求意见，再集中，再反馈，直至得到一致的意见。由此可见，德尔菲法是一种利用函询形式进行的集体匿名思想交流过程。

(三) 提喻法

提喻法是由哥顿（W. I. Gordon）提出的，故又称哥顿法。其做法是邀请5~7人参加会议进行讨论，但讨论的问题与即将进行的决策没有直接关系，而是运用类比的方式进行讨论。类比的方式是多种多样的，如拟人类比、象征类比、幻想类比等。如果决策的问题是研究某种夜视仪，则可邀请专家来讨论猫头鹰眼睛的夜视功能。如果决策的问题是某项人事任命问题，则可讨论担任某种职务的人员需要具备什么品质。采用这种类比的方式，把熟悉的事情变成陌生的事情，有助于人们摆脱框框的束缚，充分利用自己的想象力开拓新的思路。

五、群体思维

群体行为和绩效的有效性反过来受到"群体思维"的影响。在集体讨论过程中可能会产生一些失误，影响决策的质量。有时我们会看到这样的现象，由一些经验丰富、知识渊博的专家组成的群体，会做出一般人凭常识也不会做出的荒谬决策。美国心理学家贾尼斯（L. Janis）详细地研究了这一现象。他分析了各种政治和军事决策，发现了一种称为"群体思维"（group think）的现象，或者称"小集团思想"。在群体决策过程中，成员片面地、过分地追求一致的现象和倾向，称为群体思维。这一群体的成员认为，保持群体的统一、创造和谐的气氛有特殊意义。由于把这样的目的摆在首位，往往不能理智地分析各种可能的备选方案，使决策质量受到很大影响。

群体思维包括五方面特点：

1. 顺从性思维

在这种群体中顺从作风占主导地位。如果某一群体成员不接受领袖人物或多数人的意见，会受到孤立、嘲笑或排斥。在这种条件下即使群体成员对采取的决策有怀疑也不敢公开发表意见。因此，"小集团思想"会造成一批俯首帖耳的顺从者。

2. 有倾向性地选择信息

在具有"小集团思想"的群体中，其成员往往会封锁怀疑群体决策正确性的信息，尤其是对群体领导人封锁这种信息。这样，会严重影响群体决策的质量。

3. 盲目乐观情绪

在这种群体中往往过高估计成功的概率，过低估计失败的概率，认为本群体的决策一定会成功，其结果却往往适得其反。

4. 相信群体无所不能

这种群体的成员往往认为，一切都决定于他们的行动，过高估计自己拥有的物质手段、自己的组织和专长，而对外部条件、敌方力量估计过低。例如，在第二次世界大战期间，美军指挥机关认为日本不敢攻击珍珠港军事基地，结果，日本偷袭珍珠港使美军遭受严重损失。

5. 首创精神的假象

这种群体认为自己在解决经济或政治问题上具有首创精神，人们或社会组织的命运取决于它的决策。实际上，这种信念只不过是一种假象。

总之，群体思维一方面会提高群体的凝聚力和群体成员的自我满意度；另一方面却会降低决策的质量，甚至使群体决策的效果比个人决策的效果更差。应当指出，贾尼斯"小集团思想"的概念并不是以实验研究为基础，而是在分析了美国国家以及历史上若干重大决策成败的案例之后所得出的结论，这种研究方法并不十分可靠。此外，贾尼斯过分夸大"小集团思想"在群体活动中的作用，而没有充分估计其他因素的作用。例如，珍珠港事件的发生实际上取决于政治、经济、军事等一系列因素，把它仅归结为"小集团思想"，则是一种把一切社会现象简单地归结为心理因素的错误倾向。

尽管如此，"小集团思想"的特点确实在某些决策群体中出现。这提醒人们要注意这种现象，并采取适当的措施克服和防止这种现象的不利影响。一般来说，在组织群体活动时应鼓励发表各种不同的意见，群体的领导者在做出最后决策之前应持中立态度。此外，还可以听取不属于本群体的各种专家的意见等。

第五节　冲突管理

一、冲突

所谓冲突是指两个或两个人以上的社会单元在目标上互不相容或互相排斥，从而产生心理上的或行为上的矛盾。冲突的特点包括三个方面：

首先，冲突客体的多样化。冲突可以发生在一个个体内部，也可以发生在个体与个体之间，还可以发生在由个体组成的群体之间。这里主要讨论后两种冲突，但我们不能忽视前一种冲突造成的影响。

其次，冲突起因的多样化。从冲突的定义中可以看出，冲突有多种起因：目标不相容、认识不相容、情感不相容。这些只是表面起因，还有许多深层的心理起因。

最后，冲突的客观性。事实证明，只要有人存在的地方，就有冲突。因此，冲突是一种客观存在的、不可避免的、正常的社会现象，是组织心理和行为必不可少的一部分。

冲突与竞争两个概念经常被人们拿出来进行对照分析。竞争（competition）是指个体为了达到自己的目的，而使其他个体达不到目的的一种行为。例如，只有一个总经理职位，生产副总经理和销售副总经理都想成为总经理，他们之间就会产生竞争。

从冲突与竞争两者的关系来看：

竞争中可以没有冲突。例如两位游泳运动员为了争夺冠军，可以激烈地竞争，但是可能相互之间根本不认识，也可能从未在一个游泳池里游过泳，也就是说，他们之间几乎没有相互作用，即没有冲突。

竞争中可以产生冲突。某公司有一个去美国深造的名额，两位候选人在竞争中会产生冲突，因为他们有相互作用。

冲突的结果可以是双赢的。例如两家公司为了增加销售量而引起冲突，结果是两家的销售量都增加了。

竞争的结果一般是零和博弈，即总有一方赢一方输。例如原来甲公司的市场占有率是55%，乙公司的市场占有率是45%，通过竞争甲公司的市场占有率降为48%，乙公司的市场占有率上升为52%。虽然从冲突的含义来看，甲公司也可能因为增加销量而赢了，但从竞争的角度来看，乙公司赢了，甲公司输了。

二、冲突的原因与作用

（一）原因分析

在组织中，员工之间发生冲突往往有各种各样的原因，有些原因是显而易见的，有些原因是深层的、不可见的。因此，我们在判断冲突的原因时要小心谨慎。

1. 人的本性

许多试验证明，动物具有侵犯的本性。由类人猿进化而来的人，也有一定的侵犯本性，这是造成某些冲突的原因。战争、比赛、打架等都是侵犯本性的一种表现。人们常常把组织当作表现侵犯本性的场所，因此冲突就产生了。这种侵犯本性常常表现在一些群体内或群体间的有形冲突中，例如破口大骂、大打出手、相互指责等。

2. 争夺有限的资源

一个组织内部的资源总是有限的，现在任何一家企业在资源分配方面都远达不到"按需分配"的水平，于是在争夺有限的资源时，个体与个体、群体与群体之间就可能产生冲突。

在企业中，竞争的资源主要有以下几种：

（1）金钱。这是目前争夺最激烈的一种资源，例如奖金、福利、投资额、贷款等。

（2）物资。例如设备、原材料、工具、汽车等。

（3）空间。例如厂房、办公室、住房等。

（4）上级的时间。主要指高层管理人员的时间，因为这是个常数，所以中下层管理人员和员工为了争夺高层管理人员的时间而引起的冲突不在少数，谁争夺的时间多，谁就受到重视。

（5）人才。这是企业未来争夺的重点，谁拥有人才，谁就能立于不败之地。但是人才的定义在不同组织中会有变化，因此人才的争夺将更加复杂多变。

3. 角色不同

组织中不同的角色有不同的任务，而不同的任务往往埋藏着冲突的根源。在一般企业中，以下角色之间较易引起冲突。

（1）生产—销售。生产部门和销售部门之间的角色不同会引起很多矛盾与冲突。生产部门指责销售部门销售乏术，产品销不掉，要货时又不提前通知；销售部门指责生产部门生产出来的产品质量低劣，顾客要的产品不生产，生产出来的产品顾客又不需要。

（2）财务—其他。财务部门在许多企业中几乎扮演着警察的角色，当一些部门花钱太多、预算不合理、报销不符合手续时，财务部门都会提出警告，或干脆抵制。因此，财务部门和其他部门很容易发生冲突，有些领导者甚至认为，如果财务部门和其他部门没有冲突，就说明中间出现问题了。

（3）生产—质检。生产部门和质量检验部门也是一对众所周知的"死对头"。生产部门埋怨质检部门太挑剔，故意跟自己过不去；质检部门则指责生产部门只重视产量，不重视质量。

（4）销售—市场。销售部门和市场部门关系很密切，但冲突也很多。有时销售部门责怪市场部门是吃干饭的，每年花了大量资金却对销售没有一点帮助；市场部门则指责销售部门员工素质太低，不懂销售技巧。

（5）一线—后勤。一线部门和后勤部门也常常容易有冲突。一线部门指责后勤部门服务不周到、工作太轻松；后勤部门则责怪一线部门要求太苛刻，看人挑担不吃力。

4. 价值观与利益的差异

在企业中，由于价值观与利益的差异而引起的冲突也屡见不鲜。这些差异主要发生在以下群体之间：

（1）职能部门之间。工程部门希望有高质量的产品，而生产部门主要考虑以低成本来制造产品；生产部门希望有高质量的原材料，而采购部门主要考虑预算够不够；销售部门希望有好产品使客户满意，而产品设计部门主要考虑性价比。

（2）管理层与员工之间。管理层希望多生产优质产品、增加销售量、提高利润率，使本公司股票增值，吸引更多的股东来投资；而员工主要考虑提高工资、增加福利待遇、降低劳动强度。

（3）员工之间。老员工与年轻员工、中国员工与外国员工、本地员工与外地员工、男员工与女员工、高层员工与基层员工、高学历员工与低学历员工、白领员工与蓝领员工在价值观和利益方面都有许多差异，进而会有冲突。

5. 职责不清

在许多企业中，由于没有工作分析，或工作分析进行得不好，常常容易出现职责不清的现象，这时就容易产生冲突。

（1）互相推诿。由于职责不清，许多工作没人做，一旦出了事故则互相推诿。

（2）互相插手。由于职责不清，许多工作大家抢着干。如果决定由一个人或一个部门去干，其他人或其他部门会愤愤不平，冲突也就出现了。

6. 争权夺利

由于权力可以获得利益，因此往往更吸引人。内部由于争权夺利而引起的冲突不在少数。争权夺利有时会被冠以许多美妙的借口，其实质都是一样的，即将个体或小团体利益置于组织利益之上。其表现五花八门，但万变不离其宗，无非是：培植亲信，拉帮结派；以我画线，任人唯亲；一人得道，鸡犬升天；制造混乱，乱中夺权。争权夺利引起的冲突后果相当严重，组织中应该尽量杜绝这种根源。

7. 组织变革

组织在变革期间会产生动荡，这些动荡带来的冲突是不可避免的。组织变革中主要有以下一些情形与冲突关系密切。

（1）组织兼并。这里的组织兼并是指一个企业兼并其他企业，或者一个企业被其他企业兼并。在这种情形下，企业内部的员工流动量会大增，组织结构也会有重大改变，权力分配势在必行，新旧人员之间互不认识，因此很容易出现冲突。

（2）组织改组。当一个组织由于种种原因需要改组时，组织结构一定会有明显改变，各部门也会重组，新的领导与旧的部属之间的矛盾可能加剧，因此也较易出现冲突。

（3）组织扩大。由于需要，组织急剧扩大时，员工会在短时间内大量涌入。由于存在目标、认识、情感上的差异，会造成许多冲突。

（4）组织缩小。一般只有在万不得已时，组织才考虑缩小。组织缩小时会裁减大量员工，留下的员工往往会心有余悸，互相猜疑、互相攻击，结果造成冲突。

8. 组织的心理气氛

心理气氛是指组织领导者倡导的、长期形成的组织内部人与人之间的关系程度。

（1）领导者的表率作用。如果领导者之间的人际关系和谐，很少出现冲突，或者一旦出现冲突后都会很好地处理，那么这种心理气氛会感染员工，组织内部冲突也将减少。如果领导者相互之间总是钩心斗角，意见分歧，冲突频繁又激烈，那么这种心理气氛也会感染员工，组织内部冲突不断增加是可以预见的。

（2）心理距离是指个体或群体认为自己与其他个体或群体的差异有多大的一种心理状态，如果一个人认为自己与同事没什么差异，那么他和同事的心理距离较近；如果一个人认为自己与同事有很大差异，那么他和同事的心理距离较远。

企业中的个体或群体和其他个体或群体的心理距离中等时，最容易出现冲突。如果有很大的心理距离，或只有很小的心理距离，就不容易出现冲突。

（二）冲突的作用

在一个组织中，冲突的作用相当复杂。为了比较全面地考察冲突的作用，我们可以把冲突的作用分为两个方面：积极作用和消极影响。

1. 冲突的积极作用

（1）促进改革。个体之间或群体之间冲突的出现，说明在某些方面出现了问题，有些方面可能已到了非改革不可的地步，因此，冲突有利于组织领导者下决心进行改革。

（2）建立新的和谐关系。由于老的关系引起冲突，使矛盾公开了，这样有利于消除引起冲突的消极因素，较易建立新的和谐关系，增强组织内部的团结。

（3）激发完成任务的干劲。冲突往往伴随着竞争，而有时竞争会有效地激励员工和群体努力为实现组织目标而工作。竞争双方可能都憋着一股劲，努力证明自己是对的、自己是行的，结果产生了良好的"增益"效率。

（4）宣泄员工的不满情绪。在冲突中，员工会宣泄自己的不满情绪。这种不满情绪如果不宣泄出来，对于员工的身心健康相当不利，因此，冲突是一种"出气筒"，适当的宣泄对于员工相当有益。

（5）了解真实的信息。在冲突中，双方传递的信息往往是不加伪装的，领导者在处理冲突的过程中，会了解许多在其他渠道中不易了解到的真实信息，这对于领导者全面掌握信息、正确决策、更好地激励员工都有重大意义。

（6）促使组织更换领导者。冲突之后，特别是一些重大冲突发生之后，会发现某些冲突是由领导者引起的，这时只有更换原来的领导者，产生新的领导者，才能缓解或解决冲突，这也有利于组织的发展。这个措施相当重要，许多杰出的新领导者往往是在冲突中产生的。

（7）促进制度的完善。有些冲突是由于组织内部制度不完善造成的，例如职责不分明。因此，通过冲突，可以了解到问题究竟出在哪里，追根究底，找出组织内部制度不完善的地方，然后加以修正。

（8）满足员工追求卓越的心理。有些冲突是由于一方认为对方工作不够出色造成的。这时，双方都认为自己在追求卓越，同时展示了双方的人格特点，有利于了解员工的真正素质与水平。

（9）有利于阐明观点与立场。冲突双方为了说服对方，并证明自己的观点和立场是正确的，往往会千方百计寻找论据，因此，真理越辩越明，有关冲突的观点与立场会越来越清晰，这对于解决某些疑难问题大有益处。

（10）有利于产生新的目标。对于原有的目标，可能冲突双方都不满意，这时为了缓解冲突，领导者可能会提出一个双方都能接受的新目标，而这个新目标以前是不可能提出的。新的目标可能会促进组织的发展。

2. 冲突的消极影响

（1）引起消极的情绪状态。在冲突时，每个参与者都会出现情绪激烈波动的状态，有时冲突会给参与者带来很大的精神压力。这种消极的情绪状态和精神压力会使员工产生一些极端的不理智行为，如打架、破坏工具及设备，甚至行凶或自残。

（2）造成组织的巨大损失。组织中的资源缺乏是造成冲突的一个原因，但冲突也可能使资源分配更加不公平，这就挫伤了一部分员工的工作积极性，而且激烈的冲突往往持续时间很长，会给组织的时间和金钱带来很大的浪费。最严重的是，冲突会造成离心力，对其破坏性我们不可低估。

（3）使一部分人才流失。由于冲突长期得不到解决，一部分员工会觉得再留在该组织中不能很好地发挥作用，进而选择"跳槽"。于是，组织可能由于一部分人才的流失而不能很好地完成任务。

（4）破坏组织结构和秩序。在冲突时，一方或双方有可能曲解组织的目标。当冲突蔓延时，一部分员工会对组织的指示、命令茫然无措，不知道该听谁的；一部分员工则会把组织的指示、命令当作"儿戏"，他们自行其是，不受上级的约束，严重地破坏了组织结构和秩序。

（5）导致员工人际关系恶化。有些冲突由于引起的原因比较复杂，如果处理不当，员工之间的关系会不断恶化。这时往往会出现恶意攻击、无端谩骂、人身侵犯等。这种恶化持续一段时间后会导致群体分裂、组织垮台，应引起各级管理者的高度重视。

三、冲突的管理

（一）冲突处理的传统方法

冲突有其积极作用和消极影响，如果不对冲突进行有效的管理和积极的引导，那么冲突更容易产生消极影响。只有对冲突进行有效的管理，才能发挥其积极作用。在组织中，管理者对处理冲突已有一定的经验，我们称之为传统管理。这些经验在许多场合仍然十分有效。

1. 妥协

妥协（compromise）是指要求冲突双方各退一步，以达成双方都可以接受的目标。妥协是目前许多组织中最常用的方法之一。由于冲突双方实力相当，一时也难以辨别谁更有理，或者两者其实都有理，只是看问题的角度不同而已，管理者会要求双方达成妥协，使各方都部分地得到满足。最典型的例子是甲方要求增加投资50%，乙方认为最多增加投资30%，取平均值，增加投资40%。有时妥协能很好地解决冲突，但要防止有些个体或群体知道领导会采用妥协的方法，在冲突一开始就开出高价而谋取私利。

2. 第三者仲裁

第三者仲裁（arbitration）是指由一位权威人士来判断冲突双方谁是谁非。权威人士可以是双方的上级，或者有关机构的工作人员，或者双方都认可的其他人士。采用这种方法时，首先要让冲突双方充分阐述各自的观点、立场，以事实为根据，以法律（规章）为准绳。仲裁的最佳结果是双方口服心服，服从仲裁。在仲裁后要注意：输方可能会产生挫折心理，要给予适当疏导，以防止产生不良反应。

3. 拖延

拖延（delay）是指面对冲突不予处理，等待其自然缓解或消除。拖延也是管理者常用的一种方法，对涉及面较小、不会构成重大危害作用的轻微冲突，可采用拖延方法。但是，有些冲突在目前看来微不足道，可是一经拖延，或者矛盾一经积累，会造成重大损失。对这些冲突不能采用拖延方法，要及时解决。

4. 和平共处

和平共处（peaceful coexistence）是指冲突双方求同存异，避免矛盾公开化、加剧化。一般没有重大原则差异的冲突可以用和平共处的方法来解决。管理者可以协助冲突双方分析各自的观点与立场，以及产生冲突的原因，然后协助冲突双方找出共同点，加以肯定；差异小的地方，通过协商来解决；差异大的地方，暂时推延，但要避免矛盾公开化和加剧化。和平共处是解决一些冲突的较好方法。

5. 宣传

宣传（propagate）是改变态度的有效方法之一。在冲突中，许多人都是由于态度不同而造成对事物的看法不同，要转变冲突双方的态度，缓解和消除冲突，选用宣传方法是明智的。

可以建议冲突双方转换角色，从对方的角度来看问题；可以请有关的权威人士来解释事物的真相，使双方用较客观的态度来审核原来的观点是否有偏差；可以组织冲突双方坐下来，心平气和地谈谈为何会有这种认识；可以告诉冲突双方，其他人、其他群体或其他组织以前是如何解决这类冲突的。

宣传几乎可以用在一切冲突中，但是有些管理者由于种种原因，不擅长使用宣传方法，以至于宣传不能起到良好的效果。

6. 转移目标

当冲突激烈，又无其他适当解决办法时，转移目标是一种可以选用的方法。转移目标（displacement）是指寻找一个外部竞争者，把冲突双方的注意力转移到第三者身上，以此缓解或消除冲突。在运用转移目标方法时，一定要注意消除冲突双方固有的冲突因素，否则第三者消失后，冲突双方的冲突因素又会成为主要矛盾，管理者还要回过头来解决这些问题。

7. 压制

压制（suppressant）是指由上级用行政命令来限制冲突。压制冲突往往不能真正消除冲突的根源。虽然冲突双方会因受制于上级的权势而暂时停止冲突，但一旦时机成熟又会爆发冲突。另外，即使后来不爆发冲突，冲突的一方或双方也可能会觉得处理不公平，积极性受到打击，最终影响工作。因此，压制冲突应尽量少用，一旦用了，日后要想办法解决冲突的根源。

8. 重组

重组（regroup）是指解散原有群体，重新建立新的群体。一般当一个群体内的冲突十分激烈，又长期得不到解决，该群体由于冲突而处于瘫痪状态时，可以选择重组这种方法。

在重组前要考虑以下问题：

（1）非重组不可吗？有时冲突主要是由个别人引起的，只要把个别人调走，或许就可以解决冲突。

（2）重组后能否解决冲突？如果不能解决冲突，还是不重组为好。

（3）重组的代价与冲突的代价哪个更大？如果重组代价大就不重组，如果冲突代价大就重组。

在管理中，应尽量少用重组，这样可以用较小的代价换取较大的利益。

（二）处理冲突的二维模式

早期社会心理学家用一维空间来表述人们在冲突中的行为。这一维空间是：从竞争到合作，认为有的人倾向合作，有的人倾向竞争，有的人介于两者之间。近年来许多研究说明，这种看法不能全面反映人的冲突行为。其中最受人注目的是托马斯（K. Thomos）和他的同事提出的二维空间模式，如图3-7所示。

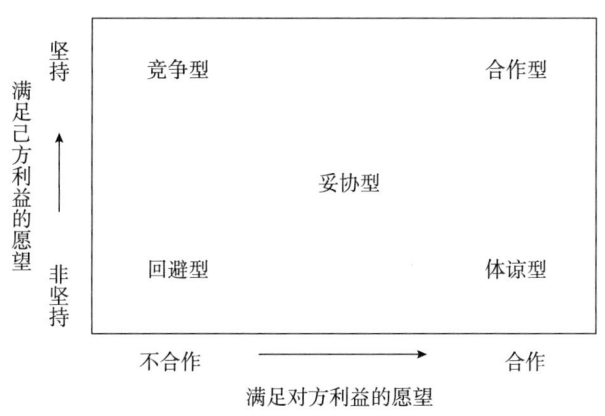

图 3-7 处理冲突的二维模式

1. 竞争型方式

与对方激烈竞争，寸土不让，坚持己方利益要求。当处于紧急情况下，要求采取非常行动、觉得己方完全正确或己方对对方有很大影响，这种策略常能奏效。

2. 回避型方式

退出冲突处境，既不满足对方也不满足己方的利益。在问题为细枝末节性的、情况不大可能满足己方利益要求、冲突的解决很可能带来严重破坏或对方能把问题解决得较好时，可采取这种策略。

3. 体谅型方式

愿意满足对方的利益而对己方利益则不甚坚持，忍让为怀，息事宁人。这种策略用于发现自己确有不对之处、冲突的问题对对方比对己方更重要、和谐与稳定特别重要、己方输了又想尽量减少损失或是想让己方的人从错误中吸取有益教训时，可采取此策略。它能使己方在今后又碰上此类问题时，在公众中有较好的名声。

4. 合作型方式

强调建设性地把冲突问题解决掉，目的在于最大可能地满足双方的愿望。双方表现出的行为兼有坚持与合作两种成分。基本态度是认为有冲突和矛盾是很自然的，对对方表现出信任与诚恳，鼓励人人畅所欲言，把态度与感情都和盘托出。采用此策略的目的在于学习、利用多方面来源提供的信息，找到一种综合性的解决问题的方案。

5. 妥协型方式

这是在坚持与合作之间的一种中庸之道，双方共享对方的观点，既不偏于坚持也不偏于合作的极端。此方式不能使任何一方得到最大限度的满足。只有在目标虽然重要但却未重要到需要寸步不让，双方势均力敌，或情况紧迫，有时间压力要求速决时，才采取此策略。

（三）引起冲突的策略

对于任一情境，都存在一个最适宜的冲突水平。虽然这一最佳水平有时可能是零状态，但是在许多情况下，确实需要有一定程度的冲突存在。也就是说，在某些情境中，只有冲突存在，效率才会更高。罗宾斯认为，如果发现人员流动率低、缺乏新思想、缺乏竞争意识、对改革进行阻挠等情况时，管理人员就需要挑起冲突。

关于如何引起冲突，罗宾斯提出了几种具体的方法：

（1）委任态度开明的管理者。在有些单位，反对意见往往被高度专制的管理者所压制，因此，选派开明的管理者可以在一定程度上克服这种现象。

（2）鼓励竞争。通过增加工资、奖金，对个人和集体进行激励，可以增进竞争。适当的竞争则可以导致积极意义的冲突。

（3）重新编组。变换班组成员、调动人事及改变沟通路线都可以在组织中引起冲突。而且，重新编组后，新成员的价值观和思维方式也可能对群体原来的陈规陋习形成挑战。

第六节 团队管理

20世纪60年代以来，日本的摩托车、汽车、手表、照相机和光学仪器等行业一个接一个地在世界工业技术领域取得领先地位，以美国为首的西方国家对日本式的奇迹产生了浓厚兴趣，一些日本专家也对该现象进行了深入的研究。他们的结论是：日本企业强大竞争力的根源不在于其员工个人能力的卓越，而在于其员工整体"团队合力"的强大，其中起关键作用的是其中的"团队精神"。

团队在满足完成某项工作所需要的多种技能、经验和知识的要求，更充分地发挥个人的才干，更灵活、快速地对环境变化做出反应，更迅速地进行组合、配置、重新定位和解散，以及让员工有更多机会卷入工作而产生激励作用等方面较传统的稳定结构具有无法比拟的优势。

一、团队概述

（一）团队的内涵

团队（team）是指服从于共同使命和目标、技能互补、共同努力，从而使得整体绩效大于个体绩效的群体。从概念中我们可以发现，团队是特殊群体，团队成员拥有共同的使命、绩效目标，团队成员具有互补的技能，并且能够共同努力，团队取得的整体绩效大于个体绩效之和。

从前面介绍的团队和群体的定义中可以看出，群体强调个体的领导能力、个体的责任和个体的工作产出；团队强调共享的领导能力、共同的责任和集体的工作产出。关于团队与群体，最形象的描述莫过于：

团队：三个臭皮匠，顶个诸葛亮；1+1>2。

群体：臭皮匠就是臭皮匠，多少也顶不了一个诸葛亮；两杯50℃的水倒在一起还是50℃，永远成不了100℃的沸水。

从群体和团队的定义上我们可以看出两者的区别，如图3-8所示。

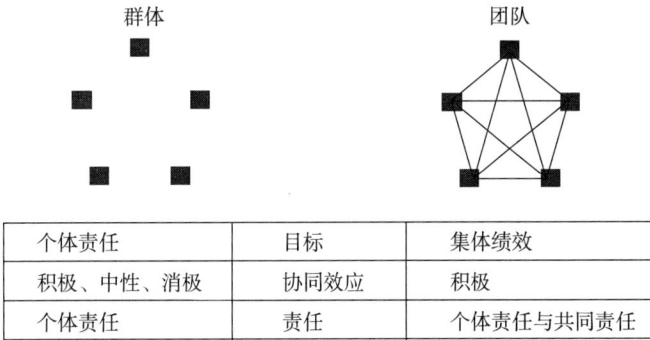

图3-8 群体和团队

1. 目标

（1）群体与团队的共同之处在于：两者都具有共同的利益和目标。

（2）群体与团队的不同之处在于：具体目标上，群体强调信息共享，帮助群体成员完成个人承担的责任；团队强调共同使命和共同绩效目标的实现。

2. 协同效应

由于群体的相互作用和相互依赖不一定建立在共同努力、互补技能的基础之上，因此，在群体中协同效应既可以是积极的，也可以是中性的或消极的。团队成员之间的共同目标、共同努力、互补技能使得团队的协同效应一定是积极的。

3. 责任

群体强调如何帮助群体中的个体完成自己所承担的责任；团队则在强调个体责任的同时着重于共同责任的完成。

4. 技能

由于群体的组成具有很大的随机性，因此群体成员的技能既可能是互补的，也可能是相同的，随机性很强；团队则往往是根据某个特定的目标专门成立的，团队成员的技能是否互补也是挑选团队成员时考虑的重要因素，因此，团队成员的技能具有很强的互补性。

（二）团队的类型

工作团队（work teams）是指由一些为了实现一个目标而相互依赖的个体组合而成的正式群体。区分工作团队类别的最便捷方法是根据团队的目的、持续时间、成员和结构进行划分。最常见的团队类型为职能型团队、自我管理团队、跨职能团队和虚拟团队。

1. 职能型团队

（1）职能型团队的概念。职能型团队（functional teams）由一名管理者及来自特定职能领域的若干下属组成，他们在同一职能领域中进行着改进工作活动或者解决具体问题的努力。因此，职能型团队也称为问题解决型团队（problem-solving team）。

工作团队刚刚开始盛行时，一般由来自同一部门的 5~12 名计时工组成，他们每周用几个小时时间见面，讨论如何改进生产质量、提高生产效率、改进工作环境等问题。在职能型团队中，他们可以针对如何改进工作程序、工作方法交换自己的看法或者提出建议，但是无权单方面根据这些建议采取行动。

（2）职能型团队的特点。职能型团队一般具有如下特点：
- 成员来自同一职能领域；
- 有明确的管理者负责团队管理；
- 围绕具体的工作活动或问题展开努力；
- 权力有限，可以提出自己的建议和看法，但是往往无权根据这些建议采取行动。

（3）对职能型团队的评价。职能型团队在解决问题方面有其独到之处，但是在调动团队成员参与积极性和工作投入方面尚显不足。于是，企业尝试建立独立自主的、既能解决问题又能实施解决问题的方案，并且能够对工作结果承担全部责任的团队类型。

2. 自我管理团队

（1）自我管理团队的概念。自我管理团队（self-managed work team）在组织中被普遍采用，该团队中没有一个管理者负责整个或局部的工作流程，自我管理团队负责完成工作并进行工作计划与日程安排、给成员分派任务、共同监督工作进度、做出执行决策以及针对问题采取行动等方面的自我管理。

自我管理团队通常由 10~15 人组成，围绕着工作过程完成一项由几个相互依赖的任务构成的完整工作。团队拥有真正的自主权，成员之间的相互依赖程度较高，共同对工作业绩负责。自我管理团队承担了很多以前主管的工作，甚至可以自行挑选团队成员、彼此进行绩效评估等。

（2）自我管理团队的特征。虽然自我管理团队在不同的组织内会略有不同，但是大部分具有以下共同特征：
- 完成一项完整的工作。无论是产品、服务还是大型产品或服务的一个部分，自我管理团队一般负责一个完整的工作过程。
- 自我管理团队没有领导。因此，团队需要负责制定计划和工作安排，给团队成员分配工作任务。
- 自我管理团队在控制资源分配、工作流程和整个投入产出过程中具有充分的自主权。
- 改进出现问题的工作流程。自我管理团队负责自己的工作质量和维持过程控制。
- 接受团队的反馈和回报。自我管理团队可以收到个体层面的反馈和回报，但是，作为一个团队，它们还会接收来自团队层面的反馈和回报。

自我管理团队最初产生于产品设计过程，目前已经在管理和服务活动、汽车服务中心、市政管理以及快递服务、客户支持等领域广泛应用。当员工面临需要几个人共同的知识和经验的相互依赖的任务时，自我管理团队非常适合。

（3）对自我管理团队的评价。大多数采用这种方式的组织认为该方式是成功的，并且准备在未来几年里继续推广使用。然而，并非所有的组织采用自我管理团队都可以取得积极效果。

自我管理团队效果对情境存在一定的依赖性。组织裁员、团队规范的强度和内容、团队从事的任务类型和奖励结构等都会影响团队任务完成结果的好坏。这也是出现自我管理团队在提高成员满意度的同时，有时也会导致更高的缺勤率和流动率的矛盾现象。研究还表明，如果一国文化对不确定性和模糊性的容忍程度很低，那么自我管理团队的效果往往并不太好。自我管理团队由于取代了传统管理者的大部分工作，因此可能会遭到管理者的抵抗。

3. 跨职能团队

（1）跨职能团队的概念。跨职能团队（cross-functional team）是由来自不同领域的专家组成的一个混合体，目的是并肩作战完成一项任务。

很多组织都在使用跨职能团队。20世纪60年代，IBM组建了一个大型的特别任务工作组，成员来自公司的各个部门，用于开发后来十分成功的360系统。这个特别工作组实际上就是一个临时性的跨职能团队。跨职能团队在80年代末开始普及，当时所有主要的汽车制造企业，比如丰田、本田、宝马、通用汽车、福特和克莱斯勒等，都采用了这种团队来协调复杂项目的完成。

（2）跨职能团队的特点。跨职能团队具有如下一些特点：

- 团队成员来自不同的职能部门，并处于同一级别；
- 跨职能团队共同努力完成同一项任务；
- 跨职能团队可以完成的任务是多种多样的。

（3）对跨职能团队的评价。跨职能团队能够使组织内部不同领域的员工彼此交流信息，激发人们采用新方法来解决问题的灵感，并使人们共同合作完成复杂的项目。

但是，跨职能团队在形成初期往往需要消耗大量时间来使成员首先学会与具有不同背景、经历和观点的伙伴建立信任关系，合作共事，然后他们还需要学会处理成员之间的复杂性，共同完成多样性的工作任务。

4. 虚拟团队

（1）虚拟团队的概念。虚拟团队（virtual team）是指利用计算机技术把实际上分散的成员联系起来以实现共同目标的工作团队。

网络技术可以让相距甚远的同事"跨过时间、空间和组织的界限，为共同目的而独立工作"。其实，无论是近在咫尺，还是远在天涯，虚拟团队的成员都可以通过宽带网、可视电话会议系统、电子邮件等方式保持"在线"沟通。

虚拟团队可以完成其他团队能够完成的所有工作：分享信息、做出决策和完成任务。虚拟团队的成员既可以来自同一组织，还可以与其他组织中的成员取得联系。虚拟团队的存续时间根据任务而定：可以用几天时间组织起来来解决一个问题，可以花几个月完成一个项目，也可以长期存在下去。

（2）虚拟团队与面对面团队的差异。虚拟团队与面对面团队相比，有三个方面的差异：

1）缺少副言语和非言语线索。副言语是指人们在交谈中所使用的语调、声音的起伏和音量。非言语线索是指谈话过程中的眼睛运动、面部表情、手势以及其他身体语言。副言语和非言语线索给信息提供了更多的意义，也使沟通的内容更加明确。但是，在很多情况下，电脑技术支持的交流无法传达出这些信息。虚拟团队往往是任务导向的，情感交流的不足也是虚拟团队对群体互动过程不满的主要原因之一。

2）受到不同社会背景的限制。面对面团队交流的时间和沟通的机会比虚拟团队要多很多，并且团队成员之间在知识、经验和技能、地域、文化、信仰、价值观等方面的差异往往没有虚拟团队大。

3）对克服时间和空间限制的能力要求更高。虚拟团队成员可能远隔千山万水，时差可能有12小时，有的国家员工认为工作需要加班是可以接受的，有的国家员工则对加班持反感态度。因此，虚拟团队与面对面团队相比要具有克服时间和空间限制的能力。

（3）高绩效虚拟团队的设计。虚拟团队由团队任务、人员和技术联系三个关键要素组成，由技术联系起来的人员在信任和凝聚力方面天生存在弱势。因此，要保证虚拟团队取得高绩效，管理者在团队设计方面需要认真考虑团队环境、团队任务、团队规模和构成以及团队过程（见表3-1）。

表 3-1　高绩效虚拟团队的设计

团队设计要素	必要条件
团队环境	虚拟团队需要几种能有效弥补面对面沟通的渠道
团队任务	与任务复杂模糊时相比，任务安排有序时虚拟团队运作得更好
团队规模和构成	虚拟团队通常比传统团队要求更小的团队规模 虚拟团队成员必须有通过信息技术沟通和处理多渠道的会话技巧 虚拟团队成员必须比传统团队成员有更多的跨文化意识和知识
团队过程	虚拟团队的发展和凝聚力需要一些面对面的交互活动，特别是在团队形成时

二、团队建设

（一）准备工作

在团队正式形成之前，首先要确定是否有必要建立这个团队。如果管理者认为相对于其他工作方式而言，团队的方式对于完成某项工作是最有创造力和洞察力的，那么就应该建立团队来工作。在这个阶段还必须确定团队的工作目标，以及完成团队目标需要哪些必备的技能。此外，还要确定团队的自主权程度。

（二）创造工作条件

在这个阶段，要为团队提供完成目标所需的各种资源，包括人力资源（如完成任务所需的适当的技能组合）、物质资源（如工具、设备、资金）、组织支持（如组织支持团队完成预期工作的愿望）等。如果团队不能获得必要的资源，那么它就无法完成预期的目标。

（三）团队形成阶段

在此阶段主要完成三件事情：首先，确定团队的成员，使团队有清晰的界限，任何人加入或退出团队都需要经过正规的渠道。其次，团队成员必须理解和接受团队的使命和目标。最后，在组织中正式宣布团队的使命和职责，这样既使团队成员能够正视自己的身份，也能使团队之外的组织成员理解团队的存在。

（四）提供持续的支持

在团队开始运行之后，管理者也需要不断提供必要的支持，以消除存在的障碍，使团队工作得更好。例如，做一些出现问题的团队成员的思想工作或者将其替换掉；补充团队需要的资源；解决一些事先没有预料到的新问题。但是应该注意的是，管理者应该在团队自身无法解决这些问题时或团队向管理者提出解决问题的请求时再着手解决，否则支持将变成一种干预。

三、团队的绩效

影响团队绩效的因素有以下几个方面：

（一）外部环境

应该明白，团队是组织这个大系统中的一个小系统，组织状况制约着团队的行为与绩效。例如，组织的技术、设备等影响团队的运作。当前，信息技术已用于团队任务的完成，如计算机支持合作工作、团队支持系统等。此外，组织的规章制度、报酬、结构、物质环境等都与团队绩效有关。

（二）团队目标

目标不仅能够引导个体的行为，也是团队行为的推动力量。团队的目标不清或没有挑战性将会严重削弱团队的有效性。更为关键的是，如果团队目标无法与个体目标相容，团队成员便不会齐心协力。因此，要设置一个团队和个体都能接受的共同目标，以使该团队成员合作完成。

（三）任务的性质

研究表明，团队任务的复杂性和依赖性是影响团队绩效的重要变量。团队任务可分为简单和复杂两类。可以假设，任务越复杂，团队的绩效会越低。但与个体相比，团队解决复杂问题效率更高。另外，如果完成任务时对成员的相互依赖要求较高，而团队的凝聚力又不强，团队的绩效肯定就会比较低。

（四）团队规模

一般认为，5~7人的团队执行任务最有效。如果少于5人，因为势单力薄，发挥不了群体的优势；如果多于7人，不但成员参与的机会减少，而且各方面组成小团体，会导致团队绩效的下降。

(五) 团队构成

专家指出，异质团队，即成员在年龄、性别、种族、人格、能力、民族、经验、教育水平等方面各不相同的团队，虽然需要一段时间相互适应，但一旦成员学会一起共事，则具有很高的潜在绩效。

相反，同质团队，即成员在各个方面比较类似的团队，尽管彼此容易相容，但如果缺乏完成任务相应的技能与经验，绩效也可能不高。这表明具有解决问题的能力是团队成功的关键之一。当然，人格的融合对团队同样重要。研究指出，人们在互动时，需要表达与接受包容、控制和喜欢三种感情。如果团队成员在这三种需要上相容，团队绩效就高；反之，就低。

(六) 社会影响

社会影响是指个体在他人的影响下心理、行为以及绩效的变化。社会影响的表现形式很多，这里先分析社会促进和社会懒惰。

1. 社会促进

社会促进是指个体在他人在场的情况下，绩效有时会提高、有时会降低的现象。

早在19世纪就有学者研究社会促进。马斯顿和兰德斯设计了一个巧妙的实验证明了他人评价的作用。他们让被试的男大学生用两根小棍把一个圆球从某装置的下方拨到上方。这是一个相当困难的工作，需要一定的操作技巧。

实验在三种情境中进行：在第一种情境中，被试者可以看到自己的得分，也能够看到别人的操作与得分，这可以称为"直接评价"的条件；在第二种情境中，被试者只能看到彼此的得分，但是看不到别人的操作，这可以称为"间接评价"的条件；在第三种情境中，被试者既看不到彼此的得分，也看不到别人的操作，这可以称为"无评价"的条件。实验结果证明，在"直接评价"的条件下，被试者操作成绩最差，因为被试者被他人直接评价，动机被大大地唤醒，以致产生了严重的抑制作用。

2. 社会懒惰

社会懒惰是指随着团队规模的增大，个体在完成团队任务时的努力将减小。社会懒惰现象首先由德国科学家马克斯·林格尔曼（Max Ringelmann）观察到。在拉绳实验中，他发现一个人单独拉绳时的拉力为63公斤，3个人拉绳时每人的平均拉力为53公斤，8个人一起拉绳时每人的平均拉力为31公斤。

团队成员产生社会惰性有多方面的原因，既有团队因素，也有个人因素。

(1) 团队规模。团队规模越大，衡量团队中个体贡献的难度也越大。在这种情况下，团队成员因为不用担心别人会注意到他们的绩效，更有可能产生"搭便车"的动机和行为。

(2) 团队目标。团队目标越重要，团队中出现社会惰性的机会越少。这可能是因为其他成员为实现团队目标的优秀表现可能会给希望偷懒的员工带来一定的心理压力。

(3) 个体因素。一般而言，个体履行团队责任的内在动机越强烈，团队惰性越少；个体的集体主义价值观越强烈，团队惰性越少。这可能是因为他们认为自己有责任为实现团队目标而努力工作，同时，他们也愿意努力工作以表现出自己对团队成员身份的重视。

根据社会惰性产生的原因，我们可以从以下几个方面努力减少社会惰性。

（1）缩小团队规模。如果团队规模过大而无法直接衡量个体的贡献，那么可以通过缩小团队规模的方法使个体的贡献更容易识别。

（2）明确团队角色。在团队规模过大的情况下，还可以采取明确团队成员分工的方式，以便于衡量个体绩效。

（3）完善工作设计。研究表明，当工作有自由度和自主性、需要不同的知识和技能、任务具有完整性、个体负责的工作对他人有重要影响等时，团队成员的工作动机水平会得到提高，可以有效减少社会惰性。

（4）挑选合适的成员。研究表明高责任感和高集体主义价值观的团队成员出现社会惰性的可能性比较小，因此，在挑选团队成员时，我们可以选择具有以上性格特点和价值观的人加入团队。

四、团队情商

直到1970年，美国企业管理界还有这种认识：企业家要做好工作，需要依靠的是"理性"，而不是依靠"感性"。对下属产生同情心会背离企业目标。甚至还有人提出，经理人员去了解下属的感受简直是荒唐的，只有在情感上保持与下属之间的距离才能做出正确的决策。在现实生活中，经常可以看到由于员工情绪低落而导致注意力、记忆力、学习能力下降的现象，也经常可以看到由于员工情绪恶化而造成工伤事故发生的惨状。因此在团队研究中，不能不研究团队情商。

所谓团队情商是指一个团体的综合情绪控制调节能力。具体而言，它是由以下诸因素决定的：该团队成员的个人情商平均水平；该团队管理层成员特别是一把手的情商水平；该团队成员之间的协调水平。

团队情商高的组织具有以下特征：内和外通，众志成城，心情舒畅，事业成功。团队情商低的组织具有以下特征：内耗丛生，争功诿过，士气低落，事业稀松。

既然团队情商是一个团队的情绪控制调节水平，那么，影响这种整体水平的因素又是哪些呢？除了体制因素、政策因素等社会外在因素，企业的团队情商主要取决于领导者的水平以及团队成员个体情商水平。领导者的水平又可分内外两个方面：个人修养与利益分配。在个人修养方面，要看领导者能否以事业为重，从大局出发，善于团结人、理解人。常言道："有容乃大，无欲则刚。"领导者有了这般修养就能够产生凝聚力、向心力、影响力，就能够提升团队情商。在利益分配方面，要努力做到效益优先，兼顾公平。有言道："不平则鸣。"利益分配公平与否，对职工情绪影响很大。领导者要学会通过建立合理的分配机制，促进合作，化解冲突，这是提高团队情商的关键。

在一些乡镇企业、城市小企业中，经常看到这样一种现象：创业之初团结一致，红火一阵之后，便开始四分五裂。什么原因呢？其中有个规律："财聚人散，财散人聚。"利益分配过度向企业领导者倾斜，其他人不愿意继续留在企业中，这叫"利益影响情绪"。情商再高的人，对于不公平分配的容忍也是有限的。如果看不到这一层，而只强调提高职工的情商，岂不成了"欺负老实人"？

从微观方面看，团队情商与企业成员情商有关。从宏观方面看，团队情商与民族、国家的文化差异有关。

五、创建成功的团队

在现实生活中可以找出很多成功团队的例子，但也有很多团队在运行过程中遇到了障碍或困难，有的甚至以失败告终。因此，我们有必要深入剖析和探索创建成功团队的规律。

（一）阻碍团队成功的潜在障碍

第一，团队成员内部的冲突。造成这种情况主要是由于团队成员没有真正分享、认同团队的使命和目标。

第二，团队得不到相应的资源。很多团队失败都是由于缺少人力、财力等资源或者组织的管理层不支持。

第三，管理层过分干预团队。有时，管理层的干预影响了团队的自我管理，使团队不能按照自己的决策和节奏完成工作目标。

第四，团队与外部合作不力。组织中的一个团队应该得到团队外部的认可与支持，否则将面临孤立无援的境地，甚至受到整个环境的抵制。

（二）高效团队的特征

通常认为，高效团队具有以下特征：具有对共同目标的信念；对团队有高度的承诺与投入；团队成员相互信任和有依赖感；团队成员全力投入并通过协商做出决策；自由畅通的信息沟通；公开表达情感和不同意见；团队自己解决其中的冲突；离职、缺席、事故、错误和抱怨的低发生率。

（三）创建成功的团队应该注意的问题

1. 明确团队使命和目标

要想成为一个成功的团队，那么作为团队成员信念基础的团队使命与目标必须是清晰的。而且，还应该让团队的成员清晰地理解团队的使命与目标，这样才有利于建立共同的信念与承诺。

2. 选择合适的团队成员

一方面，要注意选择具备团队目标所需要的技能的团队成员；另一方面，也要注意选择那些愿意参加团队工作的人加入团队。团队成员应该是多元化的，一方面，在技能上各有专长，形成互补；另一方面，在个性特点上具备团队中不同角色的特点。例如，要有善于完成工作的人，也要有善于沟通协调的人。

3. 对团队成员进行培训

团队成员不一定从一开始就完全具备团队工作所需的各项技能，因此需要对他们实施培训。例如，让团队成员学会如何在团队中沟通，如何与不同类型的人交往，如何解决冲突等。

4. 设定适当的绩效标准

有了团队的使命和目标，团队的工作还不具备可操作的控制标准，因此必须将团队的整体目标细化，形成适当的绩效标准。合理的绩效标准通常遵循 SMART 原则，即具体的、可衡量的、可实现的、结果导向的和有时限的。

5. 设置合理的奖酬体系

将团队成员的报酬与团队绩效联系起来。另外，对于为团队做出重大贡献的行为，必须予以重奖。

6. 要有清晰的行为准则

团队必须建立起一套清晰的行为准则，让团队成员知道在团队中应该做什么，不应该做什么。

7. 培养团队精神和外部支持

一个成功的团队首先要有必胜的信念，团队成员必须相信靠自己的力量能够完成目标。在团队成员的相互支持中，团队会受到鼓舞。另外，团队还应该赢得外部环境包括管理层的支持，这样有利于取得必要的资源。

8. 创造良好的团队氛围

首先应该提倡的是成员之间的相互信任，只有相互信任，才能关心共同的利益与目标。还应该促进团队成员的沟通与合作，鼓励团队成员参与团队活动，特别是一些重要的决策。

9. 保持团队的开放和创新

一个良好的团队不是封闭的，它必须要不断接受新的信息和经验，与团队周围的环境进行信息交流，它也必须不断产生新的观念和想法。

思考题

1. 什么是群体？群体有哪些种类？群体的基本特征有哪些？
2. 简述群体发展阶段模型。
3. 简述群体角色的概念、种类。以人物角色和维护角色两个维度构成的群体类型有哪些？
4. 简述群体规范的概念和形成。
5. 影响群体凝聚力和绩效的因素有哪些？
6. 简述在群体压力下，群体内的成员是如何产生从众行为的。
7. 何谓群体决策？决策群体的组成原则是什么？
8. 简述决策风险中冒险转移假设内容。
9. 群体决策的方法有哪些？
10. 什么是冲突？冲突产生的原因是什么？
11. 阐述冲突管理中常用的方法有哪些？
12. 什么是团队？群体和团队的区别有哪些？团队有哪些类型？
13. 描述团队建设过程的 4 个阶段。
14. 简述高效团队的特征。讨论创建成功的团队应该注意的问题。

第四章 激励理论

本章要点

- 掌握激励的基本内涵、过程、作用和分类；
- 掌握内容型激励理论代表性理论的内容，了解该理论的局限性及其在实践中的应用；
- 了解过程型激励理论代表性理论的内容及启示；
- 了解行为矫正型激励理论的内容及其对我们的启示；
- 分析并解释波特和劳勒综合激励模式的内容；
- 掌握人员激励的一般原则以及精神激励的方法。

腾龙公司是一家从事电信运营的企业，年终，公司总经理在盘点全年的盈利水平时发现，由于行业竞争的加剧，公司今年的盈利水平比上年下降10%，也就是说年终的员工奖励与分红必然比上年要减少。

由于公司所处行业是竞争非常激烈的行业，所以一旦激励不到位，必然造成人才的离职流动。同时，在过去一年中，员工们都非常努力地工作，他们对年终奖金也有较高的预期。如果员工们知道今年的年终奖励比上年少，必然会非常不满，很多骨干人才很快就会流失，军心涣散的局面将一发不可收拾。但是如果腾龙公司不将公司实际运营情况告知员工的话，又如何稳住军心呢？所以，如何进行年终激励成为腾龙公司左右为难的事情。

在总经理的秘密"暗示"下，就在离预定发放年终工资与奖金的三个星期前，公司财务总监有意无意地向个别员工透露：今年由于公司受行业竞争激烈的影响，业务发展受到不少影响，公司账面几乎没有盈余，所以今年所有员工没有年终奖，而且员工最后一个月工资要推迟发放，并可能实施裁员计划。消息一传出，公司员工几乎炸开了锅，每个人都心情沉重，到处议论纷纷，士气几乎降到了最低。

第二个星期，当所有的员工都觉得发展无望时，财务总监又"无意"地向外透露由于上次计算错误，公司的盈余还不是很糟糕，虽然没有年终奖，但员工最后一个月的工资还可以准时发放，裁员计划可能被推迟实施。这个消息一传出，许多原本失望到极点的员工又燃起了一丝希望，员工的士气得到不少恢复，许多人在心存侥幸的同时，开始接受这个现实。

到了发放工资和年终奖金那天，财务总监正式宣布，虽然公司去年现金盈利不算好，但公司在全体员工的共同努力下，取得了不少进展，特别是公司的知名度与市场占有率正在不断提高，预期一年内将会取得更加迅速的发展。企业基于全体员工过去一年的努力工作，不仅会准时发放工资，而且还将发放年终奖励（总数比上年少10%），同时决定取消裁员计划，与所有员工共同渡过目前的难关，迎接胜利的明天。

这个消息一公布，员工全部欢呼起来，同时也化解了潜在的人才流动危机。

员工的心理预期应该是制定成功的激励策略的起点。不同的行业、不同的企业、不同层次的员工，其心理预期千差万别。对于企业而言，以差异化的眼光去看待员工的多样化心理预期，采取最具针对性的激励方式，才是使年终激励策略产生最大效用的有效途径。

资料来源：https://wenku.baidu.com/view/78d5e0d284254b35eefd34db.html。

麦肯锡咨询公司作为全球领先的管理咨询公司为我们所熟知，在员工激励方面拥有很多值得他人借鉴的经验。麦肯锡在人才甄选、晋升、解聘、职业生涯管理等方面的独特做法，使得制度本身的激励作用巨大，优秀的人才、卓越的公司制度使得麦肯锡在激烈的市场竞争中始终保持咨询行业的领导地位。

从管理者的角度来看，激励的目的应当是引导员工努力完成企业的目标。激励员工在企业中高效能地工作是管理者的主要任务之一。这意味着要使员工按时上班、努力工作，为实现企业的使命而做出积极的贡献。

当然，员工的效能并不仅仅取决于激励，还受到能力和环境的影响，可以用以下公式来表示：

$P = f(3M \times 2A \times E)$

式中，P指员工的效能，即工作水平；M指激励；A指能力；E指环境。其中激励的权数最大，意味着其影响最大。

第一节 激励概述

一、激励的内涵

所谓激励就是激发和鼓励的意思，就是调动人的积极性的过程。激励不等于激情，它不是一个人的特征，缺乏激情的人可能是由于天生懒惰或者缺乏动机。企业中如果同一部门的多数员工出现慵懒情绪，则往往可能是对该部门员工激励不足导致的。

（一）激励是个体和环境相互作用的结果

同一公司的两位销售员，一位觉得做销售压力很大，很难找到客户，又要经常出差；另一位觉得做销售得心应手，善于与人交往的个性让他很容易与客户建立信任关系，加上自己尚未成家，出差让自己的生活丰富多彩！这是相同环境下由于个体差异而导致的工作激励效果的差异。

同一个大学生，一学期都未能把一本教材读完，但是在考试前一周，他就将这本教材仔细读了两遍。这是不同的环境对个体造成的激励效果的差异。

所以，在分析激励概念时，我们应当看到，不仅个体之间激励水平会不同，而且同一个个体在不同环境下的激励水平也会不同。

（二）努力、组织目标和需要

激励的产生以满足个体的某些基本需要为前提，其目标是使组织成员产生一种以实现组织目标为意愿的高水平的努力。因此，理解激励的三个关键要素是努力、组织目标和需要。

（1）努力要素是强度指标，当一个人被激励时，他会努力工作。

（2）组织目标与工作绩效相关，并非努力程度越高就越好，这种努力只有在与组织目标相一致时才能够带来较高的工作绩效。

（3）需要是指个体认为特定结果对其具有吸引力的某种内部状态。激励的产生以个体存在某种未被满足的需要为前提。

二、激励过程

当个体存在未被满足的需要时，机体就会感到紧张，进而在内部产生内驱力。这些内驱力会产生寻找行为，去寻找能够满足需要的特定目标，如果目标达到，需要就会满足，并降低机体的紧张程度。这就是激励过程。

因此，我们可以认为，被激励的员工处于一种紧张状态，员工为缓解紧张而努力工作，紧张强度越大，努力程度越高。这里有个基本前提，即员工个体的未被满足的需要必须与组织的需要相一致，否则就会出现员工的努力程度很高，但是这种努力并未给组织带来高的工作绩效，甚至可能与组织的利益背道而驰的现象。例如，希望满足社交需要的员工上班期间经常聚在一起聊天喝咖啡，这种时间消耗对组织而言并不见得是一件好事。

三、激励的作用

从上述内容我们可以看到激励对于个体、群体和组织的重要意义。但是，在传统的组织和人力资源管理中，激励的作用根本没有得到足够的和系统的认识，管理者们只是自觉或不自觉地运用激励手段，进行人力资源的管理和开发工作。但随着"人"的因素在组织生存和发展中的作用日益提升，人们越来越发现作为组织生命力和创造力源泉的"人"的状态往往直接影响着组织的面貌，其作用主要表现在以下几个方面：

第一，激励有利于发挥人的潜力。心理学家的研究表明，人具有很大的潜力，需要激励去开发。美国心理学家威廉·詹姆士（William James）在对员工的激励研究中还发现，人们只要发挥20%~30%的能力，就足以应付其工作。但受到充分激励的员工，能力可能发挥到80%~90%，即人们未受到激励时的工作能力只相当于激励状态的1/4~1/3。

激发人的积极性，是古今中外政治家、军事家、思想家、管理学家们都十分重视的问题。通过激励可以激发员工的创造性与革新精神，提高员工努力程度，取得更好的业绩。日本丰田公司采取激励措施鼓励员工提建议，结果仅1983年一年，员工就提了165万条建议，平均每人31条，为公司带来了900亿日元的利润，相当于当年总利润的18%。提高员工素质，不仅可以通过培训的方法来实现，也可以运用激励的手段达到。企业可以采取措施，对坚持学习科技与业务知识的员工给予表扬，对不思进取的员工给予适当的批评，并在物质待遇、晋升等方面区别考虑这些措施将有助于形成良好的学习风气，促使员工提高自身的知识素养。员工在激励措施的鼓舞下，为了能取得更好的工作绩效，必定会主动熟悉业务，钻研技巧，从而提高自身的业务能力。

第二，激励是实现企业目标的需要。企业的目标，是靠人的行为实现的，而人的行为是由积极性推动的。实现企业的目标，要有人的积极性、人的士气。当然，实现企业的目标，还需要其他多种因素，但不能因此而否定、忽视人的因素。不能因其他的因素重要，而否定人的积极性这种关键因素。

第三，激励是充分发挥企业各种生产要素效用的需要。企业的生产经营活动是人有意识、有目的的活动。人、劳动对象、劳动手段是企业的生产要素，在这些要素中，人是最活跃、最根本的因素，其他因素只有同人这个生产要素相结合，才会成为现实的生产力，才会发挥各自的效用。因此没有人的积极性，或者人的积极性不高，再好的装备和技术、再好的原料都难以发挥应有的作用。

四、激励的分类

为了更好地理解和应用激励，我们有必要对激励理论进行分类。按照研究侧面的不同，激励理论可以划分为内容型激励理论、过程型激励理论、行为矫正型激励理论和综合型激励理论。

（一）内容型激励理论

内容型激励理论将"需要"作为激励理论的基础，重点在于对能够起激励作用的因素进行研究，解释了哪些因素引起、维持并指引着某种行为去实现目标。代表性的理论有马斯洛的需求层次理论、麦格雷戈的X-Y理论、赫兹伯格的双因素理论、麦克莱兰的需要理论以及阿尔德弗的ERG理论等。

（二）过程型激励理论

过程型激励理论主要研究人被打动的过程，重点在于研究动机的形成以及目标的选择，即动机到行为的形成过程。主要解决动机如何转换为组织行为的问题，代表性的理论是弗鲁姆的期望理论、亚当斯的公平理论和归因理论等。

(三) 行为矫正型激励理论

行为矫正型激励理论在讨论人行为控制的过程中，重点研究激励的目的，即矫正个体的行为使之朝向实现组织目标。着重研究如何改造和修正人的行为。代表性的理论有斯金纳的强化理论等。

(四) 综合型激励理论

有学者试图寻找各种激励理论之间的内在联系，并最终形成了综合型激励理论。在综合诸多激励理论的基础上，较好地说明整个激励过程。代表性的理论有波特—劳勒综合激励模型。

第二节 内容型激励理论

一、X-Y 理论

X 理论和 Y 理论（Theory X and Theory Y），是由美国心理学家道格拉斯·麦格雷戈（Douglas McGregor）1960 年在其所著《企业中人的方面》一书中提出来的。这是一对完全基于两种相反假设的理论，X 理论认为人们有消极的工作源动力，而 Y 理论则认为人们有积极的工作源动力。

X 理论是麦格雷戈对把人的工作动机视为获得经济报酬的"实利人"的人性假设理论的命名。主要观点是：

➢ 人类本性懒惰，厌恶工作，尽可能逃避；绝大多数人没有雄心壮志，怕负责任，宁可被领导骂；
➢ 多数人必须用强制办法乃至惩罚、威胁，使他们为达到组织目标而努力；
➢ 激励只在生理和安全需要层次上起作用；
➢ 绝大多数人只有极少的创造力。

因此，企业管理的唯一激励办法就是以经济报酬来激励生产，只要增加金钱奖励，便能取得更高的产量。所以这种理论特别重视满足职工生理及安全的需要，同时也很重视惩罚，认为惩罚是最有效的管理工具。

麦格雷戈是以批评的态度对待 X 理论的，他指出：传统的管理理论脱离现代化的政治、社会与经济来看人，是极为片面的。这种软硬兼施的管理办法，其后果是导致职工的敌视与反抗。

他针对 X 理论的错误假设，提出了相反的 Y 理论。Y 理论是将个人目标与组织目标融合的观点，与 X 理论相对立。Y 理论的主要观点是：

➢ 一般人本性不是厌恶工作，如果给予适当机会，人们喜欢工作，并渴望发挥其才能；
> 多数人愿意对工作负责，寻求发挥能力的机会；
> 能力的限制和惩罚不是使人去为组织目标而努力的唯一办法；
> 激励在需要的各个层次上都起作用；
> 想象力和创造力是人类广泛具有的。

因此，人是"自动人"。激励的办法是：扩大工作范围；尽可能把职工工作安排得富有意义，并具有挑战性；工作之后引起自豪，满足其自尊和自我实现的需要；使职工达到自己激励。只要启发内因，实行自我控制和自我指导，在条件适合的情况下就能实现组织目标与个人需要统一起来的最理想状态。

二、双因素理论

双因素理论（two factor theory）亦称"激励—保健理论"。由美国心理学家赫兹伯格（F. Herzberg）1959 年在《工作的激励因素》一书中首次提出。传统观点认为，员工要么满意，要么不满意。赫兹伯格却认为，满意相对的应该是没有满意，在这个维度中表现出来的是激励因素；不满意相对的应该是没有不满意，在这个维度中表现出来的是保健因素。

（一）双因素理论内容

20 世纪 50 年代末，赫兹伯格和他的助手们在美国匹兹堡地区 11 家工商企业机构中对 200 名工程师、会计师进行了调查访问。目的是验证下列假设：人类在工作中有两类不同性质的需要，即作为动物要求避开和免除痛苦的需要和作为人类要求在精神上不断发展和成长的需要。访问主要围绕两个问题：在工作中，哪些事项是让他们感到满意的，并估计这种积极情绪持续多长时间；又有哪些事项是让他们感到不满意的，并估计这种消极情绪持续多长时间。赫兹伯格以对这些问题的回答为材料，着手研究哪些事情使人们在工作中感到快乐和满足，哪些事情造成不愉快和不满足。

调查结果如图 4-1 所示，纵坐标上列出的是影响职工满意程度的因素。每种因素对应着一个长方形线框，其长度表示该因素在面谈中出现的频数，宽度表示满意或不满意情绪持续的时间。横坐标的左半段表示因某项因素不具备或强度低而导致不满意，右半段表示因某项因素具备或强度高而导致满意，数字表示因素出现频数百分比。

调查中发现，造成员工不满的原因，主要是由于公司的政策、行政管理、监督、工作条件、薪酬、地位、安全以及各种人际关系的处理不善。这些因素的改善，虽不能使员工变得非常满意，真正地激发员工的积极性，却能解除员工的不满，故这种因素称为保健因素。研究表明，如果保健因素不能得到满足，往往会使员工产生不满情绪、消极怠工，甚至引起罢工等对抗行为。

使员工感到非常满意的因素，主要是工作富有成就感，工作本身带有挑战性，工作的成绩能够得到社会的认可，以及职务上的责任感和职业上能够得到发展和成长，等等。这些因素的满足，能够极大地激发员工的热情，对于员工的行为动机具有积极的促进作用，它常常是一个管理者调动员工积极性，提高劳动生产效率的好办法。研究表明这类因素解

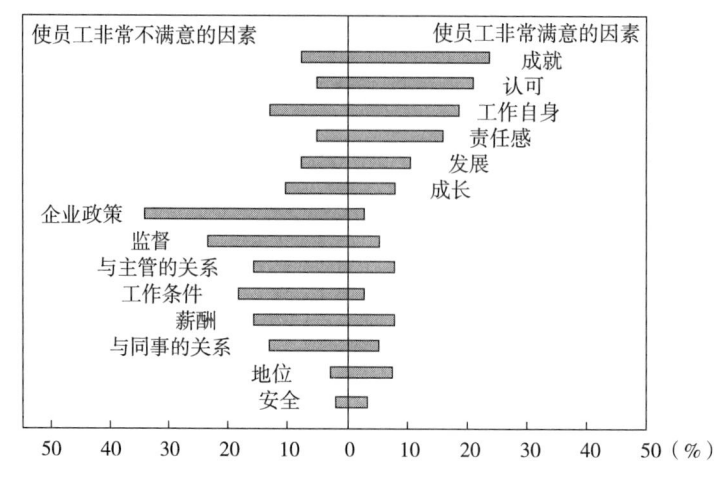

图 4-1 赫兹伯格双因素理论调查结果

决不好，也会引起员工的不满，它虽无关大局，却能严重影响工作的效率。因此，赫兹伯格把这种因素称为激励因素。赫兹伯格在研究的过程中，还发现在两种因素中，如果把某些激励因素，如表扬和某些物质的奖励等变成保健因素，或任意扩大保健因素，都会降低一个人在工作中所得到的内在满足，引起内部动机的萎缩，从而导致个人工作积极性的降低。

（二）双因素理论的评价

赫兹伯格的双因素理论与马斯洛需要层次理论是兼容并蓄的，只不过马斯洛的理论是针对需要和动机而言，而赫氏理论是针对满足这些需要的目标和诱因而言的。可以发现，生理、安全、社交以及尊重需要中的地位为保健因素；而尊重中的晋升、褒奖和自我实现需要对应激励因素。

1. 赫兹伯格双因素理论的局限

赫兹伯格的双因素理论虽然在国内外有很大影响，但也有人对它提出了批评，主要有以下四个方面：

第一，赫兹伯格调查取样的数量和对象缺乏代表性。样本仅有203人，数量较少。而且调查对象是工程师、会计师，他们在工资、安全、工作条件等方面都比较好，因此，这些因素对他们自然不会起激励作用，不能代表一般职工的情况。

第二，赫兹伯格在调查时，问卷的方法和题目均有缺陷。首先，把好的结果归结于自己的努力，而把不好的结果归罪于客观的条件或他人身上是人们一般的心理状态，人们的这种心理特征在他的问题上无法反映出来。其次，赫兹伯格没有使用满意尺度的概念。人们对任何事物总不是那么绝对，要么满意，要么不满意，一个人很可能对工作一部分满意、一部分不满意或者比较满意，这在他的问卷中也是无法反映的。

第三，赫兹伯格认为，满意和生产率的提高有必然的联系，而实际上满意并不等于劳动生产率的提高，这两者并没有必然的联系。

第四，赫兹伯格将保健因素和激励因素截然分开是不妥的。实际上保健因素和激励因素、外部因素和内部因素都不是绝对的，它们相互联系并可以互相转化。保健因素也能够产生满意，激励因素也能够产生不满意。例如，奖金既可以成为保健因素，也可以成为激励因素；工作成绩得不到承认也可以使人闹情绪，以致消极怠工。

2. 赫兹伯格双因素理论的贡献

尽管有些人对赫兹伯格的双因素理论提出了一些不同看法，但赫兹伯格的贡献是显而易见的。

第一，他告诉我们一个事实，采取了某项激励的措施以后并不一定就带来满意，更不等于劳动生产率就能够提高。

第二，满足各种需要所引起的激励深度和效果是不一样的。物质需求的满足是必要的，没有它会导致不满，但是即使获得满足，它的作用往往是很有限的，不能持久的。

第三，要调动人的积极性，不仅要注意物质利益和工作条件等外部因素，更重要的是要注意工作的安排，量才录用，各得其所，注意对人进行精神鼓励，给予表扬和认可，注意给人以成才、发展、晋升的机会。用这些内在因素来调动人的积极性，才能起到更大的激励作用并维持更长的时间。

三、需要理论

美国哈佛大学心理学家戴维·麦克莱兰（David McClelland）及其合作者在 20 世纪 50 年代发表的一系列论文中提出了需要理论（theory of needs）。需要理论将人的高层次需要划分为对权力的需要（need for power）、对归属或社交的需要（need for affiliation）以及对成就的需要（need for achievement）三个基本类别。其中，麦克莱兰对成就的需要研究最为深入，因此，该理论也称成就需要理论。

（一）需要理论的主要内容

麦克莱兰认为，人在生存需要得到基本满足的前提下，最主要的高层次需要有以下三种：

1. 对权力的需要

对权力的需要是指试图影响他人和改变环境的内驱力。具有权力需要的人希望制造对组织的影响，并愿意为此承担风险。如果权力需要为的是获得机构权力，而不是个人权力，他们将会成为优秀的管理者。机构权力是指为了整个组织的利益而影响他人行为的需要。具有这种需要的人通过正常手段获得权力。但是，如果权力需要为的是个人权力，那么这个人往往很难成为成功的组织领导者。这样的人常常喜欢争辩，其健谈、直率、头脑冷静，并且善于提出问题和要求；他们也常常喜欢教训别人，乐于演讲。

2. 对归属的需要

对归属的需要是指建立友好和亲密的人际关系的欲望。具有归属需要的人通常能够从友爱、情谊、人际关系等社会交往中获得快乐和满足，并总是设法避免因被某个组织或社会团体拒之门外而带来的痛苦。他们喜欢保持一种融洽的社会关系，享受亲密无间和相互理解的乐趣，随时准备安慰和帮助处于危难中的伙伴。

3. 对成就的需要

对成就的需要是指追求卓越，实现目标，争取成功的内驱力。具有强烈成就动机的人追求的是成就本身而不是成功的报酬。有成就需要的人对胜利和成功有强烈的渴望，同时也担心失败；他们乐意，甚至热衷于接受挑战，往往为自己树立有一定难度却不至于高不可攀的目标；他们敢于冒险，又能以现实的态度面对冒险，绝不以迷信和侥幸心理对待未来，对问题善于进行分析和估计。他们愿意承担所做工作的个人责任，但对所从事的工作希望得到明确而又迅速的反馈。这类人一般不常休息，喜欢长时间工作，即使失败也不会过分沮丧，一般来说，他们喜欢表现自己。

（二）关于高成就需要者的一些结论

具有高成就需要的人更喜欢有个人责任、能够获得工作反馈和具有适度的冒险性的环境。当工作具备了这样的特征时，对具有高成就需要的人而言，工作的激励作用会很强。高成就需要者不一定是一个优秀的管理者，尤其是在一个大的组织中。高成就需要者追求个人如何把工作做得更加完美和有效率，而不是如何影响他人把工作做好。

归属和权力需要与管理者的成功有密切关系。最优秀的管理者有高权力需要和低归属需要。实际上，高权力需要可能是管理有效性的一个必要条件，当然，两者之间谁是因谁是果有待确定。也有人认为，有权力的职位会成为高权力动机的刺激因素。

（三）麦克莱兰需要理论的启示

麦克莱兰的需要激励理论在组织管理中很有应用价值。

第一，麦克莱兰的需要理论相当于马斯洛的五层次理论的上面三层，即自我实现、尊重和社交需要。麦克莱兰的观点实质上是强调满足人的这三个层次的非物质需要的必要性，在人的激励问题上，主要取决于精神需要的满足程度。

第二，在人员的选拔和安置上，应该通过测量和评价一个人动机体系的特征来分派工作和安排职位。

第三，对不同需要的人采取不同的激励方式，可以取得更好的激励效果。

第四，可以通过训练提高员工的成就动机，以提高生产率。

四、ERG 理论

美国耶鲁大学组织行为学教授克雷顿·奥尔德弗（Clayton Alderfer）在大量实证研究的基础上对马斯洛的需要层次理论加以修改而形成一种激励理论。他于 1969 年在《人类需要新理论的经验测试》一文中指出，在管理实践中将职工的需要分为以下三类较为合理和有效：①生存（existence）需要。即提供一个基本的物质生活条件。这包括马斯洛认为的生理需要和安全需要的项目。②相互关系（relatedness）需要。即维持人与人之间友善关系的愿望。这与马斯洛的爱的需要和尊重需要中的外部因素相一致。③成长（growth）需要。即人们希望得到发展的内心愿望。这包括马斯洛的尊重需要的内在因素和自我实现需要的各项内容。

从 ERG 理论的框架结构我们可以更全面地了解 ERG 理论（见图 4-2）。这个理论还包括两个重要概念：挫折—回归和满足—前进。这两个概念是指，一个人如果受到挫折就应该降低需要；如果需要得到满足就应该发展更高级的需要。结构框架图中实线是上升通道，即满足—前进通道，虚线是下降通道，即挫折—回归通道。

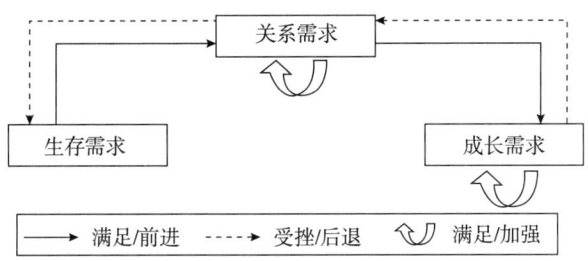

图 4-2　ERG 理论的框架结构

对 ERG 理论的评价大体总结为三点：

1. 基本思想简明扼要

ERG 理论对需要的论述简明扼要，容易理解。ERG 理论将人的需要分为三种，其中生存需要包括了马斯洛理论中的生理需求和安全需求；关系需要包括了马斯洛理论中的社交需求和尊重的需求；成长需要相当于马斯洛理论中的自我实现需求。

2. 实用性强

ERG 理论提出，个体在同一时间内，可以受到一种以上需要的激励。另外，回归—前进概念很好地解释了人类个体的动机。

3. 简单化

人类的需要多种多样，虽然可以分为三大类，但是在激励个体行为方面，有许多复杂的关系，ERG 模型对此的解释似乎过于简单化了。

第三节　过程型激励理论

基于过程的激励理论着重研究个体感受激励的过程，即在各种因素影响下的动机形成、行为目标的选择以及行为的改变与修正过程。基于需要的激励理论与之相比的不足之处在于，缺乏对激励过程所达到的预期目标是否能使激励对象得到满足的研究。基于过程的激励理论弥补了这一缺憾，着重对激励产生的过程进行了研究，使人们对组织中的激励有了更加清楚的了解。这类激励理论的代表是：公平理论和期望理论。

一、公平理论

（一）公平理论的主要内容

公平理论又称为社会比较理论，它是由美国学者亚当斯（J. S. Adams）于 20 世纪 60

年代首先提出来的。该理论侧重于报酬对人们工作积极性的影响，公平理论的基本观点是，当一个人做出了成绩并取得了报酬以后，他不仅关心自己所得报酬的绝对量，而且关心自己所得报酬的相对量。因此，他要进行种种比较来确定自己所获报酬是否合理，比较的结果将直接影响今后工作的积极性。

一种比较称为横向比较，即他要将自己获得的"报酬"（包括金钱、工作安排以及获得的赏识等）和自己的"投入"（包括教育、努力及耗用在职务上的时间等）的比值与组织内其他人作社会比较，只有相等时，他才认为公平，公式表达也就是：

$O_p/I_p = O_c/I_c$

其中：
- O_p——自己对所获报酬的感觉；
- O_c——自己对他人所获报酬的感觉；
- I_p——自己对个人所作投入的感觉；
- I_c——自己对他人所作投入的感觉。

当公式为不等式时，可能出现两种情况：

情况一：$O_p/I_p > O_c/I_c$，产生报酬过高的不公平感，从而存在内疚感。在这种情况下，他可能要求减少自己的报酬或在开始时自动多做些工作，但久而久之，他会重新估计自己的技术和工作情况，终于觉得他确实应当得到那么高的待遇，于是产量便又会回到过去的水平了。

情况二：$O_p/I_p < O_c/I_c$，产生报酬不足的不公平感，与人比较感觉自己吃亏了。在这种情况下，第一种办法是他可能要求增加自己的收入或降低自己今后的努力程度，以便使左方增大，趋于相等；第二种办法是他可能要求组织减少比较对象的收入或者让其今后增强努力程度以便使右方减小，趋于相等。此外，他还可能另外找人作为比较对象，以便达到心理上的平衡。

除了横向比较之外，人们也经常做纵向比较，即把自己目前所获报酬与目前投入的努力的比值，同自己过去所获报酬与过去投入的努力的比值进行比较。只有相等时他才认为公平，如下式所示：

$O_p/I_p = O_h/I_h$

其中：
- O_p——自己对现在所获报酬的感觉；
- O_h——自己对过去所获报酬的感觉；
- I_p——自己对个人现在所作投入的感觉；
- I_h——自己对个人过去所作投入的感觉。

当公式不相等时，也可能出现两种情况：

情况一：$O_p/I_p < O_h/I_h$，会有不公平的感觉，可能导致工作积极性下降。

情况二：$O_p/I_p > O_h/I_h$，不会因此产生不公平的感觉，也不会觉得自己多拿了报酬，从而主动多做些工作。

经过调查和实验的结果表明，不公平感的产生，绝大多数是由于经过比较认为自己目前的报酬过低而产生的，但在少数情况下，也会由于经过比较认为自己的报酬过高而产生。

（二）对公平理论的分析

公平理论提出的基本观点是客观存在的，但公平本身却是一个相当复杂的问题，这主要是由于以下几个原因：

第一，它与个人的主观判断有关。上面公式中无论是自己的或他人的投入和报酬都是个人感觉，而一般人总是对自己的投入估计过高，对别人的投入估计过低。

第二，它与个人所持的公平标准有关。上面的公平标准是采取贡献率，也有采取需要率、平均率的。例如，有人认为助学金应改为奖学金才合理，也有人认为应平均分配才公平，还有人认为按经济困难程度分配才适当。

第三，它与绩效的评定有关。我们主张按绩效支付报酬，并且各人之间应相对均衡。但如何评定绩效？是以工作成果的数量和质量，还是按工作中的努力程度和付出的劳动量，是按工作的复杂、困难程度，还是按工作能力、技能、资历和学历？不同的评定办法会得到不同的结果。最好是按工作成果的数量和质量，用明确、客观、易于核实的标准来度量，但这在实际工作中往往难以做到，有时不得不采用其他方法。

第四，它与评定人有关。绩效由谁来评定，是领导者评定还是群众评定或自我评定？不同的评定人会得出不同的结果。由于同一组织内往往不是由同一个人评定，因此会出现松紧不一、回避矛盾、姑息迁就、抱有成见等现象。

（三）公平理论的启示

第一，影响激励效果的不仅有报酬的绝对值，还有报酬的相对值，组织的管理者在制定报酬政策时，以及在报酬政策实施时，要高度重视这一点。

第二，激励时应力求公开、公正，使等式在客观上成立，尽管有主观判断的误差，也不致造成严重的不公平感。

第三，在激励过程中应注意对被激励者进行公平心理的疏导，引导其树立正确的公平观，使大家认识到绝对的公平是没有的，不要盲目攀比。所谓盲目性起源于纯主观的比较。多听听别人的看法，也许会客观一些。不要按酬付劳，按酬付劳是在公平问题上造成恶性循环的主要杀手。

二、期望理论

（一）期望理论的主要内容

与公平理论相比，期望理论更复杂，影响也更大。从诞生开始，期望理论就不断得到发展。期望理论提供了对员工生产率、缺勤率以及流动率方面的有力解释。

1964年，美国心理学家弗鲁姆（Victor H. Vroom）在他的著作《工作与激励》一书中，首先提出了期望理论。这种理论一出现，就受到管理学家和实际管理工作者的普遍重视。目前，人们已经把期望理论看作最主要的激励理论之一，期望理论的基础是人之所以能够从事某项工作并达到组织目标，是因为这些工作和组织目标会帮助他们达到自己的目标、满足自己某方面的需要。

弗鲁姆认为，某一活动对某人的激发力量取决于他所能得到结果的全部预期价值乘以他认为达成该结果的期望概率。用公式可表示为：

M = VE

其中：

M——激发力量，这是指调动一个人的积极性，激发出人的内部潜力的强度。

V——目标效价，这是指达到的目标对于满足个人需要的价值的大小；效价可以是正值，也可以是负值，取决于结果造成的影响如何，以及个体对其有什么感觉。在现实生活中，由于个人的需要不同，所处的环境不同。比如，有一个人希望通过努力工作得到提升的机会，他对提升的欲望很高，于是提升在他心目中的效价也很高。如果提升对他来说没有欲望，效价等于零。相反，如果一个人不但没有提升的要求，而且害怕提升，这时，提升的效价就是负值。

E——期望值，这是指根据以往的经验进行的主观判断，达到目标并能导致某种结果的概率。也可理解为激励对象对目标能够实现的可能性大小的估计。期望值使人们相信，在某一特定行为之后，必定有某一特定结果接踵而至。期望值也叫期望概率，在日常生活中，一个人往往根据过去的经验来判断一定行为能够导致某种结果或满足某种需要的概率。

根据弗鲁姆的期望理论，效价可以从-1到1，即从个体极端害怕某一事物或某一结果到个体十分喜欢某一事物或某一结果。期望值可以从0到100%，即个体认为完全不可能达到目标到个体认为完全有把握达到目标。

（二）期望理论与激励

公式 M = VE 实际上也提出了在进行激励时要处理好三方面的关系，这些也是调动人们工作积极性的三个条件。

第一，努力与绩效的关系。人总是希望通过一定的努力能够达到预期的目标，如果个人主观认为通过自己的努力达到预期目标的概率较高，就会有信心，就可能激发出很强的工作力量。但是如果他认为目标太高，通过努力也不会有很好的绩效时，就失去了内在的动力，导致工作消极。这种关系可在公式的期望值这个变量中反映出来。

第二，绩效与奖励的关系。人总是希望取得成绩后能够得到奖励。这种奖励是广义的，既包括提高工资、多发奖金等物质方面的奖励，也包括表扬、自我成就感、得到同事们的信赖、提高个人威望等精神方面的奖励，还包括像提拔到较重要的工作岗位上去等物质与精神兼而有之的奖励。如果他认为取得绩效后能够获得合理的奖励，就有可能产生工作热情，否则就可能没有积极性。

第三，奖励与满足个人需要的关系。人总是希望自己所获得的奖励能满足自己某方面的需要。然而由于人们在年龄、性别、资历、社会地位和经济条件等方面都存在着差异，他们对各种需要要求得到满足的程度就不同。因而对于不同的人，采用同一种办法给予奖励能满足需要的程度不同，激发出来的工作动力也就不同。

后两方面关系可以在弗鲁姆公式中的效价这个变量上体现出来。

(三) 期望理论的启示

(1) 管理者不要泛泛地抓一般的激励措施,而应当抓多数组织成员认为效价最大的激励措施。

(2) 设置某一激励目标时应尽可能加大其效价的综合值,如果每月的奖金多少不仅意味着当月的收入状况,而且与年终分配、工资调级和获得先进工作者称号挂钩,则将大大增加效价的综合值。

(3) 适当加大不同人之间实际所得效价的差值,加大组织期望行为与非期望行为之间的效价差值。例如,奖金平均分发与分成等级并拉开距离,其激励效果很不一样,只奖不罚与奖罚分明的激励效果也大不一样。

(4) 适当控制期望概率和实际概率。期望概率既不是越大越好,也不是越小越好,关键要适当。当一个人的期望概率远高于实际情况时,可能产生挫折,而期望概率太小又会减小某一目标的激发力量。因此,当一个人期望概率太大时,我们应劝其冷静,适当减小期望概率。当一个人期望概率太小时,我们则应给予鼓励,让其增强信心,适当加大期望概率。但期望概率并不完全由个人决定,它与组织设置激励目标的实际概率有关,实际概率应使大多数人受益,最好实际概率大于平均的个人期望概率,让人喜出望外,而不要让人大失所望。但实际概率应与效价相适应,效价大,实际概率可小些;效价小,实际概率可大些。

(5) 期望心理的疏导。在激励过程中,经常会发生员工期望心理过强的情况。及时疏导员工的期望心理,以防止出现强烈的挫折感,就成为领导者的难题。疏导的方法,最常用的是"目标转移",亦即将其目标转移到新的领域和下一轮竞赛中去。

第四节 行为纠正理论

斯金纳(B. F. Skinner)是美国心理学家,新行为主义学习理论的创始人,也是新行为主义的主要代表,操作性条件反射理论的奠基者。他率先提出了行为强化理论,简言之就是利用令人厌恶的刺激去纠正不正当的行为,用令人愉快的刺激去强化正当的行为。

一、斯金纳关于操作性条件反射的实验

斯金纳在心理学的学术观点上属于极端的行为主义者,其目标在于预测和控制人的行为而不去推测人的内部心理过程和状态。他提出了一种"操作条件反射"理论,认为人或动物为了达到某种目的,会采取一定的行为作用于环境。当这种行为的后果对他有利时,这种行为就会在以后重复出现;不利时,这种行为就会减弱或消失。人们可以用这种正强化或负强化的办法来影响行为的后果,从而修正其行为,这就是强化理论,也叫作行为修正理论。

斯金纳关于操作性条件反射作用的实验,是在他设计的一种动物实验仪器即著名的斯

金纳箱中进行的。箱内放进一只白鼠或鸽子，并设一杠杆或按键，箱子的构造尽可能排除一切外部刺激。动物在箱内可自由活动，当它压杠杆或啄按键时，就会有一团食物掉进箱子下方的盘中，动物就能吃到食物。箱外有一装置记录动物的动作。

斯金纳实验

实验1：将一只很饿的小白鼠放入一个有按钮的箱中，每次按下按钮，则掉落食物。结果：小白鼠自发学会了按按钮。

实验2：将一只小白鼠放入一个有按钮的箱中。每次小白鼠不按下按钮，则箱子通电。结果：小白鼠学会了按按钮。

实验3：将一只很饿的小白鼠放入斯金纳箱中，由一开始的一直掉落食物，逐渐降低到每1分钟后，按下按钮可概率掉落食物。结果：小白鼠一开始不停地按按钮。过一段时间之后，小白鼠学会了间隔1分钟按一次按钮。

实验4：概率型奖励实验：将一只很饿的小白鼠放入斯金纳箱中，多次按下按钮，概率掉落食物。结果：小白鼠学会了不停按按钮。

基于以上实验结果，斯金纳认为，无论是人还是动物，为了达到某种目的，都会采取一定的行为。这种行为作用于环境，当行为的结果对他有利时，这种行为就会重复出现，当行为的结果不利时，这种结果就会减弱或消失。这就是环境对行为的强化结果。

二、斯金纳的强化理论

（一）正强化

正强化又称积极强化，是指用某种有吸引力的结果，使得员工好的行为重复出现。当人们采取某种行为时，能从他人那里得到某种令其感到愉快的结果，这种结果反过来又成为推进人们趋向或重复此种行为的力量。例如，企业用某种具有吸引力的结果（如奖金、休假、晋级、认可、表扬等），以表示对职工努力进行安全生产的行为的肯定，从而增强职工进一步遵守安全规程进行安全生产的行为。管理中采用正强化时，要注意与其他方式的配合使用，不能过于频繁地使用正强化，间断强化更有利于组织目标的实现。

（二）负强化

负强化又称消极强化，指预先告诉某种不符合要求的行为或不良绩效可能引起的不良后果，从而让员工通过按组织所要求的方式行事或避免不符合要求的行为来回避这些令人不愉快的后果，从而也增大了职工符合要求的行为重复出现的可能性。例如，企业安全管理人员告知工人不遵守安全规程，就要受到批评，甚至得不到安全奖励，于是工人为了避免此种不期望的结果，而认真按操作规程进行安全作业。采用负强化进行激励时，要注意应用负强化的前提是事先有不利的刺激存在，实施负强化的方式与正强化有所差别，应以连续负强化为主。

(三) 自然消退

自然消退又称衰减，这是指对员工的某种行为不予理睬，以表示对该行为的轻视或某种程度的否定，从而减少这种行为。例如，企业曾对职工加班加点完成生产定额给予奖酬，后经研究认为这样不利于职工的身体健康和企业的长远利益，因此不再发给奖酬，从而使加班加点的职工逐渐减少。当然，自然消退因人而异，适合个例。

(四) 惩罚

惩罚是指以某种带有强制性和威胁性的结果来创造一个令人不愉快甚至痛苦的环境，以表示对不符合要求行为的否定，从而消除这种行为重复发生的可能性。凡是能够减弱行为或降低反应频率的刺激或事件叫作惩罚。惩罚可以分为两类，正惩罚是通过呈现厌恶刺激来降低反应频率；负惩罚是通过消除愉快刺激来降低反应频率。

上述四种类型的强化相互联系、相互补充，构成了强化的体系，并成为一种制约或影响人的行为的特殊环境因素。强化的主要功能，就是按照人的心理过程和行为的规律，对人的行为予以导向，并加以规范、修正、限制和改造。它对人的行为的影响，是通过行为的后果反馈给行为主体这种间接方式来实现的。人们可根据反馈的信息，主动适应环境刺激，不断地调整自己的行为。

值得一提的是，正负强化比较容易与正负惩罚混淆。强化不同于惩罚的概念，正强化与负强化都有加强行为的效用，惩罚是制止某种不当行为，这是惩罚与强化的主要区别。

案例分析

> 假如职员不愿意参加公司的学习小组活动，采用强化和惩罚的激励方法是完全不同的。
> 正强化：当职员出现学习的行为时，给予好的刺激，鼓励其加强学习的行为。
> 负强化：告诉职员"如不学习提高，将来会被淘汰"，这样为了避免失业，就会选择学习这一适宜性行为。
> 正惩罚：如不积极主动参加学习，就扣罚他全勤奖，直到参加学习为止。
> 负惩罚：可以取消原有的骨干晋升计划，直到参加学习为止。

在实际生活中，正强化、负强化、正惩罚和负惩罚都是混在一起使用的，人们不会明确地区别在干预人的某项不适宜行为时采用了某一种单一的方法，往往针对一种不适宜行为，要采取两种甚至更多的矫正方法。

根据强化的方式，还可以把强化分为连续强化和间隙强化。连续强化是对每一个组织需要的行为都给予强化；间隙强化则是经过一段时间才强化一次。间隙强化还可按强化时间间隔的稳定性分为固定时间间隔强化和变动时间间隔强化。前者如给职工每月定期发放工资或学生定期考试，后者如职工不定期晋升或对学生不定期的抽查考试。间隙强化按反应比例又可分为固定比例强化和变动比例强化。前者如计件工资，后者如按销售货物的难易对销售人员进行奖励。

不同的强化形式所收到的效果是不一样的。有的只要给予强化刺激，反应很快，立竿见影，但刺激消失后行动马上消失，如连续强化和固定比例强化。有的虽然不如前者反应快，但刺激消失后行为却不马上消失，如变动时间间隔强化和变动比例强化。虽然每种强化方式所引起的效果不是绝对的，但却说明在进行强化时，不仅要注意强化的刺激内容，也要注意强化的方式。

三、强化理论的启示

强化理论较多地强调外部因素或环境刺激对行为的影响，忽略人的内在因素和主观能动性对环境的反作用，具有机械论的色彩。但是强化理论的一些具体做法对我们是有用的。强化理论的应用原则可以归纳为下面几个方面：

第一，要依照强化对象的不同需要采用不同的强化措施。人们的年龄、性别、职业和文化不同，需要就不同，强化方式也应不一样。对一部分人有效的，对另一部分人不一定有效。

第二，小步子前进，分阶段设立目标。在鼓励人前进时，不仅要设立一个鼓舞人心而又切实可行的总目标，而且要将总目标分成许多小目标、小步子。完成每个小目标都及时给予强化，不仅易于目标的实现，而且通过激励可以增强信心。

第三，及时反馈。所谓及时反馈就是通过某种形式和途径，及时将工作结果告诉行动者。无论结果好与坏，对行为都具有强化的作用，好的结果能鼓舞信心，继续努力，坏的结果能促使其分析原因，及时纠正。

第四，强化理论告诉我们，奖励和惩罚都有激励作用，但以正激励为主，负激励为辅，才会收到更好的效果。

第五节　波特和劳勒的激励模型

莱曼·波特（L. W. Porter）和爱德华·劳勒（E. E. Lawler）以期望理论为基础，在1968年《管理态度和成绩》一书中提出更完备的波特和劳勒的激励模型。该理论建立在期望理论、公平理论、强化理论、双因素理论和需要层次理论的基础上，较好地说明了整个激励过程。

如图4-3所示，分析波特和劳勒的激励模式可以得出以下几点结论：

第一，努力来自于报酬、奖励的价值，以及个人认为需要付出的努力和受到奖励的概率。觉察出来的努力和奖励的概率也受到过去经验和实际绩效的影响。如果人们确切知道，他们有把握完成任务或者过去曾经完成的话，他们将乐意做出努力并对奖励的概率更加清楚。

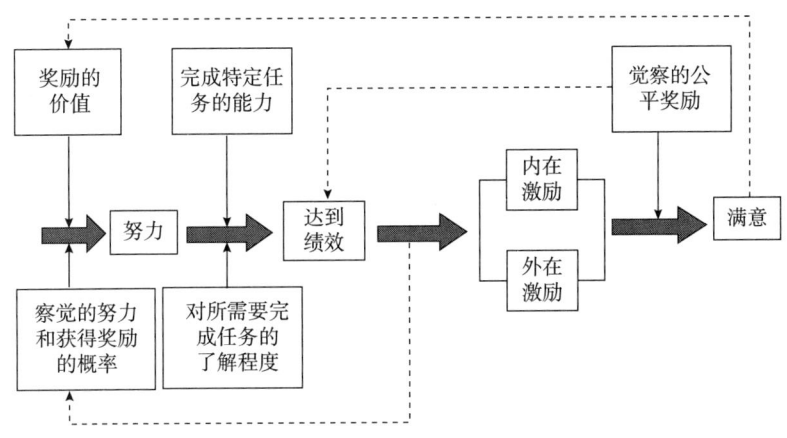

图 4-3　波特和劳勒的激励模式

第二，工作的实际绩效取决于能力的大小、努力程度以及对所需完成任务理解的程度。例如，对完成任务所需从事的活动以及影响任务完成的其他因素的理解和掌握。

第三，奖励要以绩效为前提，不是先有奖励后有绩效，而是必须先完成组织任务才能导致精神的、物质的奖励。当职工看到他们的奖励与成绩间缺乏关系时，这样的奖励将不能成为提高绩效的刺激物。

第四，激励措施是否会产生满意，取决于受激励者认为获得的报偿是否公平。

第五，满意将导致进一步的努力。

波特和劳勒的激励模式是激励系统一个比较恰当的描述，它告诉我们，激励并不是简单的因果关系。不要以为设置了激励目标就一定能获得所需的行动和努力，并使员工满意。要形成"奖励目标—努力—绩效—奖励—满意"以及从满意反馈回努力这样的良性循环，取决于奖励内容、奖励制度、组织分工、目标导向行动的设置、管理水平、公平的考核和领导作风等综合性的因素。

第六节　激励的一般原则和方法

一、人员激励的原则

激励是一门科学，正确的激励应遵循以下六个原则：

（一）目标结合原则

在激励机制中，设置目标是一个关键环节。目标设置必须体现组织目标的要求，否则激励将偏离实现组织目标的方向。目标设置还必须能满足职工个人的需要，否则无法提高职工的目标效价，达不到满意的激励强度。只有将组织目标与个人目标结合好，使组织目标包含较多的个人目标，使个人目标的实现离不开为实现组织目标所做的努力，才会收到良好的激励效果。

（二）物质激励与精神激励相结合的原则

职工存在着物质需要和精神需要，相应地，激励方式也应该是物质激励与精神激励相结合。鉴于物质需要是人类最基础的需要，但层次也最低，物质激励的作用是表面的，激励深度有限。因此，随着生产力水平和人员素质的提高，应该把重心转移到以满足较高层次需要即社交、尊重、自我实现需要的精神激励上去。换句话说，物质激励是基础，精神激励是根本，在两者结合的基础上，逐步过渡到以精神激励为主。在这个问题上应该避免走极端，迷信物质激励则会导致拜金主义，迷信精神激励又会导致唯意志论或精神万能论。事实证明，两者都是片面的、有害的。

（三）内外激励相结合的原则

根据美国学者赫兹伯格的"双因素理论"，在激励中可分为两种因素——保健因素和激励因素。凡是满足职工生存、安全和社交需要的因素都属于保健因素，其作用只是消除不满，但不会产生满意，如工资、奖金、福利、人际关系。这类因素均属于创造工作环境方面，也叫作外在激励，简称外激。满足职工自尊和自我实现需要，最具有激发力量，可以产生满意，从而使职工更积极地工作。这些因素属于激励因素，而且往往不是外在激励因素，而是内在激励因素，简称内激。内激就是使员工从工作本身（而非工作环境）取得很大的满足感，或工作中充满了乐趣和挑战性、新鲜感；或工作本身意义重大、崇高，激发出光荣感、自豪感；或在工作中取得成就、发挥了个人潜力，实现了个人价值时所出现的成就感、自我实现感。这一切所产生的工作动力远比外激要深刻和持久。因此，在激励中，领导者应善于将外激与内激相结合，而以内激为主，力求收到事半功倍的效果。

（四）正负激励相结合的原则

根据美国心理学家斯金纳的强化理论。所谓正激励即正强化，就是对职工的符合组织目标的期望行为进行奖励，以使这种行为更多地出现，即职工积极性更高；所谓负激励即负强化，就是对职工违背组织目的的非期望行为进行惩罚，以使这种行为不再发生，即犯错误职工弃恶从善，积极性向正确方向转移。显然正负激励都是必要而有效的，不仅作用于当事人，而且会间接地影响周围其他人。通过树立正面的榜样和反面的典型，扶正祛邪，形成一种好的风气，产生无形的压力，使整个群体和组织的行为更积极、更富有生气。但鉴于负激励具有一定的消极作用，容易使人产生挫折心理和挫折行为，应该慎用。因此，领导者在激励时应该把正负激励巧妙地结合起来，而坚持以正激励为主，负激励为辅。

为了贯彻这一原则，领导者应该把严格管理（依法治理）与思想工作（文化管理）相结合，使职工外有压力，内有动力，焕发出巨大的劳动积极性。

（五）按需激励原则

激励的起点是满足职工的需要，但职工的需要存在着个体差异性和动态性，因人而异,因时而异,并且只有满足最迫切需要(主导需要)的措施,其效价才高,其激励强度才大。因此,领导者在进行激励时,切不可犯经验主义,搞 30 年一贯制。在激励上不存在一劳永逸的解决办法,更没有放之四海而皆准的普遍真理。领导者必须深入地进行调查研究,不断了解职工需要层次和需要结构的变化趋势,有针对性地采取激励措施,才能收到实效。一些单位出现奖金越发越多,而职工出勤率越来越低的现象,正是领导者违背按需激励原则而尝到的苦果。

(六) 民主公正原则

公正是激励的一个基本原则。如果不公正,奖不当奖,罚不当罚,不仅收不到预期的效果,反而会造成许多消极后果。公正就是赏罚严明,并且赏罚适度。赏罚严明就是铁面无私,不论亲疏,不分远近,一视同仁。正如韩非子所说:"诚有功,则虽疏贱必赏;诚有过,则虽近爱必诛。"赏罚适度就是从实际出发,赏与功相匹配,罚与罪相对应,既不能小功重奖,也不能大过轻罚,正如徐干在《中论·赏罚》中所说:"赏轻则民不劝,罚轻则民亡惧,赏重则民徼幸,罚重则民不聊生。"

民主是公正的保证,也是激励的本质特征。职工是企业的主人,他们通过职代会行使自己的民主权利。职代会对奖惩制度具有决定权,对企业负责人的奖惩具有建议权。至于一般职工的奖励和惩罚方案,一般也经由工会组织的充分参与,包括职工的民主评议环节。这是防止奖惩上的不正之风,确保公正的有力措施。

二、精神激励的方法

精神激励是十分重要的激励手段,它通过满足职工的社交、自尊、自我发展和自我实现的需要,在较高的层次上调动职工的工作积极性,其激励深度大,维持时间长。国内外的先进企业在这方面积累了丰富的经验,大体上有以下几种行之有效的方法:

(一) 目标激励

企业目标是一面号召和指引千军万马的旗帜,是企业凝聚力的核心。它体现了职工工作的意义,预示着企业光辉的未来,能够在理想和信念的层次上激励全体职工。韩国现代集团创始人郑周永说:"没有目标信念的人是经不起风浪的。由许多人组成的一个企业更是如此,以谋生为目的而结成的团体或企业是没有前途的。"职工的理想和信念应该通过企业目标来激发并使两者融为一体。企业应该将自己的长远目标、近期目标大张旗鼓地进行宣传,做到家喻户晓,让全体职工看到自己工作的巨大社会意义和光明前途,从而激发大家强烈的事业心和使命感。

在进行目标激励时,还应注意把组织目标与个人目标结合起来,宣传企业目标与个人目标的一致性,企业目标中包含着职工的个人目标,职工只有在完成企业目标的过程中才能实现其个人目标。使大家具体地了解:企业的事业会有多大发展,企业的效益会有多大提高,相应地,职工的工资奖金、福利待遇会有多大改善,个人活动的舞台会有多少扩大,使大家真正感受到"厂兴我富,厂兴我荣"的道理,从而激发出强烈的归属意识和巨大的劳动热情。

(二) 内在激励

日本著名企业家稻山嘉宽在回答"工作的报酬是什么?"时指出:"工作的报酬就是工作本身!"此话深刻地指出内在激励的无比重要性。特别在解决了温饱问题之后,职工更关注工作本身是否有吸引力,即在工作中是否有无穷的乐趣,在工作中是否会感受到生活的意义;工作是否具有创造性、挑战性,工作内容是否丰富多彩、引人入胜;在工作中能否取得成就,获得自尊,实现自我价值等。

为了搞好内在激励,发达国家花费许多时间和精力进行"工作设计",使工作内容丰富化和扩大化,用来提高工人的劳动积极性。

我国许多企业也采取了许多办法,如厂内双向选择,选择自己满意的工作;根据职工兴趣爱好,为其调整工作岗位;在厂内设立"操作师""助理操作师"工人技术职称等,均收到了较好的激励效果。

(三) 形象激励

一个人通过视觉感受到的信息,占全部信息量的80%,因此充分利用视觉形象的作用,激发职工的荣誉感、光荣感、成就感、自豪感,也是一种行之有效的激励方法。最常用的方法是把先进者的照片贴上光荣榜,借以表彰本企业的标兵、模范。每天上班时大家都从光荣榜前经过,不仅先进者本人深受鼓舞,而且更多的职工受到激励,会争取使自己的照片也贴上光荣榜。

现在,许多大型企业都安装了闭路电视和企业网站系统,并开设了"厂内新闻"等栏目,使形象激励又多了一个更有效、更丰富、更灵活多样的手段。厂内出现的新人新事、优秀青年、优秀党员、模范家属、劳动模范、技术能手、爱厂标兵等,都在"厂内新闻"中成为新闻人物,立即通过视觉形象传遍整个企业,不仅让本人感到光荣,而且让全家引以为荣,这种激励效果是强有力的。

(四) 荣誉激励

荣誉是众人或组织对个体或群体的崇高评价,是满足人们自尊需要、激发人们奋力进取的重要手段。特别是在我国,自古以来就重视名节,珍视荣誉,这个环节尤为重要。给予"先进生产者""生产能手""三八红旗手"等荣誉称号,激励了成千上万的先进个人、先进集体,也激励了更多的有进取心的人们。

在实际工作中,可以灵活地运用荣誉激励手段。例如,某轴承厂职工多住在郊区农村,家里有农田,每到周末职工回家都要忙农活。为了赶一批出口生产任务,工厂决定装配车间加班突击,连续几个周末不休息。一开始,职工家属意见很大,说:"耽误了农时谁负责?"厂领导将职工家属请到工厂,请她们参观职工加班现场,并再三解释出口任务遵守交货期的重要性,耽误交货期带来的损失,按期交货带来的收益。然后召开了加班工人及其家属的全体会,工厂领导亲自把大红花挂在每位家属胸前,每朵红花下面红纸条上写有"好后勤"三个大字,厂长代表全厂职工衷心感谢各位"好后勤"的支持。在欢腾的锣鼓声中家属们走出工厂大门,从此再没有人提意见。家属每当碰到困难,想发牢骚时,就咬咬牙坚持住了。这个成功的事例值得我们借鉴。

（五）兴趣激励

兴趣对人们的工作态度、钻研程度、创造精神的影响很大。在管理中重视兴趣因素会取得很好的激励效果。国内外都有一些企业允许甚至鼓励职工在企业内部"双向选择，合理流动"，帮助职工找到自己最感兴趣的工作。兴趣可以提高专注度，甚至于入迷，而这正是获得突出成就的重要动力。

吸收一些喜欢钻研有关操作技术、热心于技术革新活动的职工到"技改小组"中来，不仅使他们的兴趣爱好有用武之地，而且还可激发出参与感、归属感，增强其主人翁责任感。业余文化活动是职工兴趣得以施展的另一个舞台。许多企业由工会出面，组织了摄影、戏剧、舞蹈、棋类、书画、集邮、歌唱等兴趣小组或兴趣协会，使职工的业余爱好得到满足，增进了职工之间的感情交流，让职工感受到企业的温暖和生活的丰富多彩，大大增强了职工的归属感，满足了社交需要，有效地提高了企业的凝聚力。

（六）参与激励

现在常常听到企业负责人埋怨工人缺乏主人翁精神，也常常听到职工发牢骚说："我们工人只是听呵（斥）的。"也有的职工讽刺说："我们厂的职代会就像是兵马俑——看上去威武雄壮，实际上一点也不起作用。"

怎样激发职工的主人翁精神？办法只有一个，就是企业领导者把职工摆在主人的位置上，尊重他们，信任他们，把企业的底牌交给他们，让他们在不同层次和不同深度上参与决策，吸收他们的正确意见，全心全意地依靠他们办好企业。这在管理学中叫"参与激励"。通过参与，形成职工对企业的归属感、认同感，进一步满足自尊和自我实现职工参与班组民主管理，职工通过"职代会""企业管理委员会"中的代表参与企业重大决策等，是目前我国职工参与企业决策和企业管理的主要渠道。其他常见的参与激励形式还有家庭访问、"诸葛亮会""花钱买批评"等。在国内外企业普遍采用的"奖励职工合理化建议"制度，也是一种行之有效的职工参与形式。

（七）感情激励

人与动物的基本区别是人有思想、有感情。感情因素对人的工作积极性有重大影响。感情激励就是加强与职工的感情沟通，尊重职工，关心职工，与职工之间建立平等和亲切的感情，让职工体会到领导的关心、企业的温暖，从而激发出主人翁责任感和爱厂如家的精神。

常见的感情激励形式有"三必访""五必访"等家庭访问制度，公司生日会制度，每天上班时经理人员迎接职工上班的习俗，为职工排忧解难，办实事，送温暖活动等。感情激励的技巧在于"真诚"二字。一位企业家说得好："你若要求工人以厂为家，就应该把工厂办得像家一样温暖。"

（八）榜样激励

榜样激励的方法是树立企业内的英雄模范人物，号召和引导职工模仿学习。像"铁人"王进喜、雷锋、焦裕禄等英雄模范人物，曾在全国起到很好的榜样作用。如果及时发现和培养本企业的先进人物，使员工感到自己身边就有学习榜样，效果会更好。榜样激励的一个重要方面是领导者本人的身先士卒，率先垂范，正如一些企业负责人所说："喊破嗓子，不如做出样子。"领导的一个模范行动，胜过十次一般号召。

以上只是精神激励的常见做法。在实际工作中，应该针对不同情况，从实际出发，综合地运用一种或多种激励手段，以求收到事半功倍的效果。权变地、综合地运用不同手段，是精神激励的基本技巧。

 思考题

1. 什么是激励？描述激励的过程。请举例说明。
2. 什么是需要理论？请分别简述成就需要理论、ERG 理论以及双因素理论的主要内容以及评价。
3. 什么是公平？简述公平理论的主要观点，并举例说明。
4. 如何理解期望理论？如何在管理实践中应用期望理论？
5. 强化有哪些类型？谈谈强化理论的启示。
6. 根据自己的感受谈谈你对综合激励模型的理解。
7. 激励的一般原则和方法有哪些？

第五章 领导者与组织行为

本章要点

- 掌握领导的概念以及领导的基本要素；
- 掌握西方的领导特性理论；
- 掌握领导行为理论的主要内容及其贡献；
- 掌握领导权变理论的主要内容及其贡献；
- 掌握 LMX 领导模型、变革型领导的概念和特征。

引导案例

2011 年 6 月 10 日，蒙牛乳业发布公告称，创始人牛根生辞任董事会主席一职。

做公益本是企业家潜规则的"商业模式"。早在蒙牛上市之初，牛根生就曾拿出大量股份投入自己成立的老牛基金会。牛根生始终相信一句话：财聚人散，财散人聚。牛根生花 34 亿元重金完成"内蒙古盛乐国际生态示范区植被恢复项目"，计划在近四万亩的退化土地上，用 30 年的时间来重建一个健康、稳定的生态系统。并在盛乐国际生态示范区旁，投资两亿多元建造了一所从幼儿园到高中的 12 年制实验学校。除此之外，这几年还捐赠了十多项百万量级的项目，如：捐赠 633 万元在加拿大多伦多大学设立白求恩奖学金；捐赠 300 万元用于四川西部自然保护基金会的生物多样性保护；为北京师范大学捐赠 300 万元；雅安庐山地震捐赠 1000 万元，通辽地震捐赠 100 万元，以支持当地灾后重建。

低调进军乳业上游供应商，与蒙牛保持强关联。在离开蒙牛之前，牛根生本就想通过老牛基金会来运作一家上市公司，但三聚氰胺和 OMP 事件最终没有让他遂愿。随后中粮入局，牛根生顺势甩掉包袱，正好可以抽身来完成自己当初的心愿。这家上市公司就是蒙牛现代牧业有限公司，简称现代牧业。

除了现代牧业，另一家名为"蒙草抗旱"的公司也极为活跃，已经登陆创业板。最引人关注的是，这家企业中同样闪现着众多前蒙牛高管的身影。

"老牛系"布局一目了然。牛根生通过老牛基金会低调地以乳业上游供应商的角色出现，其他元老则分别活跃在蒙牛周围，时刻保持着与蒙牛的强联系。

2016 年 9 月初，蒙牛发布上半年经营业绩，公司净利润下滑 19.5%，仅为 10.77 亿元。牛根生在任之时，虽和伊利仍有差距，但业绩数据上始终能咬住不放。自职业经理人出身的孙伊萍接任后，蒙牛开始被伊利拉开差距。9月15日，蒙牛发布公告称，执掌蒙牛四年之久的孙伊萍已辞任公司执行董事、总裁，雅士利总裁卢敏换成蒙牛新总裁。更引人注目的是，消失在人们视野中多年的老蒙牛"元帅"牛根生，再次出现在蒙牛乳业新策略委员成员的名单中。

资料来源：https://www.sohu.com/a/161603304_677195.

领导是管理的重要职能，领导水平的高低常常决定着组织的生死存亡。领导的有效性是组织成败的关键，领导者身负组织领导的重任，其思想观念、心理素质和特殊心理机制，不仅影响到个人工作的成效，更影响到其部属和群体作用的发挥乃至整个组织的行为和绩效。

第一节　领导的内涵

一、领导的本质

（一）领导的定义

关于什么是领导，各个学科的专家众说纷纭。为了全面理解"领导"的概念，下面我们把一些主要观点罗列出来：

领导是影响人们自愿努力以达到群体目标所采取的行动。——泰罗（Taylor）

领导是对组织内群体或个人施加影响的活动过程。——斯托格狄尔（Stogdill）

领导是一门促使其部下充满信心、满怀热情来完成任务的艺术。——孔兹（Koontz）

领导是影响人们自动为达到群体目标而努力的一种行为。——泰瑞（Terry）

领导是一种说服他人热心于一定目标的能力。——戴维斯（Davis）

领导是指挥或带领、引导或鼓励部下为实现目标而努力的过程。——周三多

综合以上定义，所谓领导就是运用非强迫性手段对其他人施加影响，并共同作用于客观对象或环境，以实现某一既定目标的行为过程。

从领导的概念界定中，我们可以知道：

（1）领导是一种过程，而不是某一个体。担任某一管理职位的某人叫作领导者。通常，很容易根据正式职位或头衔，如总统、市长、总裁、处长、主任、经理、队长等来识别（准确地说，这些人应该叫作管理者）。然而，不能认为领导者的行为就是领导。

（2）领导的本质是人际影响，即改变其他群体成员的态度或行为。虽然影响下属的方法有多种，但是如果运用强制手段便不能叫领导。领导意味着下属乐意接受影响，愿意听从指挥，愿意付出努力。从这个意义上可以说，最成功的领导是所有下属愿意为他们所爱戴的领导者赴汤蹈火。因此，领导的反义词是跟随（followership），领导者的反义词是跟

随者（follower）。

（3）领导的目的是群体或组织目标的实现。下属之所以愿意接受领导者的影响，是因为他们认识到这有利于群体或组织目标的实现，而群体或组织目标的实现与自己的利益息息相关。

（二）领导和管理

根据上述定义，领导和管理有所区别。一般而言，领导是管理的四大主要活动之一。但是，如果一个管理者仅精于计划、组织与控制，他可能是一个无效的领导者。同时，领导与管理在类似活动上的侧重点各不相同。例如，管理意味着"正确地做事"，操纵事情、维持秩序、控制偏差；领导意味着"做正确的事"，前进、指挥、带领跟随者探索新领域，带来变革。管理者通过计划与预算处理复杂问题，设置目标，确定完成目标的方法，分配资源以实现目标。相反，领导者首先规划组织的愿景以引导下属的行为，然后开发创新战略去实现愿景。有效领导者通过组织与人员配置去完成目标，他们创建组织结构、设计工作职位、配备合格员工、沟通相关信息，以保证目标实现。领导者招聘、留住那些认同组织愿景的员工，让员工组成工作团队，自主决定如何达成组织愿景。

此外，管理者通过控制员工行为来保证员工完成目标。他们运用各种形式的报告和会议监控员工的工作绩效，时刻注意工作偏差。有效领导需要激励和鼓舞员工团队，帮助他们克服各种困难，支持他们出色地完成各项任务。

二、领导的基本要素

领导活动有三个基本要素，即领导者、追随者、领导环境。没有领导者的领导活动是不可想象的，而没有追随者就谈不上领导者，领导者和追随者之所以结合起来，是由于他们处在共同的特定的领导环境之中，需要改造这个领导环境。这三个要素缺一不可，相互作用，相互结合，构成领导活动。所以领导活动是由领导者、追随者、领导环境这三个要素组成的复杂函数。

领导活动中特有的基本矛盾有两对：一个是领导环境中领导者与追随者之间的矛盾；另一个是领导者与追随者共同构成领导活动的主体，与被改造的客体领导环境之间的矛盾。由这两对基本矛盾又派生出一系列其他矛盾，如领导者之间的矛盾、追随者之间的矛盾、领导者主观指导与领导环境之间的矛盾、领导者与追随者之间矛盾的交叉等。从上述意义上可以说，领导科学就是研究领导者、追随者、领导环境之间的关系。关系就是规律，它们三者之间内在的、本质的、必然的、稳定的联系就是领导活动的规律。领导者、追随者、领导环境三者的有机结合构成领导活动。

（一）领导者

1. 定义

据美国领导学者统计，目前世界上关于"领导者"的定义有160多种，这并不是说"领导者"是主观随意的概念，而是人们从不同的学科和角度如政治学、组织学、管理学和心理学等方面来研究和把握的结果。那么，从领导科学的角度，该如何给"领导者"一个本质的定义呢？

现代管理科学之父彼得·德鲁克指出："领导者的唯一定义是其后面有追随者。一些人是思想家，一些人是预言家，这些人都很重要，而且也很急需，但是，没有追随者，就不会有领导者。"领导者与追随者的相互界定，揭示了领导者的实质。不同于领导者与被领导者的相互界定，仅是形式上的。因此，这是具有时代精神的概念，是关于领导者的本质定义。

追随者不同于被领导者，被领导者是天然存在的，追随者是靠领导者的魅力和努力争取来的。在一个组织内，领导者的下属都是被领导者，但不一定是追随者。被领导者中有积极的追随者、一般的追随者、不追随者，有的甚至是反对者。领导者的责任，就是使他们转化为追随者。如果被领导者都不再追随，领导者实际上就名存实亡、徒具形式了。这说明，领导者扮演主动者、创造者和发动者的角色。古往今来，卓越的领导者都能够创造和征召追随者，成就领导事业。追随者概念比被领导者概念的外延更广，不仅包括组织内成员，也包括组织外成员；不仅包括领导者的下属，还包括领导者的上级。领导者就是这样上下左右开展"内政外交"活动，组织起人力资源系统——广泛的追随者队伍，齐心合力，团结奋斗，共同实现组织目标。

现实生活中，导致追随关系的因素很多，如品德、知识、才能、信仰、专长、情感等。因此，有各种各样的领导者与追随者，比如家长和孩子、教师和学生、教练和队员、牧师和信徒、二人世界中的恋人、文化领域中的明星和追星族，他们之间都可以说是领导和追随的关系。领导的核心内容，就是通过引导和影响而建立的追随关系。

2. 领导者的分类

从产生的形式来分类，领导者可以划分为两大类：一类是从群体、社会中自发产生出来的；另一类是经过选举或组织任命正式产生的。

从群体中自发产生出来的领导者，在社会生活中广泛存在。群体是介于组织和个人之间的人与人的聚合体，一般指几个人、十几个人的小单位。比如，家庭就是正式的群体，父母是天然的领袖，父母按照自己的价值观和经验引导孩子，对于孩子来说，最初的领导行为就发生在家庭。传统社会中，父亲是家庭生活的权威，是领导者；现代社会中，母亲往往是家庭生活的权威，父亲则转变为追随者。在梅奥领导的霍桑实验中，发现了正式组织中有非正式群体的存在，非正式群体中自然涌现出来的领袖人物，往往比正式群体的领导者更具有权威性。在社会生活中，政治学家早已发现"非委任领袖"的存在，如甘地、南丁格尔、马丁·路德·金等，他们在没有建立组织之前，就已经有成千上万的追随者，因此是无可争议的领导者。从这个意义上说，领导者与管理者不同，领导者可以没有组织，但必须有追随者；管理者可以没有追随者，但必须有组织，否则就不成其为管理者。

通过选举或组织任命正式产生的领导者，包括经过注册、登记而被承认的正式组织的领导者。自古以来，这类领导者产生的途径基本有三条：一是读书。中国的科举制度和西方的文官制度都强调读书。寒窗苦读，学而优则仕，成为统治阶级意识形态坚定不移的信奉者和实行者；学会统治阶级所要求的"礼"，即官方的行为方式和语言方式，掌握经国治事的本领，一步一步进入仕途。二是从军。金戈铁马，塞外边关，艰苦卓绝的军旅生涯，历经九死一生的征战，终于走进统治阶级的行列。其中最高军事长官可谓"一将功成万骨枯",站到最高统治者的身旁。三是经商。由于近代资本主义兴起,市场经济发展,农工商贸组织扩大,涌现出许多优秀的企业领导人。商界和政界本来就是相通的,由经济上的发达而取得政治上的地位,由市场进入官场,登上政治舞台。这三条道路,源源不断地为统治阶级输送领导人才,实现社会和政府之间人才的良性循环。

3. 权力与权威

领导者的构成要素包括权力和权威,这两个概念是密切相关的。从原本的意义上来说,权力一般来源于组织,所以职务权力即是本来意义的权力概念。职务权力简称职权,是领导者为履行自己职责而具有的发号施令的影响力。它来源于法定的职务或职位,是外部(上级、组织、阶级、法律)赋予的权力。职务权力一般都是组织条文明确规定的。除人们所熟知的以外,职务权力还有一个重要方面,即控制信息资源。某些来自组织上层、其他部门或外界的信息,经常是领导者先获知。领导者能控制它们流通到何种程度,并有解释的权力,进而加以宣传,从而影响追随者。职务权力同职务具有不可分性,有职就有权,去职则无权;职务权力同职务的关系成正比,职务越高,享有的权力也越大。

个人权力是职务之外的,由于个人的特质如品德、知识、才能、业绩、声望或其他个人因素而获得的影响他人心理和行为的能力,也即个人影响力。个人影响力是一种具有持久性的、可超时空地影响、支配、控制他人的力量或能力。

恩格斯在《论权威》中指出:权威,是指把别人的意志强加于我们;另外,权威又是以服从为前提的。这里的"服从"指的是心甘情愿、心悦诚服地服从。所以,领导权威就是职务权力和个人权力的统一,或职务影响力与个人影响力的统一,用公式表示就是:领导权威=职务权力+个人权力。职务权力带来的强制性影响力与个人权力(非职务权力)带来的非强制性影响力,二力合成,即构成现实的领导力。

权力与权威的关系可以划分为四类领导者,如图5-1所示。

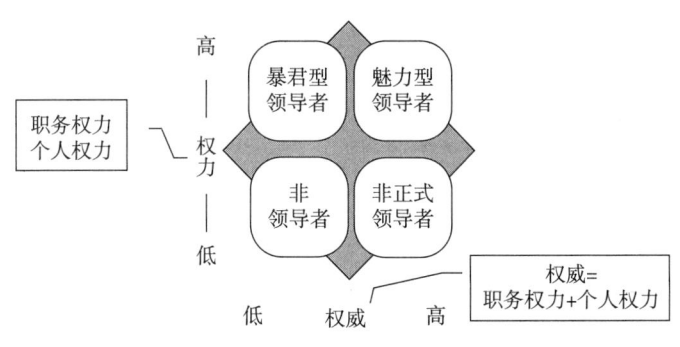

图5-1 领导者类型

(1)有权力有权威。这是一种极具魅力的领导者,他们既具有有效领导的权力,又在下属的心目中具有很高的威信。只要该领导者掌握了管理技能,就能很好地引导组织走向成功。

(2)无权力有权威。这里的无权力是指不拥有正式职务上的权力。这是一些非正式组织群体中的领导者,在组织中,他们由于权威高而实际掌握了一部分权力。如果该非正式群体的目标与组织目标一致,该领导者也能发挥良好的作用。

(3) 有权力无权威。这是一些拙劣的领导者，类似于古代的暴君。虽然他们由于职务关系而掌握了权力，但由于缺乏权威，员工离心离德，领导效果很差。

(4) 无权力无权威。主要是非领导者。

(二) 追随者

1. 概念

所谓追随者（follower），是指在领导活动中与领导者有共同的利益和（或）信仰，追求共同组织目标的人。在许多研究者看来，领导者的概念是确定的，而作为领导三要素之一的追随者的含义则不确定，甚至名称也未确定，如"被领导者""拥戴者""下属""支持者"等。

"追随者"是一个新的具有时代精神的概念，正逐渐被人们接受。我们之所以选择"追随者"这一概念原因有三方面：

首先，为了强调与领导者有共同的利益和（或）信仰。追随者追随的不仅仅是领导者，而且是愿景，是共同的理想。追随者与领导者也有着共同的政治利益和（或）经济利益等，追随者和领导者往往是在同一面旗帜下进行着共同的事业。

其次，"追随者"这一概念更能体现他们在领导活动中的主体地位。追随者追随的是与领导者共同拥有的愿景，这个愿景也含有他们所表达的意见，他们也是愿景的"编剧"。如果领导者违背了愿景，不再与他们拥有共同的价值观和利益，他们就可能退出领导活动，或者追随新的领导者。追随者有自己的独立意识，有自己的意志和选择权。

最后，"追随者"这一概念含有更大的范围，他们是领导者的信任者、支持者、服从者、拥戴者，是愿景的编剧、实现者和分享者。他们不仅仅来自下属，而且可能是组织中的每一个成员，甚至是上级；他们也许是来自组织外的其他成员，甚至是来自跨文化的异域成员。

总之，追随者与领导者是领导活动的主体，他们一起畅想愿景，主动追求共同的利益，实现共同的价值观，是充满生机和活力的主人翁。

2. 追随者与领导者的关系

追随者与领导者的关系，随文化的不同而有差异。随着时代的发展，全社会人员的整体素质迅速提高，如民主意识、科技意识、自我意识等均已今非昔比，追随者与领导者的关系正呈现新的特征。

(1) 追随者与领导者在人格上是平等的。他们之间所体现的乃是一种民主的、自由的、平等的社会关系。随着与领导者实现共同的愿景，追随者不仅仅是在追随领导者，而且是在追随愿景。这个愿景正是追随者和领导者之间的心灵契约；而且，组织也是领导者和追随者之间的"契约箱"。现在，领导者和追随者之间不再是人身依附关系，而是平等的契约关系。

(2) 追随者与领导者在身份上是相对的。追随者与领导者的身份处于不断变化之中。在不同的时间、不同的场合、不同的组织中，领导者可以变成追随者，追随者也可能变成领导者。随着领导者对追随者的培养以及组织的发展，追随者也可以成为新的领导者。而且，在不同的组织联盟中，领导者与追随者的地位也是不断变化的。

(3) 追随者与领导者存在着互相追随的关系。班尼斯认为："好的领导者应该也是好的追随者……领导者和追随者有很多共同之处：善于倾听，合作精神，以及与同伴共同对付竞争的问题。"领导者有主动权，追随者也有很大的主动权，如果在领导过程中发生了变化，追随者可能追随到底，也可能放弃追随。

(4) 追随者与领导者在权力上是相互制约的。领导者的权力来自组织的法定权力，更来自追随者的认可，没有追随者的承认，领导者将是有权无威，形同虚设。追随者也要服从自己认可的领导权威的指挥，与领导者有默契的合作，否则，追随者违反自己认可的领导权威的意志，也就是违背自己的意志。追随者对上级领导者也有权力，即潜在影响力，这种潜在影响力亦称为"对抗权"，对上级领导者行使权力有制约影响作用。

追随者的对抗权主要来自领导者必须依赖追随者。依赖分为多种，最明显的是领导者系追随者所选出和公认的，追随者有权更换领导者。所以，最基本的依赖形态，是领导者必须满足追随者，以此来保持领导地位。当然，在领导者是任命的组织中，拥有职务权力和对上级权力中枢负责时，领导者职务的保留固然会受追随者的影响，但绝非后者所能完全控制的，追随者很难撤换领导者。这种情况下，对抗权的主要来源是领导者须依赖追随者以达成维系其职务的组织目标，并由追随者对其领导绩效评估。

（三）领导环境

领导环境有广义和狭义之分，狭义的领导环境是指领导者所在的组织，广义的领导环境是指组织及其赖以存在和发展的外部条件的总和。我们这里取广义的概念，领导环境是指领导者的工作环境中各种因素、条件的总和及其发展态势。

领导环境亦称领导情境、客观环境、生态环境，是一个历史的发展着的概念。从工业社会到信息社会，领导环境的外延和内涵发生了深刻的变化，领导者所在的组织不再被比喻为工业社会中的"机器"，而是被比喻为信息社会中的"网络"。

领导环境的基本含义有以下三点：

(1) 领导环境既包括客观的物质因素和条件，又包括主观的精神因素和条件，如人的思想、心理活动、精神状态等，它们都是领导者认识和实践的对象。环境还是一种态势，其各个方面的条件、因素都处在动态发展中，由此派生出诸多矛盾和变化，形成领导者及追随者客观上面临的新任务、新问题。追随者在领导环境中既是领导者认识和实践的客体，又和领导者共同构成领导活动的主体，以改造客体的领导环境。

(2) 领导环境是一个多层次的开放的有机系统。首先，它是指领导者所在的组织系统。其次，它包括领导集体即指挥子系统在内。再次，它还包括上下左右各类相关系统，如上级领导单位、下属单位、横向纵向与之发生各种工作联系的部门和人员等。领导者就是在这样的工作环境中开展"内政外交"的领导活动的。最后，它还涉及整个国家、社会乃至国际环境的大系统，这都制约和影响着领导者及其领导活动的内容与方式。一般来说，领导层次越高，面对的领导环境也越大、越复杂，变化越难掌握，随机性也越大。

(3) 领导环境中包含着组织特有的工作任务，这是领导环境中的重要内容。社会中每个组织都有其特定的工作任务，它是组织存在的依据，也是组织成员凝聚到一起的基本条件。所以，领导者所面对的领导环境，当然包括客观的工作任务在内。领导者的责任，是把它改造提升为主观上清晰的领导目标，并率领追随者完成组织任务。

对领导者来说，可以从不同的角度来分析领导环境，通常是从自然、政治、经济、文化、社会等几个方面来加以分析。同时，我们认识到领导环境总是处在发展变动之中，当前社会生活中一些变化引人注目，正在深刻地改变着领导环境。领导者既要认识，又要适应，更要因势利导，主动变革领导环境，使领导者自身、追随者和领导环境跟随时代一起提升。

第二节 经典领导理论

经典领导理论的研究大致经历了特质理论、行为理论、权变理论等阶段。特质理论是领导理论研究的基础，20世纪三四十年代共有100多项特质研究，但是，这些研究都没有得出所有领导者具有的通用特质，或者可以保证领导成功的相关特质。20世纪50年代，领导研究从特质理论转向了研究领导者在工作中的实际行为，试图解释高效领导者和低效领导者的不同领导风格，由此产生了重要的行为领导理论。20世纪60年代，研究者发现不存在通用的领导风格，权变领导理论范式开始出现，试图解释在不同的组织任务、岗位角色、下属素质等基础上的各种领导风格。

一、西方的领导特质理论

西方研究领导者素质的最早成果被叫作"领导特质理论"，它集中回答这样的问题：领导者应该具备哪些素质？怎样正确地挑选领导者？这一理论首先是由心理学家开始研究的，他们的出发点是：根据领导效果的好坏，找出好的领导者与差的领导者在个人品质或特性方面的差异，由此确定优秀的领导者应具备哪些特性。研究者认为，只要找出成功领导者应具备的特点，再考察某个组织中的领导者是否具备这些特点，就能断定他是不是一个优秀的领导者。这种归纳分析法成了研究领导特质理论的基本方法。特性理论按其对领导特性来源所做的不同解释，可分为传统特质理论和现代特质理论。

（一）传统特质理论

传统特质理论认为，领导者所具有的特质是天生的，是由遗传决定的，也被叫作性格理论，兴盛于20世纪40年代，现在已很少有人赞同这样的观点。

1. 研究内容

早在20世纪30年代，一些心理学家就把注意力放在那些在一定程度上可以成为伟人的领导者身上，希望发现领导者与非领导者在个性、社会、生理或智力等因素方面的差异。

心理学家吉伯（C. A. Gibb）在1969年的研究报告中指出天才的领导者具备七项特质：①善言辞；②外表英俊潇洒；③智力过人；④具有自信心；⑤心理健康；⑥有支配他人的倾向；⑦外向而敏感。

心理学家斯托格迪尔（R. M. Stogdill）于1974年在《领导手册》一书中，进一步提出了领导者应该具备的五个类别十项特质：①才智；②强烈的责任心和完成任务的内驱力；

③坚持追求目标的性格；④大胆主动的独创精神；⑤自信心；⑥合作性；⑦乐于承担决策和行动的后果；⑧能忍受挫折；⑨社交能力和影响别人行为的能力；⑩处理事务的能力。

2. 理论不足

这个时期的领导者特质理论存在明显的欠缺之处：①用来描述特质的词多为表述特征的概念，内涵不够清楚；②有意无意地认为领导者的各种特质都是天赋的，因而领导者就成为挑选的结果而不是培养的过程；③忽视下属的需要，破坏了领导者与被领导者的和谐与合作；④该理论在研究方法上忽略了领导行为发生作用的环境和条件。另外，还有研究者批判该理论没有指明各种特质之间的相对重要性，没有区分因果关系，如究竟是领导者的自信导致了成功，还是因成功建立了自信。有些特质并不能区分领导者与被领导者。

3. 理论贡献

当然，这个时期的领导者特质理论也取得了一定的成就，美国著名管理学家罗宾斯（Stephen P. Robbins）认为：①大多数人相信对于所有成功的领导者来说，都具备一系列一致而独特的个性特点；②在确定与领导关系密切的特质方面的研究中，得到的结果引人注目。比如，研究发现进取心、领导意愿、正直与诚实、自信、智慧和具备与工作相关的知识对于领导者尤为重要；③大半个世纪以来的研究表明，具备某些特质确实能提高领导者成功的可能性，但没有一种特质是成功的保证。

（二）现代特质理论

进入 20 世纪 80 年代，由于环境的快速变迁，知识经济对领导者提出了新的要求，新的领导者特质理论研究又掀起一个高潮。主要观点：领导是一个动态的过程，领导者的人格特征和品质是在实践中形成的，可以通过训练和培养加以造就。

1. 主要内容

美国学者詹姆斯·M. 库塞基和贝瑞·波斯纳是当今卓有建树的领导学专家，他们认为领导是每个人的任务，领导是人类组织中不可或缺的重要事务。他们从 1980 年开始调查近千家企业及政府行政部门，而后又在 1987 年和 1995 年进行了两次调查。他们发现排在前四位的特质是：诚实、有远见、懂得鼓舞人心、能力卓越。

美国领导学者德克兰提出了领导者素质宪法模型。德克兰在新形势下研究了领导者特质理论，提出了领导特质宪法模型，该模型实际上是一种理论上的比喻。德克兰认为，美国宪法随着时代的变化，在具体观点和解释方面也会相应变化，即具有广泛性和弹性，但基本原则保持不变，继续发挥作用。与此相似，人们也能够找出关于领导者的基本的优良品质。尽管随着环境的变化而面临新的挑战，领导者的某些特质也会随之发生调整和变化，但其中基本的优良品质仍然会保留，比如坚定、心胸开阔、诚恳等。并且，尽管管理风格和领导方法发生了许多变化，但基本的品质一直相对稳定。经过分析整理，德克兰认为这些基本特质可以分为四个基本方面：个性、形象力、行为和信心。

2. 对现代特质理论评价

现代特质理论克服了传统特质理论的某些局限性。在观点上，现代特质理论重视后天教育、环境因素在领导品质形成中的作用，从多维的角度深入研究领导者的品质特征。在研究方法上，现代特质理论采用了语义差别量表法和因子分析法等比较先进的方法。该理论不但阐明了在任何组织、群体中领导者都具有的共同的普遍品质，而且明确指出在这些品质中，哪些品质对于有效的领导者是重要的及其重要程度如何。

现代特质理论对于预测有效的、成功的领导者有着重要的指导作用。但是这种方法也有局限性。因为，领导者的有效性不仅决定于领导者的品质，还决定于环境因素、领导行为、领导权变能力、被领导者的素质等多方面因素。因此，仅着眼于领导特质研究还不能达到领导的有效性，还必须把领导品质研究和领导行为研究、领导环境研究有机地结合起来。

二、领导行为理论

从 20 世纪四五十年代起，随着行为科学的兴起，研究者对领导者的研究逐渐转移到领导行为的研究上来。研究者认为，当领导者试图去影响下属的行为时所采用的、被下属感受到的行为模式就是领导风格。领导风格在概念上与特质理论非常相近，但特质理论的核心是关注领导者自身的实际特点，而领导风格理论则集中对领导者所展现的领导能力进行研究。

实际上是在领导特质理论基础上，对有关领导品质或个性在外显行为表现方面的进一步发挥，侧重于研究领导者行为方式、风格和作风对领导有效性的实际影响。其核心观点认为领导有效性与领导行为、领导风格有关。同时将"做事"与"做人"两个维度作为领导行为最基本、最重要的衡量指标。

（一）领导行为四分图

最早最全面而且重复较多的行为理论实验来自 20 世纪 40 年代末期俄亥俄州立大学进行的研究。研究工作以斯特格迪尔和沙特尔为核心，并有多人参加。他们希望确定领导行为的独立维度，开始时他们大量收集下属对领导行为的描述，列出了 1000 多种刻画领导行为的因素。通过逐步筛选、归并，最后归纳为结构维度和关怀维度。

结构维度指的是领导者更愿意界定和建构自己与下属的角色，强调组织的需要，以达成组织的目标。领导者主要依靠给员工提供组织结构方面的条件使之做出令人满意的成绩。它包括进行组织设计、制定计划和程序、明确职责和关系、建立信息通道、安排并确定工作日程、强调工作的最后期限。

关怀维度指的是领导者尊重和关心下属的看法与情感，更愿意建立相互信任的工作关系。他以人际关系为中心，尊重下级的意见，强调职工的需要。高关怀维度的领导者帮助下属解决个人问题，友善且平易近人，公平对待每一个下属，对下属的生活、健康、地位和满意度十分关心。

按照这两个维度内容，他们设计了领导行为描述问卷（Leader Behavior Description Question，LBDQ），要求下属说出他们对组织、形势、团体的特点、团体工作成绩的衡量及各种情况下有效的领导行为等问题的看法。

如图 5-2 所示，领导行为分为四种类型：低结构，高关怀；高结构，高关怀；低结构，低关怀；高结构，低关怀。其中所谓"高关怀"，是指领导者高度关怀尊重下属，建立高度信任的人际关系，"低关怀"则相反。所谓"高结构"，是指领导者高度关注界定和建构自己与下属的角色，高度强调组织的需要，"低结构"则相反。

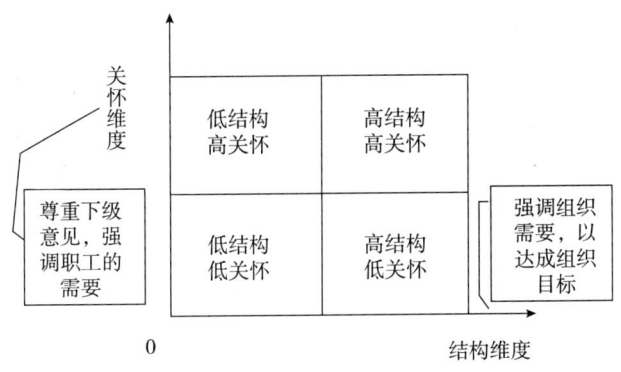

图 5-2　领导行为四分图

俄亥俄州立大学研究小组的研究结果表明，不同的领导方式对工作效率和员工情绪有直接的影响。他们发现高结构、低关怀的领导风格容易造成领导和下属的对立情绪，满意度低，缺勤率高且流动性大，工作效率较低。

斯特格迪尔等认为，所谓领导行为，就是领导者领导群体去实现目标的行为。领导行为的这两个方面并不是相互排斥的，可以把两者结合起来。这两个方面的结合会产生以上四种类型。他们认为，一位两方面结构都很高的领导人，其工作效率与领导的有效性必然较高。俄亥俄州立大学研究小组的这项研究工作有重要的意义，他们发现了领导行为的两个最基本的考察维度，他们所提出的四种领导风格也为以后的许多类似研究奠定了基础，后来许多领导理论如管理方格理论就是以此为基础而发展起来的。

（二）管理方格理论

1964 年，美国管理学家罗伯特·布莱克（Rokert R. Blake）和简·默顿（Jane S. Mouton）设计了一个巧妙的管理方格图，用对人的关心程度和对生产的关心程度的坐标组合方式来描述领导方式的差异，如图 5-3 所示。

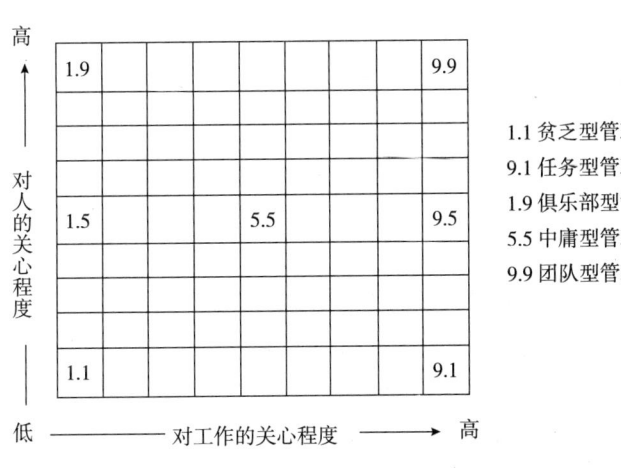

图 5-3　管理方格图

在管理方格图中，共有五种典型的领导方式：

（1）1.1贫乏型管理——保守主义行为，表示对人和生产（工作）都极不关心。基本行为特征是"对不起，但这不关我的事"，以最低的努力维持最低功能的组织运作。这样的领导者只尽最小的努力做一些维持自己职务的工作，"抱着只要不出事，多一事不如少一事"的态度来最低限度地完成组织工作和维系组织成员。这种领导行为的心理个性和主观倾向，从正面说是尽量在"不参与"状态下能够完成工作岗位要求，从负面看就是只要不被解雇就行。

座右铭是"无过便是功"，追求的最高境界就是"在场但不被看见"。

日常表现为：熬资历、保职务、任自流、不介入、无主见等。

（2）9.1任务型管理——泰勒行为主义，表示对工作极为关心，但忽略对人的关心，也就是不关心职工的需求和动机，并尽可能地设计一种工作环境，使人员不至于干扰工作的进行。基本行为特征是"我命令，你服从"，以"监工"的身份通过严格的或权威的外在控制来完成短期的既定任务。

典型的座右铭是"不干事就滚蛋！"这种领导行为的心理个性和主观倾向，从正面说是控制欲强，从负面说是惧怕失败。由于人文环境差，缺乏团队精神，其整体绩效不会很理想。

日常行为表现为：争强好胜、办事武断、长官意志、按部就班、短期行为、互不信任、规避责任等，也被称为"独裁的、重任务型的管理"或"权威型管理"。

（3）1.9俱乐部型管理——乡情主义行为，表示领导者对人极为关心，也就是关心工作人员的需求是否获得满足，重视搞好关系和强调同事和下级与自己的感情，力图建立一种舒适、友好的组织氛围，但却忽视工作的进行和效果。基本行为特征是"你好，我好，大家好"，主要通过与他人建立友谊、同志、忠诚、亲切、宽松、和睦、团结的人际关系来推动做事。

典型的座右铭是"别担心，高兴点，好好活着！"被称为"乡村俱乐部型管理"。这种领导行为的心理个性和主观倾向，从正面说是渴望被拥戴，从负面说是惧怕被冷漠。典型的行为表现是关心下属、和蔼可亲、缺少主见、唯唯诺诺、缺乏创新等。

（4）5.5中庸型管理——折中主义行为，表示既对工作关心，也对人关心，主张适可而止。典型行为特征是通情达理、中庸之道，善于担负责任也乐于听取意见，代表性语言是"一方面……另一方面""虽然……但是"或"可以理解，你看这样好不好？……"。

座右铭是"鱼和熊掌不可兼得，有所失才能有所得"，用一般业绩损失换得一半的人际和谐。这种领导行为的心理个性和主观倾向，从正面说是追求群体归属感，从负面看是惧怕陷入窘迫，被称为"中庸型的管理"。

（5）9.9团队型管理——理想主义行为，表示对工作和人都极为关心，是最理想的领导行为模式。这种领导者能使组织的目标与个人的需求最有效地结合起来，既能高度重视组织的各项工作，又能通过激励、沟通等手段，使群体在相互信任、相互尊重的基础上合作，下属人员共同参与管理，获得高的工作效率。

典型行为特征是追求"人人为我，我为人人"的理想境界，工作自主效率高、乐于学习进取、正视矛盾冲突、切实解决问题、积极激励员工、重视协同发展等，被称为"集体战斗型管理"或"团队型管理"。

布莱克和默顿认为，有的领导者并不一定完全理解自己的领导风格，这意味着这种管理方法可帮助他们认清自己的风格，并对他们进行培训。他们认为，领导者应该客观地分析各种情况，把自己的领导方式改造为团队型管理，以求得极高的效率。

改造可以分为以下步骤：①学习。主要学习管理方格法的基本原理。②评价。同一部门的管理人员集中讨论确定本部门处于管理方格图中的什么位置。③小组讨论。对团队型管理的规范进行讨论和分析。④确定组织目标。⑤讨论如何实现目标。⑥巩固成果。把培训过程中的成就巩固下来。

布莱克和默顿确认，团队型管理是20世纪美国大部分领导者的领导风格。他们行为果断，在分析问题、制定决策和采取行动等方面发挥领导作用，积极处理与下属之间的摩擦，利用批评提高工作效率。该理论在理论方面和实践方面都取得了相当的成功，在领导论中占有一定的地位。许多组织都采用这种领导风格理论来培训自己的领导者。

（三）卢因的领导风格理论

第二次世界大战期间及之后，卢因和他的同事们进行了一项经典研究，他们发现有三种基本的领导风格，即专制型、民主型和自由放任型。

（1）专制型（autocratic）。专制型领导者专断独裁，把权力集中在自己手中，支配着群体的决策过程，他发号施令，要求下属服从，忽视下属的意见，凭借奖惩和权力进行领导。

（2）民主型（democratic）。民主型领导者注意让下属参与进来，进行公开的沟通，就拟议的问题同下属磋商，如果得不到下属的一致同意就不采取行动，其决策速度虽然较慢，但下属的满意度比较高。

（3）自由放任型（free-rein）。自由放任型领导者给予下属独立自主的权力，对他们采取放任自流的态度，既不加以约束，也不加以指导，下属自己决定目标以及实现目标的方法，领导者的作用仅限于为下属提供信息，充当群体与外部环境的联系人，以此帮助下属进行工作。

卢因和他的同事们曾多次重复这种实验，发现结果一致，他们由此得出结论：只有在民主的领导风格下，才能达到群体的高生产率和群体的高满意度。有的研究者认为这个理论也并非总是正确的。后来的研究表明，下属也分为不同的类型，对他们的领导也要采取不同的风格。而且，情境不同，领导的风格也就不同，例如在军队和紧急情况下，专制型领导更有效；在科研院所，自由放任型领导也不失为一种好的领导模式。因此，何时采取何种领导风格，要具体情况具体分析。

（四）领导风格连续统一体理论

领导风格连续统一体理论是由罗伯特·坦南鲍姆（R. Tannenkaum）和沃伦·施米特（Warren H. Schmidt）于1958年提出的。该理论认为，领导有多种多样的风格。从以领导为中心的专制风格到以下属为中心的民主风格，根据领导者授予下属自由权的程度不同有七种领导风格（见图5-4）。他们认为并没有一种领导风格总是正确的，也没有一种领导风格总是错误的。

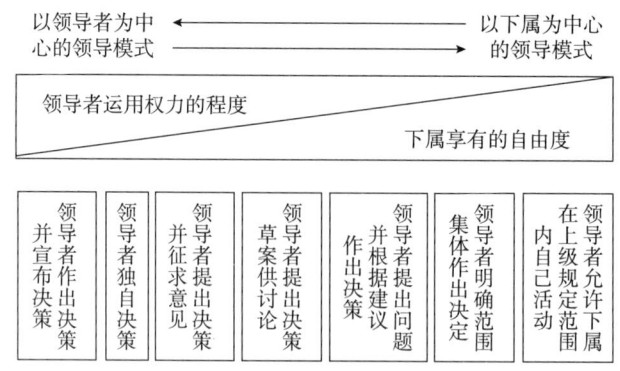

图 5-4 领导风格连续统一体理论

（1）领导者作出决策并宣布决策。领导者不仅独自决策，甚至可以用压力来要求被领导者按照他们的决策去做。

（2）领导者独自决策，但他会增加一个说服被领导者接受这个决策的步骤，试图通过阐明这种决策给被领导者带来的利益以减少被领导者的反对。

（3）领导者提出决策并欢迎被领导者提出问题。领导者给被领导者了解决策的机会，向被领导者提供一个有关他的想法和意图的详细说明，并允许被领导者提问。

（4）领导者提出一个可以变更的临时性决策，并把自己拟订的临时性决策提交给有关人员征求意见，允许被领导者对决策发挥某种影响作用，但最后的决定权保留在领导者的手中。

（5）领导者提出问题，征求意见，然后决策。被领导者可以在决策前提出建议，领导者尊重被领导者处理问题的方式并知道他们能提出与众不同的意见。

（6）领导者将被领导者能决定的事准确地陈述并加以限制，然后把决策权交给集体，但领导者也许不喜欢被领导者的决策。

（7）决策权下放，领导者允许被领导者在更大的范围参与决策。被领导者有充分的自由，能自由确认问题，而且决定如何去做，只是要向指定的领导者负责。

上述七种领导风格中哪一种最为有用？坦南鲍姆和施米特认为，要考虑以下三个方面：一是领导者本人的因素，即他的价值观念体系、他对下属的信任程度及他在领导方式上的倾向性等；二是职工方面的因素，即职工对独立性的需要程度，以及对承担决策责任的需要程度；三是环境方面的因素，即组织的类型、群体的效率、问题本身的性质及时间的紧迫性等。

前面几种理论从领导行为的角度研究领导者的行为风格与行为方式。这些理论初步确立了考察领导行为的两个维度。领导行为理论的结构维度和关怀维度、管理方格理论的"关心人"和"关心生产"，这些为权变理论奠定了一定的理论基础，但是它们也有过于简单的嫌疑。在确定领导风格和组织工作绩效关系方面，这些理论也取得了一定的成功，从卢因的三种领导风格理论到领导风格连续统一体理论，已经就领导者个人的行为风格进行了权变思考，尤其是领导风格连续统一体理论的修正版初步涉及了领导理论的三个要素，进一步为权变理论的产生和发展奠定了基础。

三、领导权变理论

随着对领导问题研究的进一步深化和拓展,研究者开始重视情境的影响,在 20 世纪六七十年代逐渐形成了权变理论。因其重视情境对领导行为有效性的影响,又被称为情境理论。该理论认为,并不存在一种普遍适用的"最好的"或"不好的"领导方式,领导是两个动态过程,而且领导者的有效行为应随着下属的特点和情境的变化而变化。领导者在一定情境条件下通过与下属交互作用来实现理想。因此,其领导绩效有赖于领导者因素、被领导者因素、情境因素的交互作用。

(一) 费德勒的领导权变模型

费德勒(Fred Fiedler)于 1966 年提出了"有效领导的权变模式"。该模型认为:任何领导风格均可能有效,关键是要与环境情境相匹配;个体的基本领导风格固定不变,要想达到最佳效果,要么改变情境,要么更换领导。

1. 领导风格与情境变量

费德勒的权变模型指出,有效的群体绩效取决于以下两个方面的恰当匹配:一是与下属发生相互作用的领导风格;二是领导者能够控制和影响情境变量的程度。那么我们主要来看领导风格和情境这两个主要变量。

(1) 领导风格。费德勒认为,影响领导成功与否的关键因素之一是个体的基本领导风格,个体的领导风格分为任务取向和关系取向两种。费德勒开发出了最难共事者问卷(Least Preferred Coworker Questionnaire, LPC)。

(2) 三个主要情境变量。费德勒研究揭示了确定情境因素的三个权变维度,分别为:

1) 领导者—成员关系(leader-member relations)。领导者对下属信任、信赖和尊重的程度,评价为好或者差。该变量主要衡量下属对领导者的接受程度,因为领导者的一些权威来自下属对其接受的程度。比如,一些下属追随某位领导者是由于该领导为人正直、决策果断又正确。

2) 任务结构(task structure)。工作任务的规范化和程序化程度,评价为高或者低。该变量主要衡量下属的任务是简单的还是复杂的;是只能用一种方法完成的,还是可用多种方法完成;是规定得很明确的,还是含糊不清的。一般来说,任务简单、只能用一种方法完成、规定得很明确的,那么该任务是高结构的,反之则是低结构的。

3) 职位权力(position power)。领导者运用权力活动(诸如雇用、解雇、处分、晋升、加薪等)施加影响的程度,评价为强或者弱。该变量主要衡量领导者由于占据了某职位而拥有的合法权力的大小。一般在企业中,直线管理者的职位权力较大,而参谋管理者的职位权力较小。

2. 费德勒的模型

根据从这三种权变变量出发对领导情境进行的评估,费德勒得到了八种可能的情境,领导者可以从中找出自己所处的情境,并判断哪种情境对领导者有利,哪种情境对领导者十分不利。

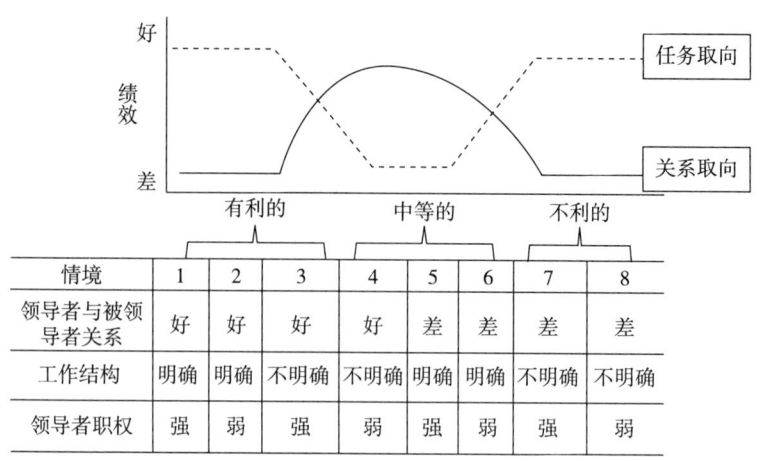

图 5-5 费德勒模型

从图 5-5 中我们可以看出，1、2、3 类情境对领导者非常有利；4、5、6 类情境在一定程度上对领导者有利；7、8 类情境对领导者非常不利。

为了确定领导类型在不同情境下的具体情况，费德勒、切莫斯（M. M. Chemers）和马哈（L. Mahar）研究了 1200 个工作群体，针对八类情境中的每一种，对比关系取向和任务取向两种领导类型的领导者，他们得出结论：任务取向的领导者在非常有利的情境下和非常不利的情境下效果更好，关系取向的领导者则在中间情境下表现得更好。

费德勒认为，由于个体的领导风格固定不变，因此提高领导者的有效性只有两条途径：一是选择适应情境的领导者。比如，如果群体所处的情境被评估为十分不利，而目前的领导者又是以关系为取向的，那么，选择一个任务取向的领导者替换该领导可以提高群体绩效。二是改变情境适应领导者。比如，可以通过重建任务结构、提高或者降低领导者的岗位权力而达到改变情境适应现有领导者风格的目的，从而提高群体绩效的目标。

3. 对费德勒模型的评价

（1）费德勒模型的总体效度较高，模型得到大量实证研究的支持；

（2）模型假设"个体的领导风格固定不变"并不符合实际情况，有效的领导者完全可以改变自己的领导风格以适应具体情境的需要；

（3）模型中的情境变量在实践中衡量起来比较复杂，同时衡量的准确性比较难以保证。然而，虽然该模型还存在一些缺点，但是充分的研究证据表明，有效的领导风格需要反映情境因素。

（二）情境领导理论

情境领导理论是保罗·赫塞（Paul Hersey）和肯尼司·布兰查德（Kenneth Blanchard）在 20 世纪 60 年代末提出的。其核心思想是领导者要根据被领导者的情况来决定自己的领导方式和行为。该理论认为，成功的领导是通过选择恰当的领导方式来实现的，选择的过程视下属的成熟度水平而定。

1. 领导方式

领导方式由两个维度决定：工作行为（tesk behavior）和关系行为（relationship behavior）。具体地说，工作行为是领导者为下属决定工作角色，告诉他们该做什么以及如何做等；关系行为是领导者在和下属进行双向或多向交流时所采取的倾听、鼓励等行为。

如图 5-6 所示，四种模式中 S1 为高工作、低关系行为的指导式领导方式；S2 为高工作、高关系行为的教练式领导方式；S3 对应低工作、高关系行为的支持式领导方式；S4 对应低工作、低关系行为的授权式领导方式。

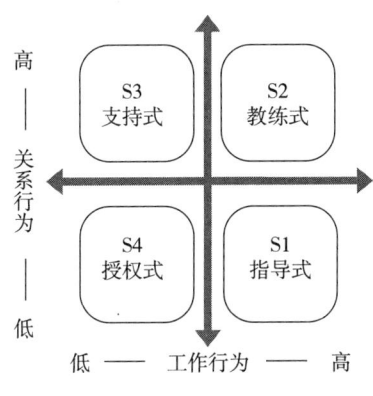

图 5-6 领导方式分类

2. 成熟度

成熟度（reafness）是指个体对自己行为承担责任的能力和意愿的程度，包括两个衡量指标。工作成熟度是指一个人的知识和技术水平。工作成熟度越高，完成任务的能力越强，越不需要他人的指导。心理成熟度是指从事工作的意愿或动机。心理成熟度越高，工作自觉性越高，越不需要外力推动。

情境领导理论认为下属成熟度分四个阶段：

➢ D1 阶段：下属既不能胜任工作又不情愿工作，内心不安。
➢ D2 阶段：下属虽然能力不足但积极性较高，很自信。
➢ D3 阶段：下属有工作能力却不愿意工作，情绪低落。
➢ D4 阶段：下属既有能力又愿意做他们的工作，非常自信。

3. 情境领导模型

领导者的领导方式应当适应被领导者的成熟度，当被领导者从不成熟成长为成熟时，领导者的领导方式应作适当调整（见图 5-7）。

四种领导方式应分别和四种成熟状态相对应，即如果下属既无能力，也无意愿完成任务（D1），应采用指导方式；如果下属有意愿，但无能力完成任务（D2），应采用教练方式；如果下属有能力，但无意愿完成任务（D3），应采用支持方式；如果下属既有能力，也有意愿完成任务（D4），应采用授权方式。

这个模型的核心思想是要根据被领导者的成熟度来决定领导者的领导方式，情境领导要求领导者不时地变换领导方式。那么，哪些是领导者应该保持不变的呢？对组织、对员工的承诺是不能改变的，某些基本的价值观是不能变的。

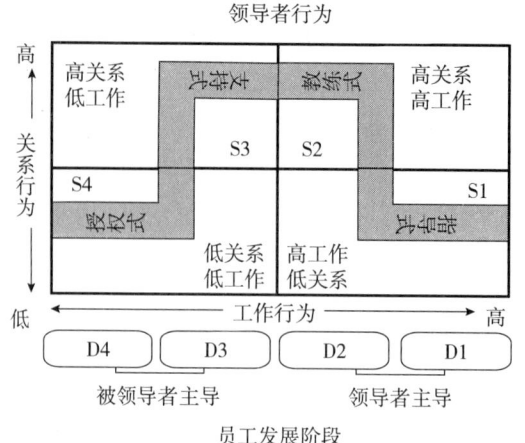

图 5-7　情境领导模型

情境领导模型是实用的，因为它建立在员工对领导的期望上。能干的人所需的具体指导比不能干的人要少，有工作意愿的人所需要的鼓励比缺乏工作意愿的人要少，领导者只要根据员工的成熟度选择恰当的领导风格就可以了。但领导情境并非如四个象限所述那么清晰，领导者采取的行为并不是任何时候都有效。比如，许多管理者对能力不强、意愿不高的员工采取指导式方式，效果仍然不是很好。

（三）目标—路径理论模型

目标—路径理论模型（path-goal theory）由罗伯特·豪斯（Robert House）开发，该领导模型吸收了期望理论中的关键要素，目前已经成为在理解领导方面最受推崇的观点之一。该理论指出，领导者的工作是帮助下属达到他们的目标，领导者需要提供必要的指导和支持，确保下属个体的目标与群体或组织的总体目标保持一致。有效的领导者通过指明道路与途径可以帮助下属实现他们的工作目标，并通过帮助下属清理道路上的各种障碍和危险使下属实现目标的道路更顺畅（见图 5-8）。

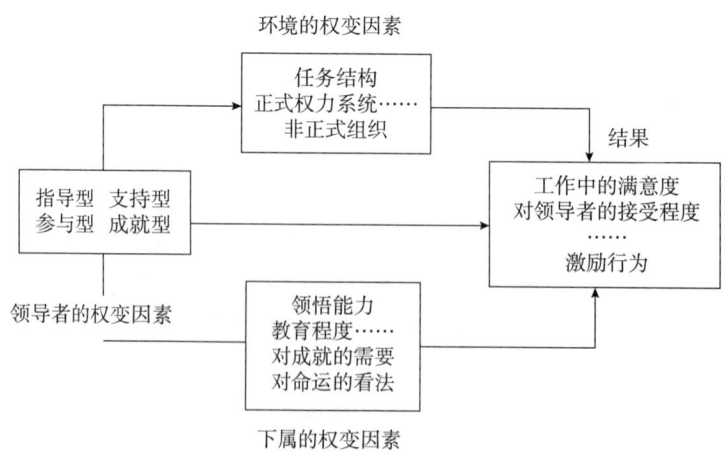

图 5-8　目标—路径理论模型

1. 领导者类型

目标—路径理论认为，一位领导者可以根据不同的情境表现出任何一种领导风格。豪斯确定了四种领导者类型：

（1）指导型领导者。他们让下属知道对他的期望是什么，以及完成工作的时间安排，并对如何完成任务给出具体指示。

（2）支持型领导者。他们十分友善，表现出对下属各种需要的关怀。

（3）参与型领导者。他们与下属共同磋商，并在决策之前充分考虑他们的建议。

（4）成就型领导者。他们设置富有挑战性的任务目标，并期望下属发挥自己的最高水平。

2. 主要情境变量

豪斯提出，两大类情境变量可以作为影响领导行为—结果之间关系的中间变量。

（1）环境变量。包括在下属控制范围之外的环境因素，比如任务结构、正式职权系统、工作群体等。

（2）个体特征。包括下属个人特征的一部分内容，比如控制点、过去的经验、知觉能力等。

其中，环境因素决定了需要什么样的领导行为类型，下属的个人特点决定了个体对于环境和领导行为如何解释。当环境因素与领导行为或者领导者的行为与下属特点不一致时，领导效果均不佳。

3. 目标—路径理论的基本假设

（1）与高结构化和设计规范的任务相比，当任务不明或压力过大时，指示型领导会带来更高的满意度；

（2）当下属从事结构化任务时，支持型领导会导致高工作绩效和满意度；

（3）对于高智商或经验丰富的下属来说，指示型领导可能被视为多余；

（4）组织中的正式职权关系越明确、越官僚化，领导者越应增加支持型领导行为，减少指示型行为；

（5）当工作群体内部存在实质的冲突时，指示型领导者会带来更高的员工满意度；

（6）内控型下属对参与型领导风格更满意；

（7）外控型下属对指示型领导风格更满意；

（8）当任务结构不明时，成就型领导风格将会提高下属的预期水平，使他们相信通过努力可以提高绩效水平。

（四）权变领导理论的启示

从费德勒的权变模型、情境领导理论到目标—路径理论，我们可以发现以下规律：

（1）这些理论都继承了俄亥俄州立大学的领导行为理论，以关注下属和关注工作为两个基本维度，这也确定了领导者思考问题必须依据的维度。

（2）在以上两个基本维度的基础上，各种理论都考虑了不同的权变因素，因而也具有了自己的理论特色。费德勒权变理论确定了领导者和成员关系、任务结构、职务权力这三项权变因素；情境领导理论强调下属的成熟度；豪斯的目标—路径理论则强调下属的权变因素和环境的权变因素。综合起来，这些理论的权变因素都是领导者所要考虑的，其关键是在具体环境中哪些权变因素是主要的，哪些权变因素是次要的。

（3）与费德勒认为"某位领导者的风格是确定而无法改变的"不同，其他理论均认为领导者可以改变自己的领导风格，一般都能够表现出几种风格，能够适应不同的环境和下属，从而保证领导行为的有效性。

我们认为，领导者应该关注下属和工作两个方面，正确组合领导者行为的权变因素、情境的权变因素、下属的权变因素。只有这样，才能既提高工作效率，又提高下属的满意度，并改造领导者所处的情境，使其向领导者的"远景"发展，从而提高领导绩效。

第三节 领导理论的新发展

最近20年来，不同专业的学者从不同角度研究领导问题，提出了许多新理论，大大加深了人们对领导过程的理解。其中，比较著名的有LMX模型和变革型领导理论等。

一、LMX模型

乔治·格雷恩（George Graen）等从领导者与每位下属的人际关系出发研究领导，提出了领导者—成员交换（Leader-Member Exchange，LMX）模型。该模型认为，领导者和不同下属的个人关系有所差异，那些和领导者关系密切的下属被称作圈内人员，其他人则属于圈外人员。

如图5-9所示，圈内下属会比圈外下属得到更多的信息、注意、信任、关心、支持以及晋升机会。作为交换，圈内下属将会对领导者忠心耿耿，支持领导者的决策，工作也更加卖力，因此绩效和满意度也会比圈外下属高。相反，领导者与圈外下属的关系仅限于正式工作关系，双方沟通较少。同时，领导者可能会认为圈外下属的能力和动机都比圈内下属差。

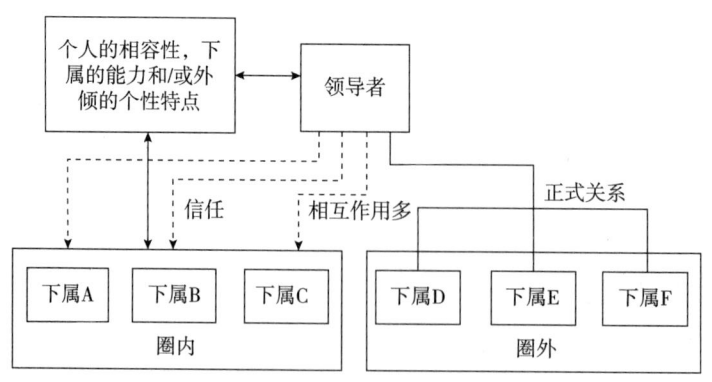

图5-9 LMX模型

研究表明，领导者一般早在和某位下属交往之初就将其区分为圈内或圈外。至于为什么有人成为圈内下属，有人则成为圈外下属，目前尚不完全清楚。根据观察，在年龄、性别、态度、观点等方面与领导者的相似性，以及具备某些才能、人格特征和社会背景等，是决定某位下属能否进入圈内的主要因素。当然，圈内、圈外的下属是可以相互流动的。

LMX 模型认为，高质量的领导者—成员交换将导致员工流动率低、绩效评估好、晋升频率高、组织承诺高、事业发展快、工作态度佳等良好结果。因此，开发与每位下属高质量的交换关系将有助于群体与组织绩效的提高。这意味着，应当努力让所有下属都觉得自己是圈内人员。完全做到这一点很难，但应当尽最大努力。

二、变革型领导

美国政治社会学家詹姆斯·麦格雷戈·伯恩斯（James MacGregor Burns）在 20 世纪 80 年代《领袖论》一书中提出领导有两类：交换型领导和变革型领导。所谓交换型领导，是指领导者与下属之间的关系是一种现实的契约行为，目的在于交换特定有价值的事物。领导者与追随者之间的交换关系是不少领导理论研究的核心，如目标—路径理论、LMX 模型。所谓变革型领导，是指领导者通过改变下属的动机与价值观（如提升需要层次、超越自我兴趣等）来促进绩效的提高和整个组织的变革。毫无疑问，变革型领导对下属的影响比交换型领导要大得多。

交换型领导主要包括以下两个维度：

1. 随机报酬

随机报酬（contingent reward）是指领导者根据努力状况和绩效水平奖惩下属。

2. 例外管理

例外管理（management by exception）是指领导者仅在下属工作出现失误的情况下才进行干预。例外管理有主动与被动之分。主动例外管理是指领导者仔细观察和寻找下属的错误与偏差，并及时采取纠正措施。被动例外管理是指领导者只在被告知下属违反了规则、没有完成预定任务后，才出面惩处。

与交换型领导不同，变革型领导向追随者传播对未来的憧憬，使追随者接受更高的理想和动机。他们努力改变现有的结构，要求追随者接受全新的憧憬和可能性。追随者信任、仰慕和尊重变革型领导者。变革型领导者的特质包括领导魅力、感召力、智力激发和个性化关怀等方面。

（1）领导魅力是指能使他人产生信任、崇拜和跟随的一些行为。它包括领导者成为下属行为的典范，得到下属的认同、尊重和信任。

（2）感召力是指领导者向下属表达对他们的高期望值，激励他们加入团队，并成为团队中共享梦想的一员。

（3）智能激发是指鼓励下属创新，挑战自我，包括向下属灌输新观念，启发下属发表新见解，鼓励下属用新手段、新方法解决工作中遇到的问题。

（4）个性化关怀是指关心每一个下属，重视个人需要、能力和愿望，耐心细致地倾听，以及根据每一个下属的不同情况和需要有区别地培养和指导每一个下属。

思考题

1. 什么是领导？阐述领导的基本要素。
2. 什么是领导者？领导者的类型有哪些？
3. 阐述权力与权威之间的关系。
4. 何谓追随者？追随者与领导者有何关系？
5. 谈谈领导特征理论的主要类型、内容，以及理论评价。
6. 领导行为理论的主要内容是什么？阐述各主要理论模型及其在管理实践中的意义。
7. 领导权变理论的主要观点是什么？阐述各主要理论模型，如何在实践中运用。
8. 讨论领导理论的新发展有哪些。

第六章　组织理论与组织设计

本章要点

- 掌握组织的概念以及组织与环境的关系；
- 了解组织设计影响变量以及组织设计的原则；
- 掌握组织结构的类型以及各自的优缺点和适用范围；
- 掌握组织选择的影响因素；
- 了解组织控制的过程及类型。

阿里巴巴近四年的架构调整：

2015 年，建设整合阿里巴巴产品技术和数据能力的强大中台，进而形成"大中台，小前台"的组织和业务体制，成立阿里巴巴集团中台事业群，张建锋担任总裁。

2016 年，张勇整合了天猫与聚划算，推出"三纵两横"架构（三纵为服饰、家电、快消；两横为针对天猫商家的营销平台和运营中心）。

2017 年，推出五新战略（新零售、新制造、新金融、新技术、新能源），并明确了五新战略的三驾马车（基础设施落地、战略思维输出、生态圈投资拉动），其中新零售为五新战略的核心。

2018 年 11 月 26 日，阿里巴巴公布了一年一次的组织架构调整。阿里巴巴 CEO 张勇发布公开信，宣布阿里巴巴最新一次组织升级：阿里巴巴云升级为阿里巴巴云智能；天猫升级为"大天猫"，形成天猫事业群、天猫超市事业群、天猫进出口事业部三大板块；加强技术、智能互联网的投入和建设。

阿里巴巴每一次组织结构的升级，实质都是与阿里巴巴整体战略升级相应的自我变革。正如张勇在公开信开头所说的："数字经济时代正扑面而来，社会经济、生活的方方面面正在发生巨大的变化。我们不仅要积极拥抱变化，而且要主动创造变化，这样才能引领时代的脚步，成为新时代的'造风者'！"

从阿里巴巴这四次组织结构调整过程中我们可以得出结论：如果将组织看作是具有特定功能的一架机器，各个部门就是组成机器的各种零部件，组织结构就是这台机器的构造。合理的组织结构是组织高效运行的基础。

资料来源：https://www.iyiou.com/p/86248.html.

第一节　组织的基本概念

一、组织的含义

什么是组织？这个问题的答案似乎非常简单，"华为技术有限公司"是个组织，国务院是个组织，大学也是个组织。这样的例子人人都能说出许多，但这并没有说明组织的确切含义。那么我们就有必要从不同理论学派来考察组织的内涵。

（一）结构论

结构论是古典管理学派提出的："组织是为了达到某些特定目标，经由分工与合作及不同层次的权力和责任制度，而构成的人的集合。"这种定义更适用于组织初创期。这个含义具有以下三层意思：

第一，组织必须具有目标。因为任何组织都是为目标而存在的，不论这种目标是明确的，还是隐含的，目标是组织存在的前提。比如，"华为"的愿景和使命是构建万物互联的智能世界；大学的目标是为了培养高级人才。

第二，如果没有分工与合作，也不能称其为组织。分工与合作关系是由组织目标限定的。企业为了达到经营目标，要有采购、生产、销售、财务和人事等许多部门。这是一种分工，每个部门都专门从事一种特定的工作，各个部门又要相互配合。只有把分工与合作结合起来才能产生较高的集团效率。

第三，组织要有不同层次的权力与责任制度。这是由于分工之后，就要赋予每个部门乃至每个人相应的权力和责任，以便于实现组织的目标。若想完成任何一种工作，都需要具有完成该项工作所必需的权力，这是不言而喻的，同时又必须让其负有相应的责任。仅有权力而无责任，可能导致滥用权力，而不利于组织目标的实现。权力和责任是实现组织目标的必要保证。

（二）行为论

行为论是社会系统学派的巴纳德提出的："组织是两人或两人以上有意识加以协调的活动或效力系统。"这里强调的是组织成员的协调和协作，更适用于组织的运行分析。

（三）系统论

系统论是由系统学派提出的："组织是开放的社会系统，具有许多相互影响、共同工作的子系统，当一个子系统发生变化时，必然影响其他子系统和整个系统的工作。"这种定义把组织内的部门和成员看成是有机联系、互相作用的子系统。从作用上分，可以包括传感子系统、信息子系统、决策子系统、加工子系统等；从组织上分，可以包括个人子系统、群体子系统、士气子系统、组织结构子系统、目标子系统、相互关系子系统、权威子系统等。系统论更适合于组织变革时使用。

通过上述分析，我们明确组织（organization）是由一些功能相关的群体组成的有共同明确目标的人群集合体。工厂、商店、社会团体、学校、医院、军队等都是组织。这些组织都具有三个共同的特征：明确的目的、精细的结构和人员。首先，每个组织都有一个明确的目的，通常以一个目标或者一组目标来表述，它反映了组织希望达到的状态，指明了组织决策和活动的方向；其次，每一个组织都由人员组成，并且借助组织中的人员来实现组织目标；最后，所有的组织都发展出经过精心设计的结构，以便其中的人员能够明确工作关系，有序开展工作。

二、组织中的四大要素

现代组织必备的四大要素为人、财、物和信息。组织的各项活动往往是在一定的时间与空间内将四大要素进行配合的过程。

（一）人

人，又称人力资源（尤其是其中的人才资源），是四大要素中最主要的要素。其他三种要素可以相互替代、转换，也可能降低一些人的作用，但不可能完全取代人的作用；反之，在许多情况下，人可以替代、转换其他要素。严格来说，所有的财、物、信息都是人创造出来的。越来越多的组织把人才看作自己最重要的资产。

（二）财

财，又称资金，一直是企业中占据重要地位的要素，是推动各项活动的重要动力。

（三）物

物，又称物资，主要指土地、厂房、商场、机器、设备、原材料等。在一般情况下，物和财可以根据市场供需情况互换。在绝大多数情况下，财要部分换成物才能进入组织活动。

（四）信息

信息，又称资讯。虽然信息一直参与组织的各项活动，但在以前，信息较少受到重视。随着科学技术的进步、人类社会的发展，信息在企业中的作用越来越大，有时一条有用的信息可以使企业迅速盈利。

第二节　组织结构的设计

每个组织都有其存在的目标和围绕目标而直接或间接派生出来的许多工作任务。组织结构（organizational structure）是对工作任务进行正式分解、组合和协调的方式。管理者在设计组织结构时必须考虑影响组织结构的关键因素。

组织结构的定义包括三方面的关键因素：

（1）组织结构决定了组织中的正式报告关系，包括职权层级的数目和主管人员的管理幅度；

（2）组织结构确定了将个体组合成部门、部门再结合成整个组织的方式；

（3）组织结构包含了能够确保部门之间沟通、协作和力量整合的制度设计。

一、影响组织结构设计的变量

影响组织结构设计的变量很多，达夫特（R. L. Draft）将这些变量划分为两大类：结构变量和情境变量，共11项指标。

（一）结构变量

结构变量（structure dimensions）是描述组织内部特征的重要标尺。管理者在设计组织结构时需要考虑六个关键因素：工作专门化、部门化、命令链、管理幅度、集权与分权、正规化。

1. 工作专门化

工作专门化（work specialization）也称劳动分工，用来描述把组织中的工作任务进一步划分成独立工作单元的程度。工作专门化的实质是将单个人无法有效完成的整个工作分解为若干步骤或部分，每人负责完成工作活动中的一个步骤或一小块。

20世纪50年代，工作专门化被看作是提高生产效率的不竭源泉。俗话说"熟能生巧"，工作的不断重复可以提高员工完成任务的技能水平，减少变动工作任务所需的时间。细化的和高度重复的任务分工也使得培训更加有效（培训更加容易，成本也更低）。高度的工作专门化还可以催生特殊的发明和设备改进，从而提高工作效果和效率。比如，很多制造企业采用以员工的名字来为其发明命名等激励措施，鼓励员工在细分的工作环节中进行发明创造。但是，物极必反，过度的专门化会导致"不经济"因素的出现，比如员工的厌烦情绪、疲劳感、压力感、高缺勤率、高流动率、低质量、低生产率等。

当今，工作专门化虽然已经不再被认为是提高生产力的不竭源泉，但依然没有过时。在制造业、加盟连锁等某些类型的企业中，工作专门化依然发挥着十分重要的作用。当然，如果出现过度专门化，管理者还可以通过丰富员工的工作内容、增加工作轮换机会等方式来提高员工的工作满意度和生产率。

2. 部门化

部门化（departmentalization）是对工作单元进行合并和协调的基础。部门化常利用职能来进行相同工作单元的合并组合，比如财务部、人力资源部、营销部、生产部等。职能部门因把专业技术、研究方向接近的同类专业人员集中在一起工作而提高了工作效率，实现了规模经济。

部门化的划分方法有依据产品类型进行划分的部门化、依据地域进行划分的部门化和依据客户类型划分的部门化。产品类型划分法的主要优势在于一人指挥所有与该产品相关的活动，可以提高产品绩效的责任制；地域划分法的价值体现在当客户在地域上分布较广且每个区域中的员工都有类似需求时，围绕区域形成一个部门可以提高销售工作的效率；客户划分法建立在如下假设的基础上，即每个部门中的客户存在共同的问题和要求，因此，组织可以通过配置相关方面的专家最大限度地满足顾客的需要。大型组织的部门化工作可以综合运用以上各种方法。在过去十年里，稳固的、职能化的部门划分不断被跨越传统部门界限的工作团队取代。

3. 命令链

命令链（chain of command）是一条从组织最高层贯穿到组织最低层的职权线路，它明确指出谁要向谁汇报工作。命令链回答了员工提出的"当我有问题时，我应找谁？""我需要向谁负责？"等问题。

职权（authority）是指在管理岗位中固有的发布命令的权力，并且人们预期这种命令会被遵从和执行。为完成各自的工作职责，每个管理者都被赋予了一定的职权。

统一指挥（unity of command）是指下属应该由一名主管并且是唯一的主管直接负责。统一指挥原则有助于避免多头领导造成的下属接收到的命令冲突，从而保持职权链条的连续性和完整性。

目前，随着信息技术的发展，交叉功能团队、自我管理团队、项目管理等新型组织设计思想的盛行使得统一指挥的原则在组织效率提升的同时受到冲击。信息传播渠道的多样化和非正规渠道的发达使得管理者的职权大大削弱。

4. 管理幅度

管理幅度（span of control）是指管理者直接控制的下属的人数。管理幅度非常重要，因为它在很大程度上决定了一个组织要设置的层级和配备的管理者的人数。

管理幅度与管理层级成反比，管理幅度越宽，管理层级越少；反之，管理幅度越窄，管理层级越多（见图6-1）。管理跨度窄，组织有足够的管理人员为下属提供必要的领导和支持；管理跨度宽，则可以因为管理者人数的减少而降低管理成本，提高组织效率。

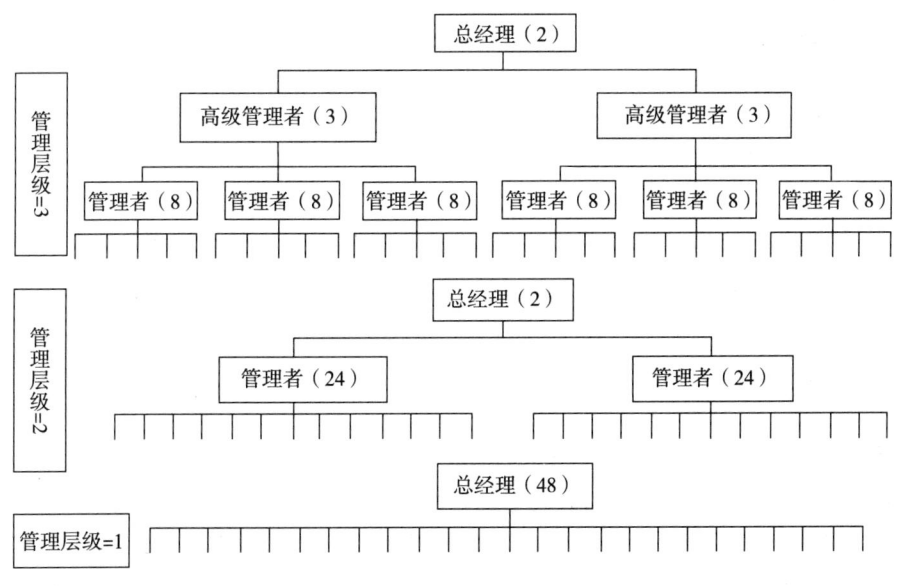

图6-1 管理幅度与管理层级

但是，如果管理幅度过窄，则会存在以下问题：管理层级增加导致管理成本上升；管理层级增加会降低垂直沟通的速度和准确性，并使高级管理人员处于隔离状态；管理者对下属监督过严，从而妨碍下属工作的自主性。

并非所有加宽管理幅度的做法都可以降低管理成本，管理幅度的宽窄取决于管理者的管理能力、下属的成熟度以及组织在培训方面的支出。如果管理者的管理能力较强，下属成熟度高，那么加宽管理幅度可以达到降低管理成本的目的。或者组织在加宽管理幅度的同时给管理者和员工提供有针对性的培训，那么，由管理幅度加宽引发的消极影响就可以大大降低。

5. 集权与分权

集权（centralization）是指组织决策权集中于一点的程度。分权（decentralization）是指决策权分散在多个管理层级或主体之间的程度。如果组织的高层管理者在决策时不考虑或者很少考虑下级管理者的意见，这个组织的集权化程度就比较高；相反，如果底层管理者也可以参与决策过程，并且拥有一定的决策自主权，这个组织的分权化程度就较高。集权化程度高的组织决策速度较快，但决策风险较高；分权化程度高的组织拥有更加灵活和敏捷的管理方式，虽然决策速度较慢，但决策风险较低，并且员工的满意度更高。

6. 正规化

正规化（formalization）是指在组织内部工作实现标准化的程度。在正规化程度高的组织中，有明确的工作说明书、大量的规章制度和关于工作流程的详细规定，从事该工作的人对于工作内容、工作时间、工作方式的自主性很低。在正规化程度低的组织中，员工对自己工作的处理权限相对较宽。

不同的组织以及组织内部的不同部门之间，工作的正规化程度差别很大。比如，高校作为一个组织，教师只需要每年完成规定的教学和科研任务量就可以了，其他的时间可以自由支配。然而，行政部门的工作人员则需要按照规定时间上下班，并且工作期间需要完成部门规定的各项任务。

（二）情境变量

组织可以视为一个开放的系统，在技术、环境、结构、文化等情境下，将输入的资源（比如人、财、物、信息等）通过组织的行为和过程转化为特定的输出结果（如产品、服务、思想等）（见图6-2）。

组织结构服务于组织系统的有效性，因此，管理者在设计组织结构的时候，对系统的情境变量必须加以认真考虑。情境变量（contextual dimensions）用以描述影响和决定组织结构变量的组织背景，包括组织规模、环境、技术、目标与战略、组织文化等。

➤ 组织规模是指以组织中的员工人数来反映组织的大小。组织规模影响到几乎所有的结构变量。

➤ 环境包括组织边界之外的所有因素。环境因素主要包括产业、政府、顾客、供应商和金融机构等，其中组织外部的其他组织是环境中对其影响力最大的因素。

➤ 技术是指组织将输入转化为输出所使用的工具、设备和技术方法等。

➤ 目标与战略决定了一个组织区别于其他组织的目的和竞争性技巧。它规定了组织经营的范围，预算时优先考虑的部门、计划和功能，以及与利益相关者之间的关系。

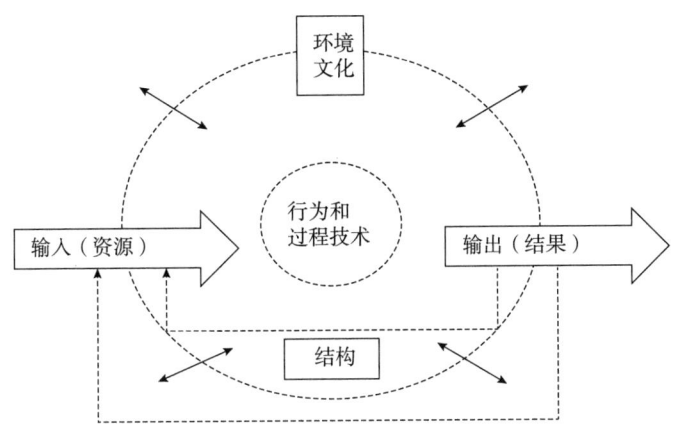

图 6-2 开放系统的组织

注：圆形虚线表示系统的边界，直虚线表示反馈回路。

➤ 组织文化是隐藏在组织中的由员工共享的一套核心价值观、信念、认知和规范等。文化涉及下列规范和相关认识：组织的性质和身份、工作方式、变革的价值与可能性、上下级之间的关系、环境性质等。

以下我们着重论述组织环境和组织技术对企业生存与发展的重要影响。

1. 组织环境

组织环境（organizational environment）是可能影响组织运行的外部因素。组织环境是制定组织战略、设计组织结构的基础。下面分别讨论组织环境的类型和特征。

（1）环境的类型。组织的外部环境可分为一般环境和具体环境两类。一般环境是指所有可能间接影响组织运作的外部因素。包括：经济条件，如通货膨胀；政府，如法律、政策；社会文化，如教育、学校；技术，如新发明、互联网络；资金供应，如证券市场等。具体环境是所有可能直接影响组织实现目标能力的、与组织直接互动的外部因素。

（2）环境的特征。可以从两方面描述一个组织所面对的外部环境的特征。复杂性是指影响组织运行的外部因素的多少，如果多则复杂，反之则简单。稳定性是指影响组织运行的外部因素在某一时期内的变化情况。如果无大变化，则环境稳定；反之，则环境不稳定。

2. 组织技术

组织技术（organizational technology）是指将组织的输入转换成输出的机器、工具、工艺和流程等。应当认真研究组织的技术状况对组织的运作与绩效的影响。

（1）总体技术。总体技术亦称组织水平技术，包括制造技术与服务技术两种。下面以比较典型的制造技术为例进行说明。

1）传统制造技术。英国工业社会学家琼·伍德沃德（Joan Woodward）在 20 世纪 50 年代曾根据对 100 家制造企业的调查和制造过程的复杂程度，把企业所用技术分成三大类十种（见图 6-3）。

第一大类是单件小批量生产。组织为了满足配备的特殊需要通常根据少量订单加工生产。加工过程依赖操作者个人技艺，机械化水平低。

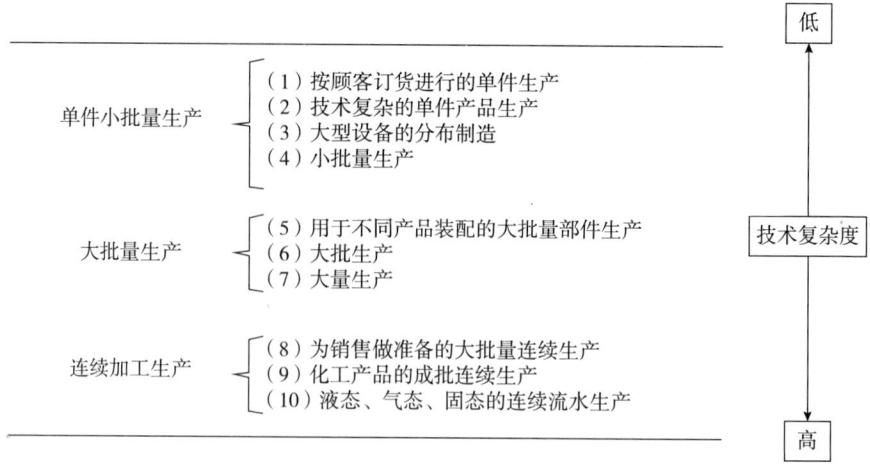

图 6-3 传统制造技术分类

第二大类是大批量生产。制造过程的特点是产品标准化、机械化水平高。

第三大类是连续加工生产。生产过程的特点是机械化、连续性都很高。

2）计算机集成制造技术。伍德沃德的研究结果发表以来，出现了很多新的制造技术，如机器人、数控机床、计算机辅助设计（CAD）、计算机辅助制造（CAM）、工程分析、机器遥控技术等。计算机集成制造（CIM）系统是将机器人、机器设备、产品、设计、工程分析等用计算机连成一体。CIM 是 CAD、CAM 和办公自动化等技术的有机结合，它使工厂能够大批量生产满足特定顾客特殊需要的产品，因而大大提高了顾客服务水平与生产效率。

计算机辅助设计（CAD）。计算机被用以辅助新部件的绘图、设计和工艺加工。

计算机辅助制造（CAM）。在原材料加工、构造、生产及装配等方面，计算机控制的机器能够使生产大幅度加速。CAM 也可以通过改变计算机软件和键盘指令使生产线由一种产品的生产很快转换为另一种产品的生产。CAM 还可以通过改变产品设计和组合使生产线很快满足顾客的需要。

管理自动化。会计电算化、存货控制账单以及跟踪系统允许管理者使用计算机监督和控制制造过程。

CIM 与传统技术的关系如图 6-4 所示。考察生产灵活性和批量规模两个维度，两者都是从小批量定制化产品开端，但传统技术选择降低产品灵活性的路径，实现批量标准化产品的连续生产。计算机集成制造坚持产品定制化道路，实现了柔性制造和大规模定制化的新方向。

（2）部门技术。美国管理学家查尔斯·佩罗（Charles Perrow）曾根据任务可变性和工作活动的可分析性，把部门技术分成四类（见图 6-5）。任务可变性（task variety）是指例外事件发生的频率；可分析性（analyzability）是指工作是否容易分解为若干程序或步骤。这四种技术具体如下：

1）例行性技术。例行性技术（routine technologies）的特点是变化性小，可以标准化、正规化，有客观的、可分解的工作程序。

2）技艺性技术。技艺性技术（technologies）的特点是工作流程相当稳定，但难以分解，任务完成要求员工受过相当的培训和有一定的经验。

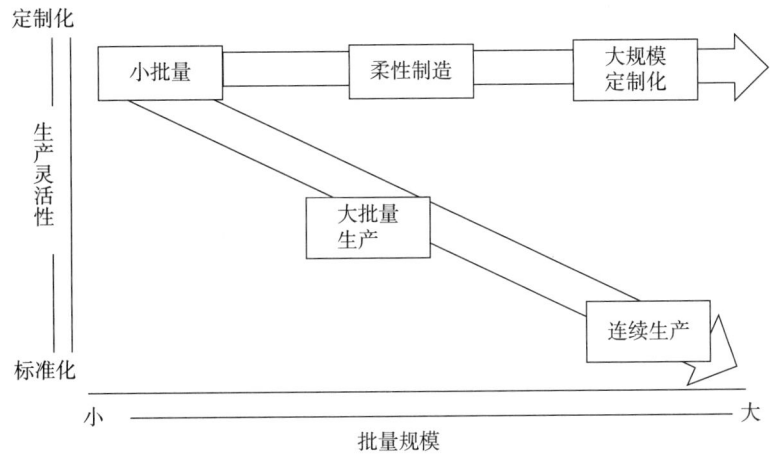

图 6-4　CIM 与传统技术的关系

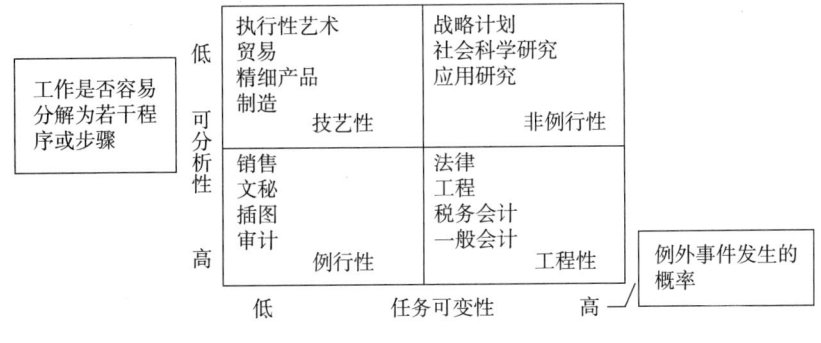

图 6-5　部门技术分类

3）工程性技术。工程性技术（engineering technologies）的特点是任务复杂多样，但可以分解为一定阶段，每一阶段可用一定的程序、技术去完成。

4）非例行性技术。非例行性技术（monrouine technologies）的特点是任务可变性很高，又无法分解为若干步骤。具有一定的应变能力与多年经验的人才能胜任此项工作。

二、组织设计的原则

（一）传统的组织设计原则

"你就照这指示去办，出了事，我负责。"上级对下级严肃地说。这是传统的组织设计的典型表现。泰勒的科学管理学说是传统组织设计的理论基础，主要强调下级服从上级、以工作和物为中心。传统的组织设计的基本原则包括：

（1）统一指挥，要求每个人只由一位上级来指挥。

（2）等级明确，明文规定并公布组织的等级结构，从组织的最高层至最低层，权力和责任沿直线垂直分布。

(3) 责权明确，每个人的权力与责任相匹配，每个人都明确知道自己该做什么，遇到何种情况应向上级汇报，该如何评价下级的工作。

(4) 管理幅度适当，既不要太大，也不要太小。

(5) 专业分工明确，每个群体和每个管理者都按一定的专业进行分工。专业的类型有任务型、职能型、产品型、过程型、客户型、地区型等。

传统的组织设计的优点主要是指挥迅速、分工明确，并可以减少矛盾，但是，这种设计的缺点也很明显：缺乏灵活性、信息反馈较差、广大员工的积极性较差。

（二）行为分析的组织设计

"大家来出出主意，看看如何来解决这个问题。"上级对下级和蔼地说。这是行为分析的组织设计的典型表现。现代心理学是行为分析的组织设计的理论基础，主要强调重视人的心理活动和人际关系、以人为中心。行为分析的组织设计的基本原则包括：

(1) 充分发挥人的主导作用。组织的规章制度促使员工发挥聪明才智，尽量发挥每一个人的潜能，使工作做得好上加好。

(2) 量才录用、因事择人。给能力强的人以权力，给绩效高的人以奖励，重视树立正确的价值观。让适当的人担任适当的工作。

(3) 尽量考虑员工的兴趣爱好。在建立组织结构或分配工作时，充分考虑员工的兴趣爱好，一旦工作与兴趣爱好相结合，工作效率就会明显提高。

(4) 管理幅度因人而异。一般根据每个人的能力来规定管理幅度，使每个人的才能得到充分发挥。

(5) 重视员工的心理需求。轮换工作，工作扩大化，工作丰富化，重视和利用非正式群体，以信息沟通取代监督命令，精神鼓励与物质奖励并重。尽可能提高员工的工作生活质量。

行为分析的组织设计优点主要有：上下级互相信任程度较高；员工心情舒畅且积极性较高，组织凝聚力较强；信息沟通畅通，信息较正确；决策权相对分散，决策正确性较高。

行为分析的组织设计缺点在于：对员工的心理素质要求较高，许多企业可能做不到；决策速度较慢；可能会出现某些工作无人负责的现象。

（三）组织设计的基本趋势

现代组织设计的趋势以权变观点为理论基础，强调根据内外环境的变化及时地进行组织结构调整，充分吸收各种组织设计方法的长处，结合本企业的特点来进行组织设计。

1. 小型化

小型化是指企业内的各种群体被分成几个相对独立的"小企业"。它有以下优点：

(1) 加强凝聚力；

(2) 适应市场变化的能力较强；

(3) 有利于吸收新技术、新工艺、新知识；

(4) 有利于快速而正确地做出决策；

(5) 能够增强更多员工的责任感。

2. 扁平化

扁平化是指企业内的组织结构尽可能减少中间层级，使原来十多层的组织结构变为五六层，甚至三四层。它有以下优点：

（1）提高工作效率；

（2）使责、权、利相匹配；

（3）信息反馈迅速。

3. 任务型群体化

任务型群体化是指企业内的群体中有越来越多的群体围绕任务而建立。它有以下优点：

（1）能适应市场的快速变化；

（2）集中优势力量解决难题；

（3）人际矛盾与冲突较少；

（4）管理富有弹性。

第三节　组织结构类型

一、常用的组织结构形式

（一）直线职能结构

这种组织结构是当前国内各类组织中最常采用的一种结构，无论是机关、学校、企业还是医院，这种结构随处可见（见图 6-6）。

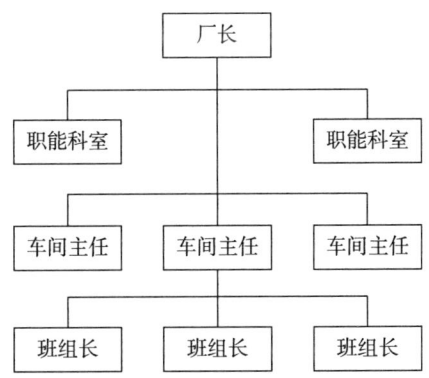

图 6-6　直线职能结构示意图

由此可以看出，这种组织结构是按照一定的职能专业分工，各级都建立职能机构担负计划、生产、人事、市场、财务等方面的管理工作，各级领导都有相应的职能机构作为助手，从而发挥了职能机构的专业管理作用。整个系统中，管理人员分为两类：一类是直线指挥人员，相当于军队中的各级军官，他们可以对下级发号施令；另一类是职能人员，相当于军队中的参谋、后勤人员，他们只能对下级机构进行业务指导，而不能直接对下级发号施令，除非上级直线人员授予他们某种权力。这种划分保证了统一的生产指挥和管理。另外，这种结构导致权力高度集中，凡不能在一个部门范围内做决定的问题，最后必须由总经理做出。

直线职能结构之所以被广泛地采用，是由于它具有许多优点。这种结构分工细密，任务明确，且各个部门的职责具有明显的界限。各职能部门仅对自己应做的工作负有责任，可以专心从事这方面的工作，因此有较高的效率。这种结构的稳定性较高，在外部环境变化不大的情况下，易于发挥组织的集团效率。其不利方面是缺乏信息交流，各部门缺乏全局观点，不同的职能机构之间、职能人员与指挥人员之间目标不易统一，矛盾较多，最高领导者的协调工作量大。这种结构还不易于从企业内部培养熟悉全面情况的管理人才。此外，这种结构使整个组织系统刚性较大，分工很细，手续繁杂，反应较慢，不易迅速适应新的情况。

尽管直线职能结构有一些缺点，但同其他种类型的组织结构相比，还是一种比较好的组织形式。目前我国很多企业采用此类结构形式。但它不适宜多品种生产和规模很大的企业，也不适宜创新性的工作。

（二）事业部结构

事业部结构是欧美国家、日本、中国各大企业所采用的典型组织形态。所谓事业部结构，就是一个企业内对于具有独立的产品和市场、独立的责任和利益的部门实行分权管理的一种组织形态。这样的部门就是事业部门，它必须具备三个要素：第一，具有独立的产品和市场，是产品责任或市场责任单位；第二，具有独立的利益，实行独立核算，是一个利润中心；第三，是一个分权单位，具有足够的权力，能自主经营（见图6-7）。

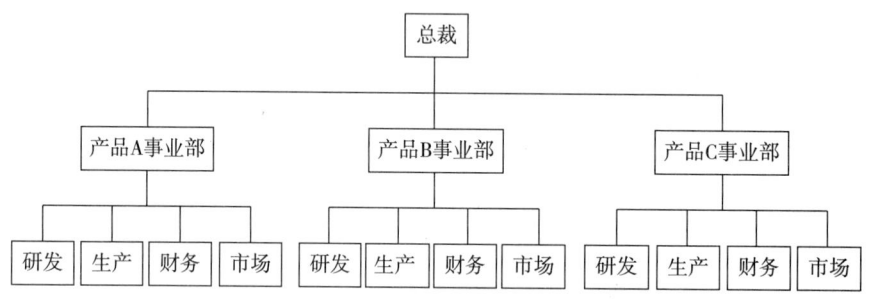

图6-7 事业部结构示意图

采用事业部的组织是把政策制定与行政管理分开，政策管制集权化，业务营运分权化。企业的最高管理层是企业的最高决策管理机构，以实行长期计划为最大的任务，集中力量来研究和制定公司的总目标、总方针、总计划以及各项政策。事业部的经营活动只要在不违背总目标、总方针、总计划和各项政策的前提下，完全由事业部自行处理，因而事业部成为日常经营活动决策的中心，是完全自主的经营单位，可以充分发挥自己的主观能动性。

为了使企业保持完整性，为了使高层领导不致"大权旁落"，保证事业部不至于"各行其是""群雄割据"，最高管理者必须保持三方面的决策权：

第一，事业发展的决策权。整个企业采用什么技术，打入什么市场，搞什么产业，开辟什么新事业，放弃什么事业等经营方针，以及价格政策、竞争策略等基本原则的决策权要留在总部。

第二，有关资金分配的决策权。资金的供应以及资金分配必须由企业高层管理控制，而不能交给事业部处理。

第三，人事安排权。事业部组织下的人员，尤其是干部和专业人员都是整个公司的资源。公司的用人政策、各事业部重要的人事安排应由总部高层决策。为了发挥事业部结构的优点，应当避免由最高管理机关的成员兼任各事业部经理，因为这样做的结果是既没有最高的决策，又没有分散的经营。采用事业部结构的组织，直线和职能的关系比较清楚。公司职能部门的主要任务是对最高管理层和各事业部门做有效的建议、劝告与服务，它不是事业部那样独立的利益责任单位，因此它只起参谋咨询作用。

事业部结构具有许多显著的优点。它能使最高管理部门摆脱日常行政事务，成为坚强有力的决策机构，并使各个事业部发挥经营管理的主动性，而高层领导不会忙于日常工作的协调、监督等较低层的管理工作。这种结构既有较高的稳定性，又有较高的适应性。这种结构还是培养管理人才的最好组织形式之一。分权化的事业部经理与一家独立公司的高层所面对的问题几乎是一样的，他应考虑市场、人力、技术，考虑今天和明天，所不同的只是不必负责战略性决策。所以事业部制在培养和考验着明天的领导人才。此外，事业部结构扩大了有效控制的跨度，使上级领导直接控制下层单位的数目增加。

事业部结构也有其相对不足的地方。比如，对事业部一级的管理人员水平要求较高。每个事业部都相当于一个单独的企业，事业部经理要熟悉全面业务和管理知识才能胜任工作。另外，集权与分权关系比较敏感，一旦处理不当，可能削弱整个组织的协调一致性。而且，各事业部皆有完备的职能部门，管理人员增多，管理成本较高。需要提及的是，当企业的规模比较小时，是不宜采用此种组织形式的，仅当企业规模比较大，经营的多元化程度较高，而且其下层单位够得上成为一个"完整的企业机构"时才宜采用，即下层单位除了要有自己的设计制造外，还要有自己的市场、自己的销售，并能自己选择进货，这样才能组成事业部门。

（三）矩阵结构

矩阵结构是从专门从事某项工作的工作小组形式发展而来的一种组织结构。所谓工作小组，一般是由一群不同背景、不同技能、不同知识、分别选自不同部门的人员所组成的，通常人数不多。组成工作小组后，大家为某个特定的任务而共同工作。最典型的例子是电影制片厂的摄制组或工厂的技术革新小组。

工作小组的结构特点是根据任务的需求把各种人才集合起来，任务完成后，小组就解散。在某一小组内，人员也不固定，需要谁，谁就来，任务完成后就可以离开。所以一个人可以同时参加几个工作小组。例如，一个演员可以同时参加几个摄制组。工作小组的优点是适应性强，机动灵活，富有组织弹性，容易接受新观念新方法；各个成员像一个球队的运动员一样，都了解整个小组的任务和问题，责任感强。

其缺点是缺乏稳定性，在规模上有很大的局限性。工作小组适用于需要不同专长的人在一起才能完成的工作以及具有许多事先不能确定的复杂因素的工作。如果一个企业中同时组织几个工作小组，而且这种工作小组的形式长期存在，结果就会出现一种新的组织结构——矩阵结构，又叫规划—目标结构。

1. 二维矩阵结构

二维矩阵式结构是第二次世界大战后在美国首先出现的，它是为了适应在一个组织内同时有几个项目需要完成，每个项目又需要具有不同专长的人在一起工作才能完成这一特殊的要求。仍以企业为例，其具体结构如图6-8所示。由图6-8可以看出，一个企业可能有几个项目，每一个项目都由项目负责人在总经理的直接领导下专门负责。根据项目的特殊需要，从各个职能部门和车间抽调若干人组成各个项目小组。

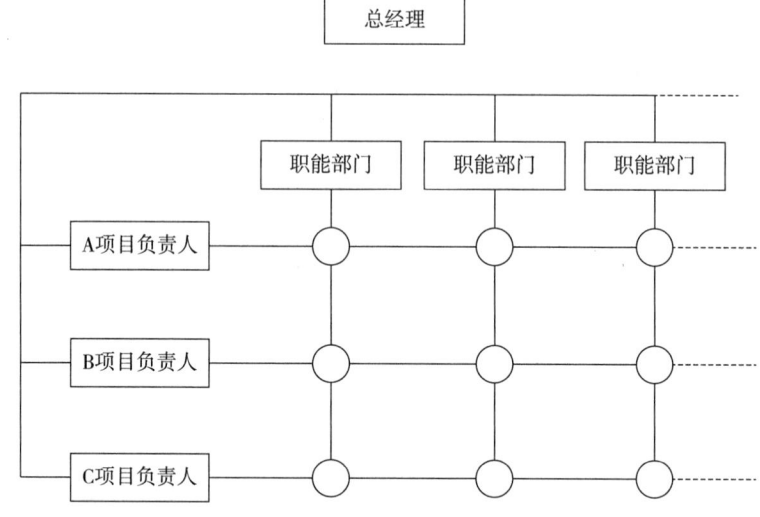

图6-8 二维矩阵结构示意图

由于矩阵结构是按项目进行组织的，所以它加强了不同部门之间的配合和信息交流，克服了直线职能结构中各部门信息封闭、互相脱节的现象。它同样具有工作小组那种机动灵活性，可随项目的开始与结束进行组织或给予解散。一个人还可以同时参加几个项目小组，这就大大提高了人员的利用率。此外，由于职能人员直接参与项目，而且在重要决策问题上有发言权，因此增加了他们的责任感，激发了工作热情。

矩阵结构最主要的缺点是项目负责人的责任大于权力。因为参加项目的每个人都来自不同的部门，一般隶属关系仍在原部门，而仅仅是临时参加该项目。所以项目负责人对他们工作的好坏，没有足够的激励手段与惩治手段，这些权力依然在原部门领导人手中。另外，矩阵结构造成双重指挥也是一大缺陷，项目负责人和原部门负责人都对参加该项目的人有指挥权。所以，项目负责人必须与各个部门负责人有效配合，才能顺利地进行工作。

矩阵结构适用于产品品种多且变化大的组织，特别适用于以开发与实验项目为主的单位，如应用研究单位等。

2. 三维矩阵结构

目前已经有人根据矩阵结构的特点，发展了一种三维矩阵组织结构。由图 6-9 可以看出，这个组织结构由三方面构成，有专业职能部门、按产品划分的产品事业部门以及按区域划分的各地区管理机构。这三方面结合在一起，共同研究某种产品的开发、生产和销售等重大问题，协调了各方面之间的矛盾，加强了信息沟通，对于大规模的企业较为适用。

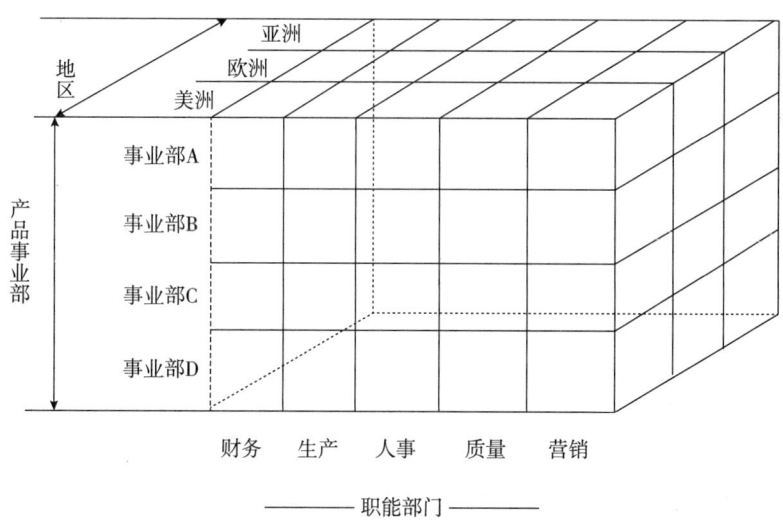

图 6-9　三维矩阵结构示意图

矩阵组织多应用于建筑公司、房地产公司、飞机制造公司等企业。特别适用于单件、小批量、高单价的制造业企业，以及以项目为单元的服务业和创新性较强的科研机构。一些大型活动（如奥运会），也宜采用矩阵结构。

（四）虚拟网络型结构

组织设计已经超越传统组织边界的概念，发展到了横向协调和合作。近年来，将组织部分业务外包给其他企业的方法越来越流行。外包是指与其他公司签订合同，将本公司的某些职能，如制造、信息技术等移交给这些公司来做。如果说，以前一个公司的运营单位要么是存在于组织内部，和组织密切相关，要么是存在于组织外部，和组织毫不相关，那么现在组织边界变得非常模糊。要区分哪些部分属于这个组织，哪些部分不属于这个组织，已经不那么容易了。IBM 为许多大型公司提供后台运作服务，但它同时也将它自己的部分活动外包给其他公司，而这些公司又会将自身的一些职能外包给其他组织。

一些组织将外包发挥到极致，就此创造出了虚拟网络型结构。在虚拟网络型结构（virtual network structure）或者说是模块化结构（modular structure）中，企业签订合同，将许多甚至大部分主要流程外包给不同的公司，并通过一个很小的总部来协调它们的活动。

虚拟网络型组织可被视作外部专业人士网络所环绕的中心。会计、设计、生产、营销和分销等服务不再像原先那样集中在同一个屋顶下或同一个组织中进行，而是被外包给不同的公司，这些公司则运用电子化手段与总公司联结。虚拟网络型结构以自由市场模式代替了传统的纵向层级制。

在虚拟网络型结构中，处于中心位置的企业控制着那些具有世界级实力或难以模仿的能力流程，而将其他活动包括相关决策与控制权移交给其他公司。

虚拟网络型结构的优点是极大地促进了企业经济效益质的飞跃，具体有：①降低管理成本，提高管理效益。②实现了企业全世界范围内供应链与销售环节的整合。③简化了机构和管理层次，实现了企业充分授权式的管理。组织结构具有更大的灵活性和柔性，以项目为中心的合作可以更好地结合市场需求来整合各项资源，而且容易操作，网络中的各个价值链部分也随时可以根据市场需求的变动情况增加、调整或撤并。④这种组织结构简单、精练，由于大多数活动都实现了外包，而这些活动更多地靠电子商务来协调处理，组织结构可以进一步扁平化，效率也更高了。

虚拟网络型结构的缺点是可控性太差。这种组织的有效活动是通过与独立的供应商广泛而密切的合作来实现的，由于存在着道德风险和逆向选择性，一旦组织所依存的外部资源出现问题，如质量问题、提价问题、及时交货问题等，组织将陷入非常被动的境地。另外，外部合作的企业都是临时的，如果哪个合作单位因故退出且不可替代，那么组织将面临解体的危险。虚拟网络结构还要求建立强大的组织文化以保持整体凝聚力，然而由于项目是临时的，员工随时都有被解雇的可能，因而员工对组织的忠诚度也比较低。

二、衍生的组织结构形式

（一）模拟分权结构

介于直线职能结构和事业部结构之间的有一种模拟分权结构，这种结构如图6-10所示。

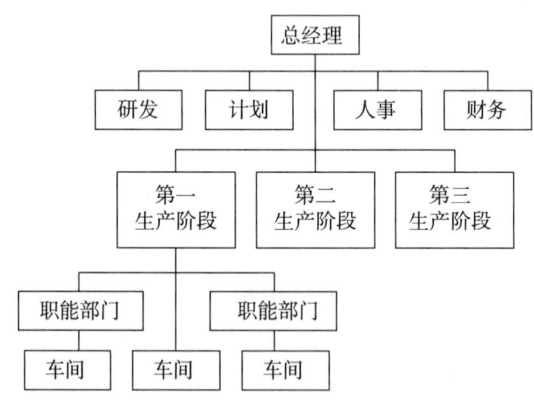

图6-10 模拟分权结构示意图

事业部结构是由于企业规模不断扩大、经营领域越来越多而发展起来的一种组织形态。但是，有许多大企业，比如，连续生产的化工企业由于产品品种或生产过程所限，根本无法分解成几个独立的事业部门。然而企业的规模又是如此之大，以至于高层管理人员感到采用其他组织形态都无法管理时，就出现了模拟分权结构的组织。

模拟分权结构是模仿事业部结构的形式进行分权，它与事业部结构的重要差别是：

第一，这种结构的组成单元并不是真正的事业部门，实际上是生产阶段。

第二，这些生产阶段有自己的管理层，有自己的利润指标，这种指标是按整个企业的内部价格确定的，而不是来源于市场。

第三，这些生产阶段都没有自己独立的外部市场，并且生产阶段之间关系相当密切，一个生产阶段出现障碍，可能导致其他生产阶段出现障碍。

模拟分权结构最大的优点在于它解决了企业规模过大而不易管理的问题。在这种结构下，高层管理人员可以在可能的范围内把权力分给生产阶段一级的管理人员，减少了自己的行政工作，从而能够把精力集中于战略性问题上来。这种结构的缺点是无法使组织中每一个成员都能明确自身的任务，各个部门领导人也不易了解整个企业的全貌，在沟通效率和决策权力方面还存在着较大的缺陷。此外，这种结构要求各个生产阶段的负责人有较强的容忍力，将本单位和个人的利益交给上级处理。尽管模拟分权结构同事业部结构相比有些缺陷，但对于大型材料工业企业，如玻璃、造纸、钢铁、化工等企业解决组织结构问题，是一种不错的选择。

（二）横向型结构

横向型结构是一种最新的组织方式（见图 6-11），它是按照核心流程来组织员工的。流程是指一系列将输入转化为输出、为顾客创造价值的相关任务与活动的组合。订单执行、新产品开发和客户服务都是采用流程方式运作的典型代表。与以往将工作划分为不同职能部门中具体的岗位不同，管理者们要强调横向贯穿整个组织的核心流程，将员工按团队组织起来，共同工作、服务顾客。

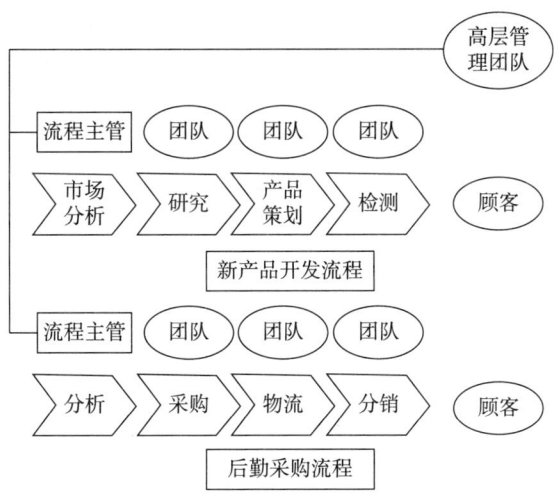

图 6-11 横向型结构示意图

> 某保险公司的车险理赔流程改变是一个很好的案例。过去，申请赔保的顾客必须首先将车祸报告给保险代理人，再由保险代理人转给客户服务代表，之后再转给某位理赔经理。接下来，这位理赔经理将与同一领域内的员工共同处理这项索赔，并将其指派给一名理赔员。最终，这名理赔员将定下日程，前往现场检查车辆损坏情况。
>
> 如今，理赔员按团队组织在一起，负责处理理赔从头至尾的整个过程，由一名团队成员在办公室里接听索赔电话，其他成员都在实地考察情况。当一名理赔员接到索赔电话时，他会尽全力解决一切能通过电话解决的问题。如果确实需要现场检查，他便会联系一位正在实地工作的团队成员，立即预约并安排日程。通过这种方式，保险公司从接到索赔电话到完成实地考察所花费的时间已经可以以小时计算，而此前这些工作需好几天。

横向型结构的主要特点是公司的管理幅度较大，从而形成管理层次较少的公司结构。主要优点是有利于缩短上下级距离，密切上下级关系，信息纵向流通快，管理费用低。而且由于管理幅度较大，被管理者有较大的自主性、积极性和满足感。具体有：①信息传递速度快、失真少；②便于高层领导了解基层情况；③主管人员与下属能够结成较大的群体，有利于解决较复杂的问题；④主管人员工作负担重，因而更乐于让下级享有更充分的授权。

横向型结构的主要缺点是管理幅度较大，权力分散，不易实施严密控制，加重了对下属单位及人员进行协调的负担。具体有：①主管人员的管理幅度大，负荷重，精力分散，难以对下级进行深入具体的管理。②对主管人员的素质要求高，而且管理幅度越大，要求就越严格、越全面。当缺乏这样的主管时，只得配备副职从旁协作。因此，正副职之间的职责不易划清，还可能产生种种不协调的现象。③主管人员与下属结成较大的集体，随着集体规模的扩大，协调和取得一致意见就会变得更加困难。

第四节　组织结构的选择

一、组织结构的两种模型

机械模型和有机模型是组织结构的两个极端模型，几乎所有的组织形式都介于这两种极端形式之间（见图6-12）。

机械模型（mechanistic model）是指具有广泛的部门化、高度的正规化、统一的命令

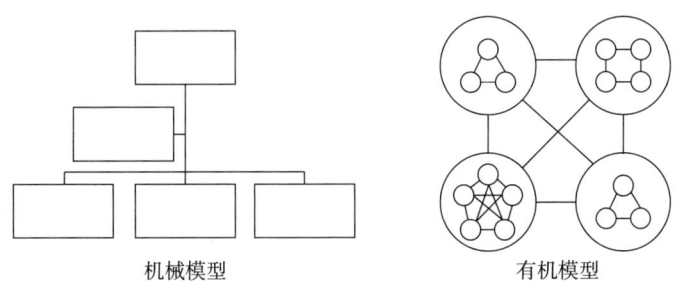

图 6-12　机械模型与有机模型

链以及高度的集权化的一种组织模型。在这类组织中，信息沟通一般是自上而下进行的，员工几乎没有参与决策的权力。

有机模型（organic model）是正规化程度低、结构扁平化、各方向信息沟通畅通、分权化程度高的一种组织模型。在有机组织中，管理层级较少，组织拥有完整的信息网络，员工高度参与决策过程。这种类型的组织更多运用交叉功能团队展开工作。

二、组织结构选择的影响因素

确立组织结构的维度、选择组织结构的类型时，应考虑环境、技术、战略、组织规模、组织生命周期等多种因素。

1. 环境

如果环境是稳定的，组织结构常常是机械的；如果环境是不稳定的，组织结构常常是有机的（见图 6-13）。

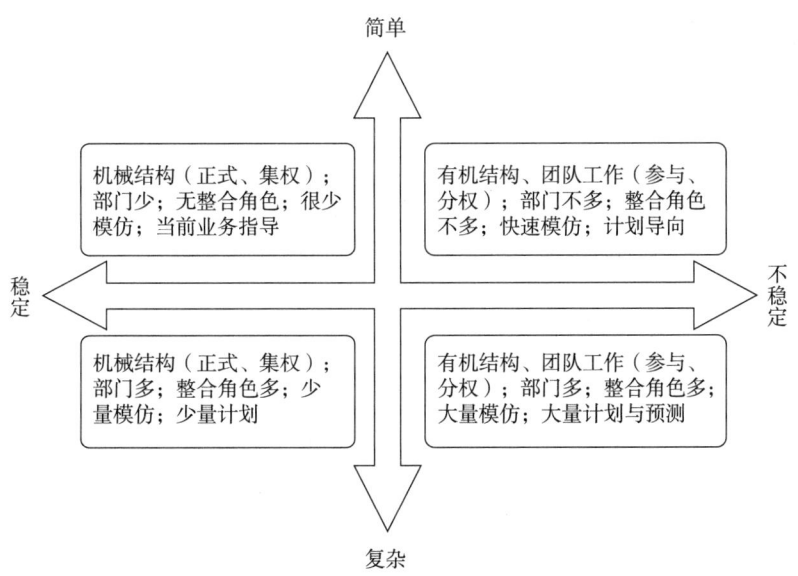

图 6-13　组织结构与环境的关系

2. 技术

制造技术分为传统技术和 CIM 技术，与两类技术（传统技术用大量生产作代表）相应的组织结构特征我们可以从表 6-1 中获悉，传统技术与机械结构对应，CIM 技术与有机结构对应。

表 6-1　组织技术与组织结构的关系

结构维度	大量生产	CIM
管理幅度	宽	窄
组织层级	多	少
任务	常规	变化
专门化	高	低
决策	集权	分权

当同时考虑环境与技术两个变量，进而选择组织结构类型时，我们发现随着环境从简单到复杂、从稳定到多变，技术从简单到复杂，组织结构从职能结构经过事业部结构、矩阵结构过渡到网络结构（见图 6-14）。

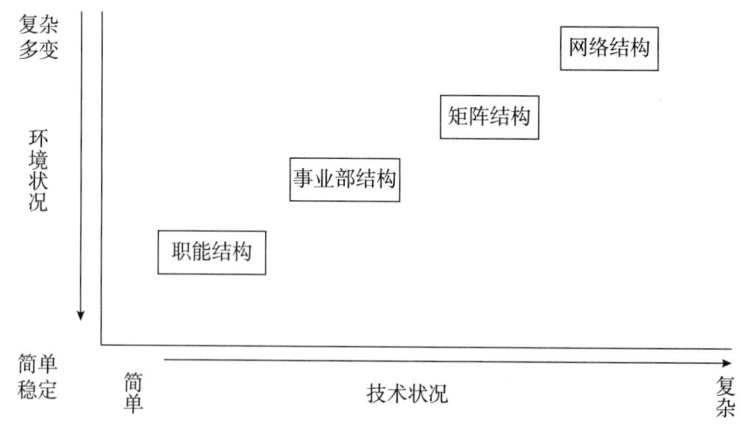

图 6-14　环境和技术维度下组织结构类型

3. 战略

美国管理学家雷蒙德·迈尔斯（Raymonde Miles）和查尔斯·斯诺（Charles Snow）曾把组织战略分成四种：防御型、进取型、分析型和反应型，与之相应的组织结构特征如表 6-2 所示，反应型由于在结构上反应不定，表中省略。与防御型战略相对应的是职能组织结构，呈现高集权、高专门化、正规化、严密的控制特征；进取型战略多采用事业部结构，与职能结构特征恰恰相反，表现为高分权、低专门化、正规化、控制松散；分析型战略采用比较中间的矩阵结构，集权和分权相分离，中度专门化，高正规化，控制适度。

表 6-2　战略与组织结构关系

结构特征	防御型	进取型	分析型
结构类型	职能	事业部	矩阵
职权划分	集权	分权	集群、分权相结合
专门化	高	低	中
正规化	高	低	高
控制	严密	宽松	适度

4. 组织规模

组织规模（organizational size）影响组织结构的特征。一般而言，大型组织正规化程度高、分权水平高、负责性高、高层行政人员比例低、专业与文秘人员比例高。小型组织正好相反。

5. 组织生命周期

美国管理学家罗伯特·E. 奎因（Robert E. Quinn）和金·卡梅伦（Kim Cameron）把组织的生命周期分成四个阶段，即创业阶段、集合阶段、正规化阶段和精细阶段。每一阶段对应的组织结构特征如表 6-3 所示。

表 6-3　生命周期不同阶段下组织结构特征

结构特征	创业阶段	集合阶段	正规化阶段	精细阶段
组织类型	结构简单	职能结构	事业部结构	分部式矩阵结构
专门化	低	较低	较高	高
正规化	很低	低	高	很高
部门	很少	较少	多	较多
集权与分权	个人集权	高层集权	分权	分权
目标	生存	成长	市场扩张	完善组织
高层管理	个人监督	目标指引	授权	团队方法

第五节　组织控制

组织控制（organizational control）是为实现组织目标、完成组织战略与计划，分析、检查战略与计划的执行状况，以便及时发现偏差并采取措施予以纠正的过程。下面简要论述组织控制的过程与类型。

一、组织控制的过程

组织控制始于战略计划,是保证组织战略与计划得以顺利实施的关键职能。

(一) 制定控制标准

虽然计划是各种控制工作的依据,但大部分情况下计划比较笼统、概括,如"今年实现利润增长 20%""本月提高产量 15%"等。这些指标对于日常的考核、检查的用途作用不大。此时,需要另行制定具体的、量化的有利于考核的控制标准。例如,麦当劳有这样的规定:95% 以上的顾客进店 3 分钟内,服务员必须迎上去热情接待;事先备好的汉堡包必须在 5 分钟内热好供给顾客;顾客离店 5 分钟内需把餐桌收拾好等。

常用的控制标准有:①时间标准,例如,工时、交货期限等;②数量标准,例如,产品数量、次品数量等;③质量标准,例如,合格率、废品率等;④成本标准,例如,直接成本、间接成本等。

(二) 测量绩效、识别偏差

检查、评估战略和计划的执行情况,及时发现各部门在完成计划过程中遇到的各种问题,掌握组织的实际运作情况,是做好控制工作的关键步骤之一。例如,经过统计发现,原定本月的销售额为 200 万元,实际只完成 50 万元,这一信息应引起营销部门乃至公司高层的高度重视。又如,本月预算为 80 万元,实际支出高达 300 万元。这一巨大的偏差应促使公司认真查账,找出超支的原因。

管理者测量绩效的途径有:①亲自观察。管理者深入现场,亲自观察实际工作情况,发现问题、解决问题。②抽样调查。管理者选取某一部门或某些员工个人进行详细调研、访谈,找出问题的症结。③听取汇报。通过阅读报表或听取口头汇报,了解组织管理过程中出现的问题。④召开会议。让各部门主管和员工代表畅所欲言,提出工作中遇到的难题。

(三) 采取措施、纠正偏差

发现问题后,各级管理者应先分析出现偏差的原因,再群策群力、千方百计地采取各种措施解决问题。例如,公司的市场份额出现严重下滑,可考虑如下对策:①研发新产品,推出新产品;②提高或降低产品价格;③开发营销渠道,激励代理商;④加大广告力度,或改变广告设计;⑤扩大销售队伍,加强销售管理;⑥提高促销费用,改变促销措施;⑦提升品牌价值,再造品牌形象;⑧调整经营战略,实行兼并重组等。

偏差原因的正确分析、偏差措施的正确选择反映了组织管理者的管理水平与经营智慧。各级管理者应综合运用现代管理知识和技术,集思广益,及时解决组织遇到的各种问题。

二、组织控制的类型

由于分类依据的不同,组织控制的种类很多(见表 6-4),下面仅以控制手段和监督控制两种分类依据进行简要介绍。

表 6-4 组织控制的类型

分类依据	类型
控制时间	反馈控制、前馈控制、现场控制
问题重要性	战略控制、运作控制
控制主体	外在控制、内在（自我）控制
控制手段	市场控制、官僚控制、家族控制
监督控制	输出控制、输入控制、行为控制

（一）市场控制、官僚控制与家族控制

1. 市场控制

市场控制（market control）是指当产品价格存在市场竞争时，组织管理者通过与竞争对手比较价格和利润来评估组织的绩效，从而发现差距并采取措施提高生产率。使用市场控制时，组织需要认真统计、计算产品的成本与销量，以便和竞争对手相比或进行纵向比较。

市场控制既可以用于整体组织水平，也可以用于产品事业部。例如，ABB 公司的三个利润中心之间，如果需要彼此的产品或服务，就须遵循市场交换规则，且要与其他外部客户进行竞争。更有甚者，一些公司已经开始在单一部门之间推行买卖关系，鼓励既可采购其他部门的商品，亦可从外部公司进货。

2. 官僚控制

官僚控制（bureaucratic control）是指采用规章制度、政策、职权等级、书面文件、标准化以及其他官僚机制来维持组织运作、约束员工行为。管理控制系统（management control system）是官僚控制的主要手段，它包括以下四个子系统：

（1）预算。预算是数字化的组织计划，是广泛采用的控制手段与方法。常见的预算种类有：①收入预算；②现金预算；③资金支出预算；④产品、材料、时间和空间预算；⑤资产负债表。

（2）统计报告。定期的统计报告主要用于评估和监控组织的非财务绩效。这些报告一般用计算机进行分析并以每周或每月为单位提供给管理人员。

（3）报酬制度。报酬制度除了能够激励管理人员和普通员工提高绩效，还可以通过考评机制发现每个部门、每个员工的工作不足与失误，从而为进一步改进绩效提供了前提。

（4）运作程序。运作程序是指传统的规章制度和办事程序。管理人员运用这些程序去规范各个部门的工作和约束每个员工的行为。

3. 家族控制

家族控制（clan control）是指采用企业文化、共有价值观、承诺、传统习惯、信念等约束员工行为。家族控制对于处于高度不确定状态的组织是极其重要的。所谓高度不确定性，是指组织环境变化太快，以至于原有的规章制度已经不能有效地约束员工的行为。

家族控制主要适用于小型的非正式组织。大型组织采用家族控制的前提条件是其文化

必须是强有力的。此外，随着计算机网络的普及，许多公司开始慢慢抛弃传统的官僚控制而更多地采用家族控制。

（二）监督控制

市场控制、官僚控制与家族控制三种策略主要用于中高层管理，监督控制（supervisory）则主要用于基层管理，尤其是直接用于监控个体员工的工作绩效。

1. 输出控制

输出控制是指依据员工绩效的测量结果来控制员工的行为。如果员工的工作业绩较差，管理人员就需分析原因，找到对策，以提高员工的工作绩效。因此常用于员工的工作结果容易测量的情况。

2. 行为控制

行为控制是指认真观察员工的工作表现，看其是否遵循了规定的工作流程与方法。如果发现某一员工违反了操作规程，应立即指出让其改正。行为控制主要用于员工的工作任务具有程序性的情况。

3. 输入控制

输入控制是指通过对员工的严格选拔或培训提高员工的知识、技能、能力、价值观和动机等。输入控制主要用于员工的工作程序和工作结果都不易测量的情况。

 思考题

1. 什么是组织？组织构成的要素有哪些？
2. 阐述影响组织结构设计的变量有哪些？
3. 传统制造技术有哪几类？
4. 组织结构有哪些类型？阐述各类型的优缺点及适用范围。
5. 讨论影响组织结构选择的影响因素有哪些？
6. 什么是组织控制？组织控制的类型有哪些？

第七章 学习型组织

本章要点

- 掌握学习的概念与层次；
- 了解主要学习理论的重点概念和观点；
- 掌握学习型组织的含义和特征；
- 了解创建学习型组织的障碍；
- 掌握创建学习型组织的途径；
- 掌握学习型组织与组织绩效之间的关系。

IBM 是典型的学习型组织。他们的员工每年平均花费 60 个小时进行专业教育，其中有的员工所用时间是这个数字的几倍。该公司每年花五亿美元用于员工教育。关于怎么打造学习型组织，IBM 副总裁 Altieri 给了一点建议：

一、让教育变得有趣

IBM 使用 credy 进行教育，这是一个数字认证平台，让员工参与其教育服务。员工可以通过完成课程和展示学到的技能获得数字徽章。迄今为止，IBM 公司 20 万名员工中有超过一半的人获得了 65 万枚徽章。数字徽章方法不仅采用鼓励持续参与的游戏化原则，而且还涉及社交货币元素，因为员工可以将获得的徽章发布到自己的 LinkedIn 资料中。Altieri 解释说，它也为客户提供服务，因为他们可以研究 IBM 希望指派给他们的人。

二、使教育现代化

Altieri 描述说，IBM 的教育系统可以通过数字设备获得，并包含员工评论，因此人们获得了"Netflix 类型的体验"。结果，学习变得更加理想和方便，尤其是对年轻工人来说。

三、提供教育

"我们为每个人提供教育，"Altieri 告诉我，"这不仅适合那些新人，不仅适合年轻人的职业生涯，职业生涯中期的 IBM 员工也应该——并且确实——积极参与。"

四、重视教育

IBM 员工的加薪是基于技能的，甚至比业务成果更为重要。Altieri 说："事情变化如此之快，员工将掌握他们的技能，并非常自然地将这些技能应用于他们为客户展示的方式中。事实上，IBM 已经开始根据需求发布'热门角色和技能'。"

五、奖励教育的文化

Altieri 总结了 IBM 的方法，他说："雇主有责任加强并确保员工能够最终满足市场和客户的需求。你需要这些程序。你需要给员工提供方法、时间和投资。你需要让学习变得有趣。你需要一种文化，说我很重视这一点，我对此表示赞赏。"

在这个需要终身学习的时代，人才就是竞争力。企业想有好的发展，需要有足够的人才做支撑。人才离不开学习与教育，那么企业应该如何构建学习型组织呢？

资料来源：https://baijiahao.baidu.com/s?id=1611478924643913940&wfr=spider&for=pc。

21 世纪全球经济迅猛发展，组织时刻面临着国内外剧烈变动的竞争环境。为了企业的生存和发展，企业必须不断进行变革、创新与学习，才能自如地应对内外环境的挑战。未来成功的企业将是学习型组织，它能够使企业所有员工全身心投入，并持续不断学习，这将有利于开发和培养全体员工的创造力，推动企业持续发展。换言之，企业未来唯一持久的竞争优势，就是具备比竞争对手更快速学习的能力。因此，本章要对学习和学习型组织进行深入的探讨。

第一节　学习理论

学习是当代心理科学、教育科学最重要的主题之一，组织学习是组织行为最热门的概念之一。然而，对学习作出一个准确的定义却不容易。

一、学习的概念与层次

（一）什么是学习

目前最流行的学习定义是由金布尔（Kimble，1961）提出的，他认为学习是由于强化练习而产生的行为潜能的相对持久的变化。第一，学习是以行为变化为指标的，也就是说经过学习，学习者能够做一些在学习之前没有能力完成的事情；第二，这种行为变化应该是相对持久的，即它既不是短暂的，也不是固定的；第三，行为变化不必在学习经验后立刻发生；第四，行为变化或行为潜能变化来自经验或实践；第五，这种经验或实践必须得到强化。

对于上述定义的争议有：第一，多久才算相对持久？疲劳、疾病、成熟和药物等暂时性机体状态也能改变行为，但这些不是学习。第二，并非所有的行为都是习得的，如本能、反射等。第三，不一定非得强化才能习得。

综上所述，我们认为学习是行为或行为潜能的相对持久的改变，它是经验的结果，且不能归因于由疾病、疲劳、药物等引发的暂时性机体状态。

（二）学习的层次

美国教育心理学家加涅（Robert Mills Gagne）认为，人类的学习是复杂多样的，是有层次性的，总是由简单的低级学习向复杂的高级学习发展，构成了一个依次递进的层次与水平。简单的低级学习是复杂高级学习的基础。1968年，他把人类的学习分为八个层次：

（1）信号学习。这是最低层次的学习。"无论在普通家畜方面还是在人类方面，对于信号学习普遍都是熟悉的。"

（2）刺激—反应学习。加涅认为，这一层次的学习类似于"工具条件作用"。它只涉及一个刺激与一个反应之间的单个联结，而且刺激与反应是统一地联结在一起的。

（3）连锁学习。这是一种成系列的单个"S-R"结合的学习。有些连锁学习是由肌肉反应组成的，而有些连锁学习完全是言语的。

（4）言语联结学习。这是指语言学习中言语的连锁化，包括字词形声义的联想和言语顺序的学习。

（5）辨别学习。这是指学习者对某一特别集合中的不同的成分做出不同的反应的学习。

（6）概念学习。这是指对事物的共同特征进行反应的学习。其中有些概念可以通过学习者与环境的直接接触来获得，但有些概念则要运用语言对事物进行分类、归纳和概括才能获得。

（7）原理（规则）学习。这是对概念间关系的认识或理解。例如，从对"圆的东西"和"滚动"两个概念间关系的认识中得出"圆的东西会滚动"的规则。

（8）解决问题学习。这是规则学习的一个自然的扩大，是一种"高级规则"的学习。

在对学习层次进行更深入的研究之后，加涅于1971年又把学习的八个层次缩减为六个层次，即连锁学习、辨别学习、具体概念学习、意义概念学习、规则学习、高级规则学习。1977年后，他又把学习层次提炼为五个层次，即联结与连锁学习、辨别学习、概念学习、规则学习、高级规则学习。

针对学习理论的研究是十分丰富的，因此我们选取一些比较主要的学习理论进行深入分析，同时，有部分内容在第二章的学习中已经有所提及，在此我们可以进行回顾和更深层次的理解。

二、主要的学习理论

（一）联结主义学习理论

桑代克（Edward Thorndike，1874—1949）是美国心理学家、教育学家，全球第一个完整、系统的现代学习理论的创始人。

1. 尝试与错误

桑代克认为学习的基本形式是尝试与错误，他是通过动物实验得出这一观点的。在桑代克的实验中，最著名的是"迷箱实验"。

根据实验结果，桑代克认为学习的实质是有机体形成"刺激"（S）与"反应"（R）之间的联结。他明确指出："学习即联结，心即是一个人的联结系统。"同时，他还认为学习的过程是一种渐进的尝试错误的过程。在这个过程中，无关的错误反应逐渐减少，而正确的反应最终形成。

2. 学习律

在实验的基础上，桑代克提出了如下三条学习定律：

（1）准备律（law of readiness）。这个定律包括三个组成部分：①当某人准备表现某一行为时，去做就会引发满意；②当某人准备表现某一行为时，不去做就会引发苦恼；③当某人不准备表现某一行为但被逼着去做时，就会引发苦恼。

准备律是反应者的一种内部心理状态。一切反应是由个人的内部状况和外部情境所共同决定的。因此，学习不是消极地接受知识，而是一种活动。学习者必须有某种需要，体现为兴趣和欲望。

（2）练习律（law of exercise）。这个定律分为两个次定律：①应用律——一个已形成的可变联结，若加以应用，就会变强；②失用律——一个已形成的可变联结，若久不应用，就会变弱。

练习律的实质就是强化刺激与反应的联结。反应在情境中用得越多，它与这个情境发生的联结越牢固。反之，长期不用这个反应，这种联结就趋于减弱。后来，桑代克修改了这条定律，指出单纯的重复练习不如对这个反应的结果给予奖赏。

（3）效果律（law of effect）。这个定律是指刺激与反应之间的联结因反应结果而增强或减弱。如果一个刺激引发一个反应，这一反应又引发了强化，刺激和反应之间的联结就会加强；另外，如果一个刺激引发一个反应，而该反应导致了惩罚，刺激和反应之间的联结就会削弱。

20世纪30年代之后，桑代克认为早期的效果律有一半是正确的，另一半是错误的，正确的一半是跟随者满意事态发生的反应被增强，错误的一半是惩罚一个反应对于联结强度没有影响。换句话说，强化增加联结强度，惩罚对联结强度没有影响。

3. 共同要素说

桑代克指出，学习迁移的发生绝不是学科训练的结果，因为在一种情境中所发生的反应不能迁移到其他一切的情境中去。只有当两种机能有了相同的因素时，这一机能的变化才使另一机能也有变化。第二机能的变化在分量上等于与它的第一种机能所共有的元素的变化。比如掌握了加法可以增进乘法的演算，因为加法和乘法的部分元素是相同的。

（二）格式塔学习理论

格式塔心理学（Gestalt psychology）是西方现代心理学的主要流派之一，根据其原意也称为完形心理学，完形即整体的意思（格式塔是德文"整体"的音译）。格式塔心理学诞生于1912年，由德国心理学家韦特墨（M. Wetheimer）、柯勒（W. Kohler）和考夫卡（K. Koffka）共同创立。它强调经验和行为的整体性，反对当时流行的构造主义元素学说和行为主义"刺激—反应"公式，认为整体不等于部分之和，意识不等于感觉元素的集合。

1. 组织规则

格式塔心理学认为个体自然而然地观察到的经验，都带有格式塔的特点。每一个人，包括儿童，都会依照下列规则对经验进行有意义的组织。这一观点的部分内容我们在讲解知觉的组合原则的时候已经有所提及。

2. 顿悟学习

1913~1917年，柯勒以大猩猩为被试对象，做了大量学习实验研究。格式塔心理学家通过实验发现，有机体解决问题的过程是顿悟的而不是试错的。

顿悟过程的特点包括：第一，从解决问题前阶段到解决问题阶段的转变是突然的、完整的；第二，以顿悟为解决问题方法的表现是流畅的，没有错误出现；第三，通过顿悟得到的问题解决方法会保持相当长的时间；第四，通过顿悟得到的原理比较容易应用于其他问题。

格式塔学派对学习过程进行了详细解释：

（1）学习是知觉重组或认知重组。像其他学派的心理学家一样，格式塔心理学家也认为，通过学习，会在头脑中留下记忆痕迹，记忆痕迹是因经验而留在神经系统中的。但格式塔心理学认为，这些痕迹不是孤立的要素，而是一个有组织的整体，即完形。因此，学习主要不是加进新痕迹或减去旧痕迹的问题，而是要使一种完形改变成另一种完形。这种完形的改变可以因新的经验而发生，也可以通过思维而产生。格式塔学习理论所关注的正是发生这种知觉重组的方式。所以，在格式塔心理学家看来，一个人学到了什么，直接取决于他是如何知觉问题情境的。如果一个人看不出呈现在他面前的问题，看不出各种事物之间的联系，那么他对事物的知觉就还处在无组织的、未分化的状态，因而也就无所谓学了。一个人学习的方式通常是从一种混沌的模糊状态，转变成一种有意义的、有结构的状态，这就是知觉重组的过程。

（2）顿悟可以避免多余的试误，同时又有助于迁移。格式塔心理学家认为，通过对问题情境的内在性质有所顿悟的方式来解决问题，就可以避免与这一问题情境不相关的大量随机的、盲目的行动，而且有利于把学习所得迁移到新的问题情境中。

顿悟学习的核心是要把握事物的本质，而不是无关的细节。韦特墨认为，学校学习的目的是要把习得的内容迁移到校外情境中。通过机械记忆习得的内容只能用于非常具体的情境中，即应用于类似最初学习时的情境中；只有通过顿悟理解的内容才能成为学生知识技能的一部分，随时可用于任何情境中的类似的问题。

（3）真正的学习不容易遗忘。格式塔心理学家认为，通过顿悟获得的理解，不仅有助于迁移，而且不容易遗忘。顿悟将成为人们知识技能中永久的部分。

（4）顿悟学习本身就具有奖励的性质。格式塔心理学家认为，真正的学习常常会伴随着一种兴奋感。学习者了解到有意义的关系，理解了一个完形的内在结构，弄清了事物的真相，会伴有一种令人愉快的体验。例如，一些人对智力拼图、字谜填空玩得津津有味。有时看上去简直不大可能完成，但越是这样，当他们突然发现解决办法时，就越会有一种顿悟的快感。

（三）目的行为主义学习理论

托尔曼（Edward Chase Tolman）是新行为主义的代表，是目的行为主义（purposive

behaviorism）的创始人，也是认知心理学的先驱。托尔曼虽然早期就已成为行为主义者，但对其他学派的理论则持博采众长的态度，并在其长期动物学习实验的基础上，建立了目的行为主义，后来改称符号学习论（sign learning theory），强调其理论的认知性质，又被称作认知行为主义（cognitive behaviorism）。

1. 整体行为

托尔曼认为心理学应研究行为。但和行为主义创始人华生不同的是，托尔曼把行为分为两种：一种是分子行为（或局部行为）（molecular behavior），指个体所表现的局部性动作，如声、光、电等刺激所引起的肌肉收缩和腺体分泌的反应。另一种是整体行为（molar behavior），指个体所表现的大单元或整体性行为，如动物在复杂实验中的跑迷宫、儿童上学、打球或游泳等行为，都是对一种包含许多不同刺激组合的复杂情境的反应，很难将它们分解为一系列单个的物理刺激和生理运动，即使能够分解，也不能准确地描述整体行为，因为这些整体行为并不是各部分之和，它有自己的描述性和规定性，有它自身的特征。托尔曼在区分两种行为的基础上，指出心理学的研究对象应是整体行为而不是分子行为。

2. 中介变量

托尔曼认为，行为产生的原因主要有物理的和生理的两类，分别称为环境变量和个别差异变量。环境变量包括：补给时间表（M）、目标对象的适度性（G）、刺激物的类型及其所提供的方式（S）、所要求的运动反应类型（R）、先行的或后继的迷宫单元模式（P）。个别差异变量包括：遗传特征（H）、年龄（A）、先前所受的训练（T）、特殊的激素和药物所维持的生理状态（E）。

有机体的行为随着这些环境变量和个别差异变量的变化而变化。但是，托尔曼认为这些变量（或自变量）与行为变量（或因变量）之间的关系并不像华生等行为主义者所说的刺激—反应（S-R）那么简单。他要求注意有机体的内部因素在行为中的作用，要从整体上对行为进行心理分析。在这个基础上，托尔曼提出了中介变量（intervening variable），即介于刺激与反应之间因外在刺激而引起的内在变化过程。中介变量是行为的实际决定因子。因此，必须把 S-R 理解为 S-O-R，中介变量就是在 O（有机体）内正在进行的活动。只有弄清中介变量，才能回答一定刺激情境为何会引起一定反应的问题。

托尔曼早期认为中介变量有两种，即需求变量和认知变量。前者本质上就是动机，包括饥渴、性欲、安全、休息等需求；后者指对情境、目标的认知，包括动作、技能等。后来，他受格式塔主义学派的影响，对原先提出的两种中介变量进行了修改，认为有三种主要的中介变量：①需要系统（need system），指生理需要和内驱力等；②行为空间（behavior space），指有机体在某一时刻内感知到的具有不同地点、距离和方向的客体；③信念价值动机（belief-value motivation），指选择某种目的物在满足需要中的相对力量。

3. 认知地图

托尔曼认为，有机体习得的是关于周围环境、目标位置以及达到目标的手段和途径的指示，也就是形成"认知地图"的过程，而不是简单、机械的反应。认知地图（cognitive map）指在过去经验的基础上产生于头脑中的某些类似于一张现场地图的模型。托尔曼用"符号"这一术语来表示有机体对周围环境的认知，而关于对目标及达到目标的手段和途径的意义的知识的认知则是对符号意义的认知，所谓学习也就是习得符号及其意义。

为了证明有机体习得的是符号及其意义而非动作反应模式，托尔曼提出了期待、潜伏学习、位置学习的概念。

（1）期待。期待是有机体关于客观事件的意义，通常是指目标物意义的知识或信念。这种知识既可以是当前习得的，也可以是过去曾经习得的。在托尔曼看来，有各种不同的期待：①"记忆性"期待，指引起内在期待的条件是先前对于某种特定目标有过的经验；②"感知性"期待，指那些为连续不断的、同时存在的目标引起的内在期待；③"推理性"期待，是由推理方式引起的期待。这些期待形成了个体生活的经验，而且这些以期待形式存在的知识，构成某种互相联系的关于周围世界的知识系统。

（2）潜伏学习。所谓潜伏学习，是指有机体在没有强化的条件下，学习也会发生，只不过其结果不甚明显，是"潜伏"的。一旦受到强化，具备了操作的动机，这种结果才明显通过操作而表现出来。强化并不是学习所必需的，否定强化在学习中的作用，即使有也很少；学习不一定外显在行为中，行为变化是一种学习，但学习并不一定是行为变化。也就是说，有机体在学习过程中，每一步都在学习，只是某一阶段学习效果表现不明显，其学习处于潜伏状态。

（3）位置学习。托尔曼认为，有机体不仅习得关于目的物的意义，也习得关于刺激情境的意义，这就是位置学习。刺激情境也就是引起有机体行为的周围的各种客体。意思就是说，有机体必须针对环境的某些特点来调整自己的行为。有机体从环境中得到的感知方面的事实资料，被称作辨别性资料；而根据环境特点调整运动性反应的事实资料，被称为操纵性资料。这些资料所指的并不是环境中客体的特点本身，而是这些特点对有机体行为的影响。实质上这些客体是有机体为了达到某一目的，作为一个目标或是力求接近的符号，以及作为达到目的的手段而出现的。

（四）社会学习理论

社会学习理论是由美国新行为主义心理学家、斯坦福大学心理学系教授艾伯特·班杜拉（Albert Bandura）创立的。"社会学习"一词最早出现于1941年，美国心理学家米勒与多拉德用它来指一个人对他人行为的模仿。班杜拉将社会学习分为直接学习和观察学习两种形式。直接学习是个体对刺激做出反应并受到强化而完成的学习过程，其学习模式是刺激—反应—强化，离开学习者本身对刺激的反应及其所受到的强化，学习就不能产生；观察学习是指个体通过观察榜样在处理刺激时的反应及其受到的强化而完成学习的过程。

1. 观察学习

个人通过观察他人的行为及其强化结果而习得某些新的反应，或使他已经具有的某种行为反应特征得到矫正，同时，在这一过程中，观察者并没有对示范反应做出实际的外显操作。

班杜拉指出，人类具有应用符号去应对内部和外部各种事件的非凡能力，人类有通过语言与非语言形象获得信息以及自我调节的能力，所以人类能够不必经过亲身体验，而只通过观察他人习得复杂的行为。班杜拉称之为"替代性学习"或通过他人而进行的学习。

他把观察学习分成四个过程：注意过程、保持过程、动作再现过程以及动机过程。

（1）注意过程。班杜拉认为并不只是看到或与示范者待在一起就能学会示范者的行为，而必须使观察者的知觉指向集中于他要模仿的行为。

(2) 保持过程。观察学习主要是把示范经验转换成表象或言语符号保持在记忆中，这些记忆代码在以后就能指导操作。这一过程主要依赖于两种符号系统：表象系统和言语系统。在儿童发展早期，视觉表象在观察学习中起着重要作用。除了符号编码，演习也能成为一个重要的记忆支柱。有些通过观察而习得的行为由于社会的禁令不能用外现的手段轻易地形成，因此人们就把这种行为看在眼里，这种心理演习在示范行动中就更有意义了。

(3) 动作再现过程。要把观察学到的东西付诸行动，在行为水平上还会存在障碍。观念在第一次转化为行为时，很少是正确无误的。在大多数日常学习中，人们一般是通过示范一个非常近似的新行为，然后对行为操作状态和示范者行为进行比较与反馈，再经过自我矫正，对这一近似的行为加以精练。

(4) 动机过程。任何人都无法复演学过的所有动作，因此，班杜拉区分了习得与行为表现，认为行为表现是由动机变量控制的。动机过程包括外部强化、替代强化和自我强化。其中，外部强化就是指自己表现某一行为后，是会受到奖励还是强化，从而使自己也倾向于做出榜样的行为。替代强化指观察者看到榜样或他人受到强化，从而使自己也倾向于做出榜样的行为。自我强化是指人们能够自发地预测自己行为的结果，并依靠信息反馈进行自我评价和调节。人们倾向于做出自我满意的行为，拒绝那些个人厌恶的东西。

2. 榜样示范

班杜拉的社会学习理论十分强调榜样的示范作用，整个观察学习过程就是通过学习者观察榜样的不同示范而进行的。班杜拉把示范分成如下几类：

(1) 行为示范。即通过榜样的行为来传递行为的方式，此方式在对榜样的观察学习中占重要地位。行为示范无论是对动作技能的习得，还是对行为方式习惯的形成，都有不可忽视的作用。

(2) 言语示范。即通过榜样的言语活动传递行为、技能的方式。言语示范在学习中应用范围广，具有特殊重要的意义。如根据教师的讲解学习定理和法则的应用，依靠说明书学习机器的操作技术，通过报纸学习先进人物的思想行为方式，都是言语示范所起的作用。

(3) 象征示范。即通过幻灯、电视、电影、戏剧、画册等象征性中介物呈现榜样的行为方式，优点在于可将同一榜样反复呈示给许多人，并加入放大、停顿等技术，从而增强感染力，扩大教育范围。

(4) 抽象示范。即通过榜样的各种行为事例，传递隐藏在行为事例背后的道理或规范的方式。榜样遵照一定的道理和规范做出反应，观察者按榜样的行为倾向进行类似但不完全一样的活动。也就是说，观察者从各种示范反应中抽取出共性的东西，以后再应用到新的具体情境之中，例如，教师按照某个或某些定理、公式在黑板上演示几道例题后，学生就总结出这些例题所包含的定律，并按照教师的方式解决同一类型的问题，这就是抽象示范的过程。

(5) 参照示范。即为了传授抽象的概念和操作而附加呈现具体参考事物和动作的方式。比如，在英语课上讲解前置词"on"的使用，一边说"…on the desk"，一边也附加往桌子上放东西的动作。这种示范方式是对抽象示范的补充和强化，它对低年龄儿童的指导是特别重要的。

3. 自我效能

自我效能是指个体对自己能否在一定水平上完成某一活动所具有的能力判断、信念或主体自我把握与感受，也就是个体在面临某一任务活动时的胜任感及其自信、自珍、自尊等方面的感受。

班杜拉把自我效能看作对自己在特定的情境中是否有能力操作行为的预期（结果预期和效能预期）。其中，结果预期是对某种行为导致某种结果的个人预测。效能预期是个体对自己能否顺利地进行某种行为以产生一定结果的预期（见图7-1）。

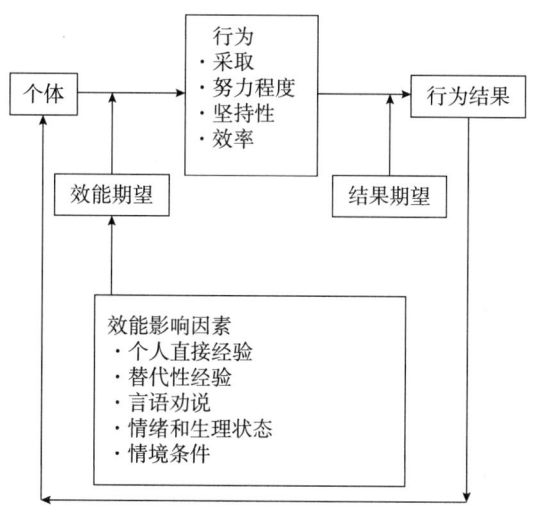

图7-1 自我效能理论示意图

班杜拉认为自我效能的产生和改变有五条途径：

（1）个人的直接经验。一个人屡次成功，自我效能一般会提高，反之则下降。

（2）替代性经验。观察别人在某类问题上取得成功会增强自己处理此类问题的效能感。

（3）言语劝说。包括他人的暗示、说服性告诫、建议、劝告以及自我规劝。

（4）情绪和生理状态。在充满紧张、危险的场合或负荷较大的情况下，情绪易于唤起，高度的情绪唤起和紧张的生理状态会降低对成功的预期水准。

（5）情境条件对自我效能的形成也有一定的影响，某些情境比其他情境更难以适应与控制。当个体进入一个陌生而易引起焦虑的情境中时，会降低自我效能的水平与强度。

第二节 学习型组织

一、学习型组织的含义

学习型组织的概念最早由美国哈佛大学教授佛瑞斯特提出。1965年他运用系统学的基本原理，具体描述了未来企业组织结构扁平化、组织更具有开放性、组织信息化、组织不断学习和调整内部结构关系等特征。彼得·圣吉继承佛瑞斯特的工作，他认为，所谓学习型组织，是指通过创造弥漫于整个组织的学习气氛，为充分发挥员工的创造性思维而建立的一种有机的、高度柔性的、扁平的、符合人性的、能持续发展的组织。

如图 7-2 所示，彼得·圣吉提出的学习型组织五项修炼为：

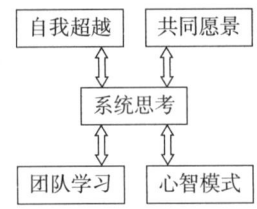

图 7-2　学习型组织五项修炼

（1）系统思考（systems thinking）是学习型组织的核心。商业活动由一系列相互关联的行动组成，它们之间相互影响，常需要很多年才完全展现出来。系统思考让各类系统模式更清晰，有助于人们掌握问题的深层次原因，真正改善企业管理。

（2）自我超越（personal mastery）是学习型组织的重要基石或精神基础。自我超越的修炼是学习不断厘清并加深个人的真正愿望，集中精力，实现心灵深处的渴望。

（3）心智模式（mental models）是决定人们对世界的理解方法和行为方式的根深蒂固的假设或归纳。这项修炼提倡"富有学习性"的交流沟通，鼓励人们在有效表达自己思想的同时，也开放自己的思想，以接受他人的影响。

（4）共同愿景（shared vision）是组织全体成员深度分享的共同目标、价值观和使命感。共同愿景可以激发人们真正的信念和行动意愿并积极投入参与，而不只是服从。

（5）团队学习（team learning）是组织学习的必要条件。真正学习的团队，不仅能做出非同寻常的成绩，而且每个人都能比在其他情况下更迅速地成长。

五项修炼是一个整体，它们中的每一项都将成为其他各项成功运用的关键。作为五项修炼的核心，系统思考需要开发共同愿景、心智模式、团队学习和自我超越的修炼，才能发挥出潜力。开发共同愿景有助于促进成员对长期性目标的承诺。修炼心智模式主要在于开放成员心胸，这是发现目前看待世界方法局限性的必要过程。培养团队学习有助于成员超越个人视角局限，以看清更大的集体技能。实现自我超越则能够激发个人动机，有助于成员持续学习并理解行动对世界的影响。没有自我超越，成员会认为系统观点是对其的威胁。

二、学习型组织的特征

（一）组织文化特征

（1）组织具有共同的愿景。共同愿景是学习型组织的重要特征。共同愿景引导组织成员开放胸怀，放弃防备心理，相互学习，共享知识和成果。只有成员间团结协作，才能不断持续学习，创造新知识。

（2）开放共享的企业文化。学习型组织具有知识共享和互动的文化氛围。开放的组织文化容许质疑和争论，鼓励分享和创新知识，促使成员间对话、互助、协作。

（二）人本特征

善于不断学习是学习型组织的本质特征。学习型组织应强调自我超越、自我实现，进而实现充分自我发展。工作学习化使成员活出生命的意义，学习工作化使组织不断创新发展。学习型组织成员应以积极进取的态度、包容发展的胸襟使组织和谐，减少冲突。

（三）组织结构特征

（1）扁平化。组织结构扁平化是指减少管理层次，增强横向联系。扁平化组织结构有助于缩短成员间直接对话的距离，有利于领导与成员间沟通，便于上层考察下层的具体动态，也方便下层向上层反映具体情况，形成全组织成员互相学习、共同思考、协调互动的学习条件，对市场需求做出更快反应，为企业带来更大收益。

（2）无边界。无边界指组织成员的活动将超越根据职能部门划分的"法定边界"。学习型组织提倡员工之间、部门之间、地域之间广泛相互学习，汲取新思想。

（3）精简。精简是学习型组织高效率与高效益的前提。组织成员能力提升、组织学习机制不断完善，均可以帮助学习型组织日益精简。学习型组织应力求达到"兵不在多而贵在精"的良好状态。

（4）有弹性。弹性即为组织柔性，体现为组织对瞬息万变的内外部环境的应对和适应能力。组织结构的弹性来自于不断持续学习的组织成员的组织学习过程。

（四）组织管理特征

（1）系统管理。系统管理要求整体思考。学习型组织能够用系统的观点看清结构与变化形态，弄清问题的本质，在复杂、多变的状态中，不迷失方向。将组织看成有机系统，增强整体观和大局观，要求协调配合。组织个体既要熟悉本职工作，也要学习其他相关工作知识技能，其中组织领导特别要发挥协调作用，使组织共享学习成果，相互协作，共同创新进步。

（2）自主管理。学习型组织实行自主管理，根据需要选择组成团队、确立目标，在组织运作中感知问题，并分析原因，制定相应措施，自我评价实施效果。自主管理给组织成员很大的自由和空间让其发挥自己的优势，使其学习过程从被动转化为主动。

第三节　创建学习型组织的障碍与途径

一、创建学习型组织的障碍

学习型组织在很大程度上是一种理想，如何将希望组织永葆青春活力的理想变成现实才是关键问题。学习型组织的建设存在理想与现实的鸿沟。现实中，很少有大公司的寿命能超过人均寿命的一半。大多数组织的学习情况都不乐观，能符合理想的学习型组织标准的企业极为罕见。个别具有学习型特点的组织并不是有意识创建的，大多是本能的自然演进。想要创建学习型组织，首先要了解阻碍学习型组织形成和发展的障碍。诸多国外关于学习型组织的研究重点关注了创建学习型组织的障碍。具有代表性的学者有马来西亚学者马利克·沙阿斌、土耳其学者塞利克、美国学者彼得·圣吉，以及加拿大学者伊顿·劳伦斯。结合几位学者的观点，我们认为创建学习型组织存在个体和组织两个层面的障碍。

（一）个体层面的障碍

创建学习型组织关键在于培养学习型员工。员工根深蒂固的观念和态度是影响学习型组织建设的最大障碍。彼得·圣吉认为，当组织中的人们只关注自己的职位时，他们总是把自己的责任限定在自己的职位界限之内，而对所有职位之间因相互关联而产生的结果缺乏责任感。以自我为中心的观念导致员工观察世界缺乏系统性。当员工只关注自己的职位时，无法看清其行动在自己职位边界范围之外的影响。当这些影响回过头来伤害到自己的职位时，员工就会错误地认为所有的问题都是外部造成的。塞利克认为，员工缺乏学习能力是学习型组织建设的障碍。员工学习能力的匮乏，使得其无法认识到阻碍组织发展的问题以及阻碍员工参与这些问题的解决方法，从而阻碍了员工及其职位的学习超越。伊顿·劳伦斯认为，员工对新技能的惧怕也是阻碍其个体学习的障碍。在学会一项新技能之前，员工害怕变得暂时无能，并且员工也没有意识到过去起作用的东西已经不再有效了。阿基里斯认为，员工在面对未知时会选择保护自己，避免由于暴露自身没有把握或无知所带来的痛苦。这个过程阻止了新知识的形成，因为新知识可能对员工带来威胁，所以员工躲避学习。再者，员工感觉太忙或者纯粹的精神懒惰都是其心理上的学习障碍。

（二）组织层面的障碍

创建学习型组织的核心在于系统思考，即将组织看作整体。组织层面的失误是创建学习型组织的主要障碍。彼得·圣吉认为，组织常常对"外部的敌人"采取更积极的攻击性策略，然而本质上这种积极主动只是被动反应的一种伪装掩饰。组织策略的被动应对只是整体情绪状态的产物，不是主动思考的结果。组织只有认识到内部才是问题的源头之一，才能达到真正的积极主动。当组织面对问题时，往往缺乏系统思考，仅仅执着于个别事件，探究导致这个事件的显而易见的原因。长此以往，组织思维被短期事件主导，阻碍了组织创新性学习。"温水煮青蛙"案例提示组织，如果不学会放慢脚步，认真观察那些常常是最具危险性的渐变过程，组织就不能避免"温水煮青蛙"的命运。组织机构部门和功能性划分，虽然使得组织内分工方便，但是却切断了各功能部门之间的联系，导致组织无法解决那些跨越功能界限的复杂问题。组织面对以上学习障碍，倾向于建立管理团队，用以解决对组织重要的、跨部门的复杂问题。但是，管理团队却常常陷入势力范围之争，导致集体的决策退化为大家都能接受的妥协，或者干脆是强加在集体名义上的个人观点。团队内的分歧通常表现为相互指责和两极分化的意见主张，因而无法揭示深层次的差异和原因，进而使团队整体难以得到学习提升。

马利克·沙阿斌认为，阻碍学习型组织建设的因素主要是组织不愿意培训员工或者投资于培训项目。另外，组织过多的自上而下的关系，缺乏真正的放权，导致员工缺乏责任意识和学习动力，阻碍学习型组织建设。塞利克主要强调了组织文化对学习型组织建设的阻碍效应。组织不鼓励员工学习、将员工与学习环境隔绝都不利于学习型组织文化的建设，进而从较深的文化层次阻碍了员工学习。伊顿·劳伦斯认为组织层面的障碍体现在：在组织管理上，管理决策没有受到质询，缺乏鼓励学习的标准化机制，缺乏知识传递机制，缺乏培训时间、物质条件和资源；在组织文化上，员工间相互指责，彼此间不信任，不鼓励或努力阻止怀疑和挑战，对错误进行惩戒而不是把错误看作是必要的学习经历。

二、创建学习型组织的途径

对创建学习型组织的障碍有了正确的认识之后，重要的是企业如何成为学习型组织。企业为了适应全球化和网络化的新形势不得不进行一系列的革新。众多学者认为，如何成为学习型组织将成为新的管理革命的重要内容。本节从员工、领导、团队、组织文化四个方面探讨创建学习型组织的途径。

（一）培养学习型员工的途径

学习型员工的重要特点即自主性，包含自我管理与自主学习两个方面。

自我管理是自己对自己进行管理，是面向管理主体的。彼得·德鲁克认为自我管理包含六个方面：充分认知自身的长处、了解自己的行为方式、了解自己的价值观、了解自己的归属、了解自己应该贡献什么以及对关系负责。据此，为了培养员工的自我管理能力，组织应该让员工充分了解自己的优势、劣势、人格特征、价值观和风格。只有充分了解自己，员工才能明白自己适合什么，适合到什么性质的单位工作，适合与什么样的上司相处，并为自己进行正确的人生定位。组织更要培养员工自主完成工作的观念。大部分员工习惯于按领导的指示办事，极少积极主动地开展工作。培养员工积极自主地完成工作，是提升自主管理能力的必经之路。

自主学习是指员工进行自我分析、自我实践、自我监督、自我激励的学习。为了培养员工的自主学习能力，组织应该为员工学习创造良好条件，增加员工学习的成功经验，使员工体会到学习成功的喜悦，避免学习失败的沮丧，以增强员工学习的自我效能感，从而提高自主学习的积极性。组织应及时向员工反馈满意的学习结果，使员工感受到自身能力的加强，有效激发进一步学习的积极性。组织应积极树立自主学习的典范。当员工看到与自身能力接近的同事成功时，可以增加个人信心，并增强实现同一目标的决心。组织应及时为员工提供与学习相关的信息并加强提升个人能力的培训，这些措施是培养员工自主学习能力的保障。

（二）造就学习型领导的途径

杰夫·伊梅尔特认为："领导者一定要每天不断学习，并且要知道怎样领导并培养团队。"领导者处于重要的战略地位，对组织与环境具有关键的影响力。学习型组织的创建必须有学习型领导者的推动和引导。

领导者应积极提升学习能力，成长为学习型领导。值得领导者关注的能力有：学习与创新能力、设计与整合能力、克难与制胜能力、思考与沟通能力、反思与总结能力。领导自身能力的提升，为提高组织的整体学习能力起到带头作用，有利于提升组织整体的竞争力。

研究认为，学习型领导需要领导者转变传统角色，从指挥者与命令者转向设计师和教师的角色。彼得·圣吉认为："在学习型组织中，领导者是设计师、仆人和教师。他们有责任建立一种组织，能够让组织成员不断提高了解复杂性、厘清愿景及改善共同心智模式的能力。"学习型组织中，领导者不仅应设计组织政策、策略与系统，更应整合设计系统思考、组织理念、组织价值观、组织愿景以及心智模式等所有的学习修炼，促使其获得综合效应。所谓领导者的教师角色，是指领导者要鼓励每个组织成员学习，培养员工对系统的理解能力。领导者应利用事件、趋势、系统结构和使命等方面间接影响成员的认知。创建学习型组织，就需要如设计师和教师一样的领导者带领愿为之全身心投入的人共同努力。

领导与员工互动、有效地激励员工也是培养学习型领导的关键路径。领导个人的独特魅力能使员工产生信任并跟随，下属吐露自己的心智模式，领导耐心倾听，像教师一样给予指导，帮助下属完善原有心智模式的缺陷，从而凝聚组织心智模式。在共同愿景建立的初期，领导应充分吸纳下属意见。共同愿景建立之后，经过下属反馈与整合使之更符合实际，这样员工能够真正理解并认同共同愿景，并全身心投入其中。领导行为可以鼓励员工实现自我超越。领导应重视下属的能力和愿望，鼓励下属创新和理智冒险、挑战自我；在下属失败时进行智力激发，帮助下属建立个人愿景并激发下属敢于缩短愿景和现实之间差距的勇气，勇于自我超越。领导的开发性和感召力，能够鼓励团队成员进行讨论，激励员工积极加入本团队，并运用情感诉求与团队精神凝聚员工来努力实现团队目标。

（三）创建学习型团队的途径

团队是组织中重要的组成部分。团队的行动力、人员构成等方面在工作中决定团队的优势与灵活性。学习型团队建设可以给团队带来足够的能量适应工作需要而且为以后的进步打下基础。团队内部良好的沟通环境与宽松的沟通氛围，使得成员间能够彼此信任，进而促进知识分享与不断创新。

首先，创建学习型团队要培育沟通文化。团队内充分的沟通，使得成员在相处的过程中彼此都能相互尊重，有效去除不良的敌对情绪和成本内耗。一方面，团队要提倡所有员工积极思考并善于表述自己的想法；另一方面，团队应积极创建有助于全面沟通的必要平台。文化提倡与物质保障能使团队成员感觉到沟通的积极影响，使之有意愿继续沟通。畅通无阻的沟通能促使企业文化的形成和团队精神的建设。其次，创建学习型团队要促进成员间知识分享。相关的策略有：甄选愿意共享知识的员工加入团队是最好的办法；深厚的信任感是彼此间知识分享的基础；公开表扬知识分享行为有利于成员类似行为的重复；按照不同的标准建立知识共享小组，如工作职能、工作内容、成员个性或技能的近似或互补等标准；鼓励员工创建学习兴趣小组。知识分享有利于团队内知识的整合与再创造。最后，创建学习型团队要鼓励成员不断创新。

(四) 创建崇尚学习的组织文化的途径

学习型组织的创建是一项系统的工程，需要有组织文化的强力支持，因为组织文化可以激发组织成员的使命感、凝聚归属感、加强责任感、实现成就感，是创建学习型组织的精神基础。

组织可以从物质层、制度层和精神层三个层次创建学习文化。

首先，物质层主要由产品、设施、服务等物质形态的东西构成的学习文化的表层部分，如报刊、书籍、现代化的传播手段等。物质层的文化本身蕴含着历史、文化、传统和社会价值，潜移默化地影响学习者的态度、情绪和价值观。物质层的文化建设能折射出企业其他层次文化，并且是形成其他层次文化的前提条件。

其次，制度层包括规章制度和舆论。规章制度是教育管理思想、管理体制、管理模式的集中体现，被一定的价值取向所塑造，约束着学习者的行为习惯。舆论是无形的，具有判断、评价、咨询、监督、调节等功能，对人们的行为同样具有约束力和导向作用。组织应充分重视内部制度和舆论对员工学习的引导和推动效应。完善的制度建设和正确的舆论导向是精神层次的文化得以实现的保障。

最后，精神层是一种深层次的文化现象，处于学习文化系统的核心地位。精神层表现为组织成员共同拥有的价值观，体现在规范、行为准则、文化传统、认同意识等方面。研究认为，学习型组织的文化应该是：支持并奖励学习和创新；提倡探索、切磋、冒险和试验；宽容犯错，并将错误视为学习的良机；关注全体员工的福利。

创建组织共同的愿景是学习型组织企业文化的重中之重。组织的共同愿景是整个组织前进的方向和动力。共同愿景给了组织成员一个共同的目标和方向，在工作中劲儿往一处使，心往一处想，就很自然地把大家的力量聚集到了一起，这样的组织工作更容易取得预想的成就，甚至取得超出目标的优异结果。

创建共同的愿景应从以下三方面着手：鼓励员工发展个人愿景是建立共同愿景的前提条件；引导个人愿景与共同愿景协调统一；不断地分享共同愿景。组织可以对共同愿景不断强化、不断加强直至其深入人心成为每个成员的执着信念，时时刻刻指导员工的日常工作和学习。

第四节 学习型组织与组织绩效

一、学习与绩效的关系

学习型组织强调持续学习、终身学习的理念，并且将学习和工作结合起来，实现工作学习化，即将工作的过程看成学习的过程，通过工作过程中的反思进行学习，并把学习工作化，即把学习与工作一样对待，一样要求。学习型组织还强调团队学习和全员学习，不仅开发个人智力，还强调组织成员的合作学习以及组织各个层次员工的学习。

学习型组织强调学习与绩效的关系是相互作用、相互影响的：学习有助于绩效的改善和提高，而绩效的监控和反馈则有助于发现绩效问题，激发学习动机，促进学习活动的产生。关于学习曲线的研究认为组织学习能够带来活力，从而提高组织的绩效。

在学习型组织中，学习的各个方面都有助于组织绩效的提高。组织（团体、个体）能够通过持续不断的探索认知组织所处的竞争环境，找到组织经营存在的不足甚至错误；学习新的业务经营管理经验和专业技能知识，用来纠正错误；尽快满足组织内外环境变化发展的需要，及时调整组织发展的经营战略，给组织带来更好的绩效。学习带来绩效的改善很大程度上得益于学习的这种错误纠正功能。同时，绩效测量和反馈揭示了组织战略缺陷，在战略调整过程中，学习产生了。其实，绩效反馈的组织战略问题并不需要推翻原有战略并重新制定，只要不断调整完善就可以解决问题。但是若问题长期积累不能有效解决，达到一定程度，组织就需要进行变革，变革也是"学习"。

从学习与绩效的相互作用的关系（见图7-3）我们可以更准确地看到，绩效反馈只是促进了变革动机的产生。真正发生变革（产生学习）还需要具备改变的机会和改变的能力。而且，改变动机的产生也是一个复杂的过程，它依赖于反馈的绩效水平和期望水平的比较，还依赖于人们对比较结果做出怎样的解释。这一切又离不开具体的组织内外部环境的影响。

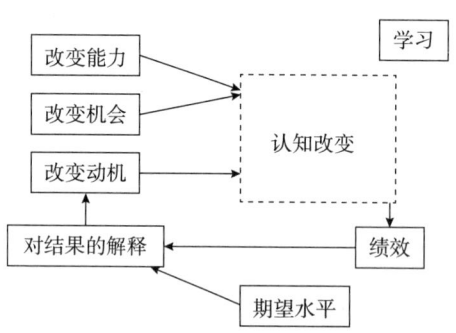

图7-3 学习与绩效相互作用关系

二、学习型组织的组织绩效特征

学习型组织建立了共同愿景，员工对组织的目标有明确认识，并且能够积极地为实现目标而努力。组织成员的心智模式得以改善，克服了自我防卫的封闭意识，对产品和服务具有很强的责任心和主动性，在处理和解决问题时具有系统思考的思维方式，组织的每个员工都知道自己的行为对整个团队的影响、对组织实现目标的影响。因此，学习型组织的绩效管理与一般层级权力控制型组织的绩效管理不同，具有自己的特征。

（1）全面的绩效测量。学习型组织在衡量企业绩效时，不仅关注销售额的提高、利润的增加和股东满意度的提高，它更关注客户群体、组织学习力、员工技能的提高，以及企业声誉的提升。学习型组织的绩效评价，不仅关注当前已经得到的财务结果，也关注企业未来的可持续发展能力，不仅关注企业内部的效益和效率，也关注外部的效益和效率。

（2）个体绩效相互促进。系统思考使组织成员在关注自身绩效的同时也关注其他成员的绩效，学习型组织认为组织的绩效总是大于个体绩效的总和，个体的共同进步和发展才能提高组织的绩效，如果仅仅是某一个或几个个体的发展，不但不能提高组织的整体绩效，还可能导致整体绩效的下降。在传统层级权力控制型企业，由于各职能部门严格按专业分工，每个成员的目的就是实现本部门的绩效，基本上不考虑与其他部门的协作配合，组织成员总是认为若各个部门的绩效达到了最佳，企业的绩效也就能够最佳。

（3）绩效测量促进组织进步。在传统层级权力控制型组织中，绩效衡量的结果主要被用来作为员工报酬和晋升的依据，组织成员对绩效考评过程总抱有消极和抵制的心理。在学习型组织中，绩效结果被用来作为组织成员不断改进的测试工具，员工主动接受绩效考评，并且关心考评结果。成员的学习能力和创造能力的不断提高是学习型组织对成员的要求，也是学习型组织成员自身发展的需求，某个时点上的业绩并不是学习型组织追求的绩效。因此，组织成员在实现目标时具有更强的风险承担能力，他们认为失败所积累的经验同样是宝贵的财富，也能为以后的高绩效提供支持。

（4）绩效反馈速度。学习型组织的扁平结构和部门之间的模糊界限，使得沟通的渠道缩短了，贯穿整个绩效管理过程的沟通和协调活动得以快速实现，组织成员能够及时得到反馈，从而不断改善绩效。

三、学习型组织对组织绩效的影响

影响学习型组织绩效的主要因素是共同愿景、组织机能、对环境的适应性及组织学习力（见图7-4），虚线表示反馈。从系统思考观点出发，企业绩效对组织各因素具有反馈的作用力。组织学习力与共同愿景相互影响，共同愿景使组织成员明确学习的目标，同时，组织成员在组织学习中加深对共同愿景的认识。组织学习力与组织机能也有双向的作用过程，组织学习力能推动变革发生，不断调节组织的机能，使其更符合组织发展要求，同时，组织机能对组织学习力产生反馈。这些因素之间的作用是动态的、不断变化发展的。

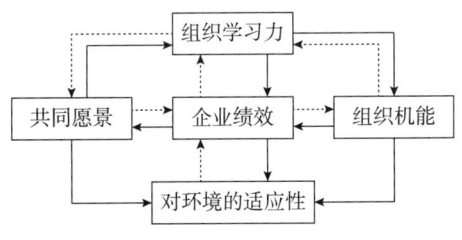

图7-4　学习型组织对组织绩效的影响

（1）组织学习力的提升。学习帮助组织持续实现不断提高的目标，并获得新的技能和能力。在组织学习中不断提高是员工的期望之一，组织性学习能够激发成员认同感，使成员潜能和创新能力最大限度地得以发掘，从而促进企业的高绩效。尽管组织性学习所引起的企业绩效改进不会立刻被成员感受到，存在时滞，且很难量化，但以系统思考为核心的学习型组织，通过对企业绩效的持续全面分析，就能认识到组织性学习对企业绩效的重大影响。

（2）创造有效的组织机能。有效的组织机能可以节约成本、提高组织效率、激发组织成员潜能，使组织的资源得到合理配置，发挥各自优势，为组织创造高绩效。学习型组织减少了权力等级，给组织成员更多进行决策和创新的机会；进行流程重组，防止组织内的相互摩擦、冲突、推脱等现象，推动管理效率的提高；建立有效的激励体系，及时对组织成员的行为做出正面的反馈。

（3）建立共同愿景。共同愿景使组织成员有共同的目标、价值观与使命感，激发成员的抱负和创新能力，为企业高绩效做出努力。共同愿景为组织成员的学习指明方向，而只有当组织成员致力于他们深切关注的事业时才能进行创造性学习，提高组织的学习力，从而为组织创造高绩效。

（4）增强对环境的适应性。随着世界经济全球化，市场环境千变万化。组织对环境的关注程度决定了组织能否快速根据环境变化做出调整；环境将决定企业的生存发展，对环境中各要素的利用可以提高企业绩效。

实证研究也表明，学习型组织中的"支持个体学习以达成共同愿景"和"倡导系统思考与战略领导"对企业绩效具有显著的正向影响。这个结果说明了在学习型组织建设中应该充分重视：企业应该不断为员工创造学习机会，建立完善的评价系统对组织及员工当前绩效加以评价，设置相应的奖励激发员工的学习热情，并对培训成本和培训效果进行评估；领导应该通过自身的不断学习，站在战略高度规划企业的未来，并且帮助员工树立全局观，从整体的角度考虑问题。

思考题

1. 什么是学习？它包括哪几个层次？
2. 简答桑代克的三大学习定律。
3. 阐述格式塔学派对学习过程的解释。
4. 简述目的行为主义学习理论的主要观点。
5. 阐述社会学习理论对学习过程的解释。
6. 简述学习型组织的含义与特征。
7. 论述创建学习型组织的障碍与途径。
8. 讨论学习型组织与组织绩效的关系。

第八章 组织文化

 **本章要点**

- 理解组织文化的层次；
- 掌握 Z 理论的主要内容；
- 掌握追求卓越理论的主要内容；
- 掌握发展适应性组织文化的过程及操作方法；
- 掌握组织社会化的三阶段模型；
- 理解通过指导使员工组织社会化的四个阶段。

> 海尔文化是人的文化。康德提出：人是目的，不是工具。每个人都向往自由、平等和自我价值的实现。海尔认为，组织文化的核心是人的问题，企业能否长久保持生机和活力的关键在人，必须让员工成为创业的主体。在海尔，文化不是一种工具，变成了一种精神。一般企业是通过方法让员工认同文化，海尔则提倡员工参与到组织文化建设中来，从被动方变为主动参与方。
>
> 海尔文化本身是一种应变的文化，具体来讲，就是一整套随着时代发展和企业自身发展相适应的观念体系。海尔文化价值观是随着时代的变化不断演变的，张瑞敏曾说过，没有成功的企业，只有时代的企业。海尔的价值观也体现了这一点。以海尔的创新文化为例，它在每个时期有不同的内涵，早期海尔的创新是克服困难解决问题，如今海尔提出开放式创新，所有人都可以参与进来，形成一个生态系统。所以说，海尔文化是动态的，是不断优化的。尽管如此，海尔价值观的主线是不变的。海尔创业于 1984 年，成长在改革开放的时代浪潮中。30 多年来，海尔始终以创造用户价值为目标，一路创业创新，历经名牌战略、多元化发展战略、国际化战略、全球化品牌战略四个发展阶段，2012 年进入第五个发展阶段——网络化战略阶段，海尔目前已发展为全球白色家电第一品牌。
>
> 没有成功的企业，只有时代的企业。在互联网时代，企业必须建立网络化、平台化的组织文化。传统时代，组织文化是一种执行力文化，而如今则应该是创业文化。组织文化是一个企业的灵魂和基因，企业应持续重视组织文化的构建。
>
> 资料来源：https://wiki.mbalib.com/wiki/%E6%B5%B7%E5%B0%94%E4%BC%81%E4%B8%9A%E6%96%87%E5%8C%96。

越来越多的企业开始认识到企业成功与优秀和强有力的组织文化有着紧密的关系。从20世纪80年代开始，组织文化成为组织行为学的一个重要研究领域，许多学者和企业家在组织文化方面倾注了大量心血，并取得了丰硕的成果。

第一节　组织文化概述

将组织视为一种文化的想法相对于其他理论来说还是近些年的事情。20世纪80年代之前，大多数组织被简单地看作协调和控制一群人的理性工具。它们具有垂直层级结构，有多个部门，有权力关系等。但后来人们发现，组织不仅有这些，而且像人一样是具有个性的：有的可能是呆板的，有的可能是灵活的；有的可能是冷漠的，有的可能是充满活力的；有的可能是消极保守的，有的可能是积极进取的。

一、组织文化的概念

虽然组织文化的概念提出的时间不长，但是已经形成了很多关于组织文化的概念。

（一）组织文化的主要定义

（1）威廉·大内在1981年提出：组织文化是基于组织成员可沟通的价值观和信仰的一套符号、利益和神话。

（2）霍夫斯泰德在1980年提出：组织文化是心灵的集体行动方案。

（3）彼得斯和沃特曼（Tom Peters &Robert H. Waterman）在1982年提出：组织文化是一套有支配作用的、有关联的、被分享的价值观，它是通过故事、神话、传说、标语、轶事和童话等符号手段来传递的。

（4）迪尔和肯尼迪（T. E. Deal &. A. A. Kennedy）在1982年提出：组织文化是一套我们围绕着做事的方法。

（5）奥雷利（C. O. Reily）在1983年提出：组织文化是一些强有力的、广泛分享的核心价值观。

（6）斯凯恩（E. K. Schein）在1985年提出：组织文化是一个具体群体在学习应对外部适应和内部承认的问题中已创造、已发现或已发展的基本假设模型。

（7）摩海德在1995年提出：组织文化是一套价值观，它帮助组织内的员工理解什么行为是可被接受的，什么行为是不可被接受的。

（8）罗宾斯在2002年出版的《管理学》一书中将组织文化定义为组织成员共同的价值和信念体系。

（9）张德2003年在《企业文化建设》一书中将企业文化定义为：企业文化是指企业全体员工在长期的创业和发展过程中培育形成，并共同遵守的最高目标、价值标准、基本信念及行为规范。它是企业理念形态文化、物质形态文化和制度形态文化的复合体。

(10) 刘光明 2004 年在《企业文化学》一书中将企业文化定义为：广义的企业文化是指企业物质文化、行为文化、制度文化、精神文化的总和，狭义的企业文化是指以企业价值观为核心的企业意识形态。

(二) 组织文化的基本特点

虽然组织文化有许多不同的定义，但可以看出一些共有的基本特点：

(1) 组织文化是一个组织中的成员拥有的一套价值观体系。

(2) 组织文化不仅仅写在纸上，或在培训课程中清楚地讲解，而且是被组织成员共同认可的。

(3) 组织文化是可以通过符号手段来沟通的。

根据这些基本特点，可以认为，组织文化（corporate culture）是指组织内部成员共同认可的、可以通过符号手段来沟通的一套价值观体系。

二、组织文化的内容

(一) 组织内部的主文化与亚文化

组织文化代表组织成员的一种共同认识。也就是说，组织中来自不同背景或不同层级的员工会用相似的词汇来描述组织文化。但是，存在共性并不一定要抹杀个性，同一个组织里还有可能存在亚文化。

主文化（dominant culture）体现的是一种核心价值观，它为组织大多数成员所认可。当我们说组织文化时，一般就是指组织的主文化。正是这种主文化，使组织具有独特的个性。亚文化（subculture）通常出现在大型组织中，反映的是组织中的一部分成员面临的共同问题、形势和经历。这些亚文化通常是由于组织内部部门的设计和地理上的间隔形成的。例如，销售部有着独特的亚文化，在待人处事、行为举止方面和财务部门的员工就很不一样。又如，公司在东北分公司的亚文化和广东分公司的亚文化有着各自的特点。在这种情况下，组织的核心价值观仍占主流，但是为适应本部门的特殊情况会有所调整。

(二) 组织文化的内容与层次

组织文化包括以下具体内容：

(1) 人们相互影响的常规行为，例如组织的仪式、典礼，人们共同使用的语言。

(2) 共同遵守的规范和标准，例如"按劳付酬，多劳多得"。

(3) 组织具有的主要价值观念。

(4) 指导组织对待员工和顾客的政策和哲学。

(5) 组织中长期遵循的策略规则，或新成员必须学习以便成为组织所接纳的成员的规则。

(6) 通过有形的设计而在组织中传播的情绪和氛围，以及组织成员与顾客或其他外部人员相互影响的方式。

这些内容中的任何一项都不能单独代表组织文化，但是，把它们放在一起，就反映并赋予了组织文化的内涵。

按照组织文化内容的可观察性和可变动性的不同，组织文化可以划分为多个层次（见图 8-1）。

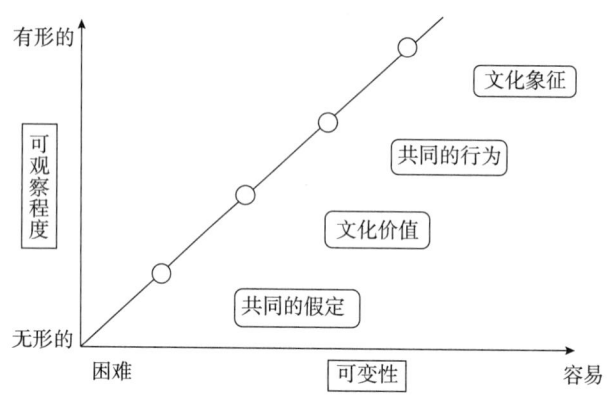

图 8-1　组织文化层次

组织文化中最不明显、最难变化的是一些共同的假定，一些关于现实和人性的普遍认可的信条。例如，指导某些组织形成报酬制度、规则和程序的一个基本假定是：员工的本性是懒惰的，必须严格控制他们才能提高其工作业绩。

文化价值代表着集体的信仰、假定，以及关于判断事情好坏、道德与否的标准。不同的公司，文化价值可能有很大的不同。有的公司最关心的是金钱、盈利与否，有的公司则最关心技术创新和员工福利等。公司在不同的发展阶段关注的内容可能也不相同，也就是说，会有些变化。

共同的行为是比较容易看得见和改变的。在共同的组织环境中，员工的行为容易相互模仿和相互改造。

文化的最表层是文化象征，它由符号、故事、图画、标语、服装等组成。麦当劳的员工在汉堡包大学接受培训时，指导者告诉他们：你们的血管里要充满番茄酱！很多公司的新员工在第一堂培训课上，听公司的历史和公司历史上的一些传奇人物的故事总会成为必修内容。

第二节　关于组织文化的两种理论

许多研究者已经提出了一些理论来分析一个具体企业的文化系统，其中比较著名的有 Z 理论和追求卓越的理论。

一、Z 理论

1980 年，美籍日裔管理学家威廉·大内（Willian Ouchi）出版了《Z 理论——美国企业界怎样迎接日本的挑战》一书，较全面地阐述了 Z 理论。

在 20 世纪 70 年代以前，美国企业的业绩在国际市场中独占鳌头，但从 70 年代起，日本企业的业绩突飞猛进，尤其在曾经是美国企业一统天下的汽车市场、家电市场和钢铁市场中，日本企业后来居上，大有成为龙头老大的趋势。正是在这种背景下，大内写作了这本书。

在该书中，他把典型的美国企业管理模式称为 A（America）型，把典型的日本企业管理模式称为 J（Japan）型，而把美国少数几个企业，如 IBM 公司、宝洁公司等自然发展起来的，与 J 型具有许多相似特点的企业管理模式，称为 Z 型。Z 理论之 Z 是英文单词 Zygote 的第一个字母，该单词的意思是结合体。因为 Z 理论主张日本和美国的成功经验应该相互融合，同时主张在麦格雷戈区分 X 理论和 Y 理论的基础上再进行一次重大的理论突破。

（一）Z 理论的中心议题

无论哪一种企业管理理论，都必须讨论怎样提高生产率。大内从第二次世界大战后日本企业的成功中得出一个启示：使工人关心企业是提高生产率的关键。但是工人不是"单个的人"，而是"社会的人"，这些人只有以最恰当的方式结合在一起，才能够工作得最有成效。

Z 理论的中心议题就是：怎样才能使每个人的努力彼此协调，产生最高的效率？围绕着这个中心议题，"Z 理论的第一课是信任"，即要研究出一种管理制度，使员工之间、部门之间、上下级之间保持相互信任。Z 理论的第二课是微妙性，即废除按照资格来分配工作的方法，而是根据各个员工之间的微妙关系组成效率最高的搭档，或者废除工长的指挥和监督而由工人小组自己管理工艺，以便充分捕捉微妙性来提高生产率。Z 理论的第三课是亲密性，即不仅要在家庭、邻里、俱乐部和教堂里培育人与人之间的亲密性，而且要在工作单位培育这种亲密性。正因为这样，大内才说，《Z 理论》这本书"讲述的是信任、微妙性和人与人之间的亲密性。如果缺少这三点，没有哪一个'社会的人'能够获得成功"。

（二）Z 理论的基本特征

Z 模式被认为是能够增加信任、微妙性和亲密性的管理模式。它的基本特征与 A 模式不同，而与 J 模式相似。这可以从以下七个方面来说明。

1. 雇佣期

J 模式强调终身雇佣制。就全日本来说，占劳动大军 25%~35% 的人能在实行 J 模式的大企业和政府部门中享受终身雇佣制。员工只要不犯重大刑事罪就不会被解雇，退休时可得到一笔相当于 5~6 年工资的退休金，并被安置到该大企业的卫星公司中去干十年左右的非全日性的工作，因而，员工一生的就业和生活都有保障。

A 模式强调短期雇佣制。在美国企业中，辞职和解雇是经常发生的。据统计，从事体力劳动和办公室工作的职工，在一个企业的停留期平均为两年；企业管理硕士，毕业后前十年平均换过三个公司；即使是经理级人员，停留在一个企业的平均期也只有四年。短期雇佣造成了员工的临时观点和短期行为。

Z 理论提倡把美国企业的短期雇佣制转化为长期雇佣制。理由是：雇佣期长，职工就更熟悉企业的内情，他们如果有长期工作下去的可能，就乐于与同事融洽相处，发展友谊，也更愿意接受企业的宗旨、作风、传统等，因此容易被企业同化。方法是：当员工想辞职换公司时，可通过向他们提供更平等、更有挑战性的工作和让他们参与决策来留住他们；当经济短期衰退时，应该让股东少分红或承担轻微损失来换取长远利益，同时也可以让员工缩短工作时间、减少工资、放弃津贴或改变工种等来共渡难关，而不要解雇员工。

2. 评价与晋级

在 J 模式中，正式的评价与晋级极其缓慢。年轻人要在参加工作十年之后才有可能得到各自不同的晋升。这种非常缓慢的评价过程，使投机取巧、哗众取宠难以得逞，并促使人们以非常坦率的态度对待合作、工作表现和评价。为了避免因缓慢晋级而挫伤年轻人的积极性，一方面可以将正式职称与实际所负责任脱钩，即资历较深的员工挂名，实际工作则交给青年去做，在青年的才干得到充分的证明之后才给予不可逆转的提升；另一方面可以建立只吸收年轻人参加的名目繁多的"工作会"，使年轻人能经常得到与自己地位同等的人所做的亲切、微妙和复杂的评价。

在 A 模式中，由于员工迅速流动，不得不采取迅速评价和升级的办法。这导致经理层歇斯底里的态度，他们认为如果三年内没有重大升迁就是失败，也导致每个人都只盯着那些自己能够独立做的事情，谁都不关心别人的问题，从而无法形成合作协商的工作态度。

Z 理论主张确定一种缓慢的评价和提升制度，目的是培育员工的长期观点与协作态度。但为避免人才向 A 型公司流失，对于新进公司的年轻人，在前十年应实行无差别的整批人晋升（加薪）；同时，必须提供一种非金钱的评价制度，如经常同上级一起参与计划，包括得到上级频繁的指示和引导，参加带有挑战性的重要工作，只对其中工作成绩好且具有长期观念和协作态度者才给予单独的晋升，而且是在他们参加工作十年之后。

3. 职业发展途径

在 J 模式中，职业发展途径是非专业化的，是企业内部的终身工作轮换制。一个电机工程师可以从线路设计调往制造部门，再调往装配部门；一个技工每隔几年便被调去照料别的机器或去另一部门工作；而所有的经理都将在本企业各部门轮流工作。其优点是：能培育熟悉多种专业的通才，有利于不同职能部门之间协调结合成为一个优化的整体；每个员工都有可能和企业内部其他任何人共事，从而提供了与他人友好合作的动力；能培养员工献身本企业的忠心，因为本企业的通才转到另一个企业是很难发挥作用的。其缺点是：不能或很难培育出对某一业务特别精通的专家。

在 A 模式中，职业发展途径是高度专业化的。员工或者一辈子搞生产，或者一辈子搞销售，或者一辈子搞工程，或者一辈子做会计，转换专业是罕见的。其优点是：把人培养成特别精通一门业务的专家，可以从甲公司转到乙公司，从一个城市转到另一个城市，而且几天以后就工作得很顺利，可以立即有所贡献，从而使得工业生产的广泛开展成为可能；适应人员高度流动的社会，企业招聘员工可节省培训新手的时间和费用。其缺点是：使人的发展片面化；只关心个人与专业，不关心他人与企业；人们之间互不了解，谈不上紧密结合，更谈不上配合默契，彼此之间是"预制标准件"式的机械结合，不能适应发展新的整体目标的需要。

Z理论主张拓宽职业发展道路，有计划地实行横向职务轮换。理由是：这种轮换可提高工作的热情、效率和满意感，可以使设计、制造和销售合作得更好。在Z模式中，职业发展途径常常是从这个办公室调到那个办公室，从这个职务调到那个职务。这些也正是日本企业的特征。这种方法有效地产生了更多的该公司所特有的技能，从而在设计、生产和装配过程中走向更密切的协调。

4. 控制方式

在J模式中是以微妙、含蓄和内在的方式进行控制的。所谓微妙、含蓄、内在的控制，并不是含糊不清、为人圆滑，而是通过向部属灌输企业的宗旨、信念和价值观并要求下属能据此推导出具体规则和对目标的控制，简言之，也就是文化控制。这种控制方式的优点是：既控制了人们对问题做出反应的方式，又取得了他们之间的协调，从而使解决问题的各种方法紧密配合在一起。

在A模式中，控制方式是明确的和形式化的，失去了协作生活中的一切微妙性和复杂性。上级给部属下达可以衡量的工作指标，只有完成了这些指标的部下才是称职的。

在Z模式中，既有明确的控制方法，也有含蓄的控制方法。明确的方法用于控制情况的了解和沟通，重要的决策则用含蓄的方法加以控制。例如，为了控制进入某个新行业的行为，必须计算出进入后所能获得的最大利润，但是，是否应该进入这个新行业，则取决于进入这个新的行业后，能否为顾客提供真正的价值，以及能否帮助员工尽快成长。Z理论极力主张在企业内部建设高度一致的文化，用自我指挥取代等级指挥，从而实现彻底内在的控制。

5. 决策过程

在J模式中，强调集体作出意见一致的决策。要作出重要决定时，所有相关人员都要参与，反复协商，直到取得真正一致的意见。用这种方法决策，需要很多的时间，但往往能作出创造性的决定，而且一旦作出决定，有关人员都会给予支持，使决策能又快又好地得到贯彻。日本企业界有一种独特的"决策观"：重要的不是决定本身，而是人们对决定负责和了解到何等程度。否则"最好的"决定也能被搞坏，正像"最坏的"决定也能搞得不错一样。这种集体决策是以共同的价值观和信念为基础的。

A模式强调个人决策。在典型的美国企业中，科长、部门经理、总经理都一致地认为他们"不能踢皮球"——他们自己应当担起作出决定的责任。用这种方法决策，很快、很干脆，但贯彻执行起来很慢。

Z理论提倡集体决策，主张让员工也参与决策。它认为，应直接向员工征求建议，而不是从一小批匿名的建议信中收集建议；不要害怕将这些建议付诸实施。在Z型组织中，决策是一个多人参加并取得统一意见的过程。这也是在企业内部广泛传播信息及价值观的方法之一。

6. 责任制

在J模式中是集体负责。在日本没有一个单独的个人对某件特殊的事情负责，而是组员对一组任务负有共同责任。

在A模式中是个人负责。例如，吉姆独自负责购买办公用品，玛丽独自负责维修服务事宜，而弗雷德则专门负责购买办公室用的机器。如果弗雷德发生了较大的事故，例如生病，办公室用的机器的订单不能得到正确处理，弗雷德只好被解雇。

Z 理论提倡强化共同目标，使每个人都能自觉对集体作出的决定负责，从而避免紧张状态。在 Z 型公司里，决策可能是集体作出的，但是最终要由一个人对这个决定负责。

7. 企业关系

在 J 模式中，企业与员工、雇主与员工、员工与员工之间是一种整体关系。企业不仅向员工提供适当的工作，而且要努力使员工得到全面的发展。企业不仅关心员工八小时之内的工作，也关心员工的吃饭、住宿、学习和娱乐等问题。企业内部人与人之间通过多种纽带而相互联系，形成一种完整而全面的关系。只有在这种整体关系中，人们的亲密、信任和相互了解才会产生。

在 A 模式中，人们之间的关系是一种局部关系，人们之间的相互了解仅局限于工作范围之内。西方有的社会科学家甚至认为整体关系是一种变态的东西，只限于监狱、精神病院、修道院及军事单位，与现代工业社会是不相容的。因此，人们只以片面方式在企业内相处，各自扮演一种角色，而不是把对方当作一个完整的人来看待。

在 Z 模式中，情况与日本公司相似，上级对下属、员工对同事的关心是广泛的。Z 理论主张使整体关系得到发展，在这种局面下，非人性化是行不通的，独裁是不可能的，而公开的思想交流、信任及负责却是常态。

（三）三类文化价值观的差异

从上述七个方面中，我们可以总结出 J 型组织文化、A 型组织文化和 Z 型组织文化之间的差别（见表 8-1）。

表 8-1　三类文化价值观的差异

文化价值观	J 型	Z 型	A 型
对员工承担的义务	终身雇佣	长期雇佣	短期雇佣
评价	慢而定性的	慢而定性的	快而定量的
职业生涯	非常广泛	适当广泛	狭窄
控制	含蓄和非正式	含蓄和非正式	明确和正式
决策	群体和一致	群体和一致	个体
负责	群体	个体	个体
关心人	全面的	全面的	局部的

可见，典型的日本企业、典型的美国企业以及大内倡导的 Z 型企业体现了三种典型的组织文化。威廉·大内的研究成果也因运用比较研究的方法揭示出不同组织文化的内涵而引起了广泛的关注。

二、追求卓越的理论

1982 年，美国管理学家彼得斯（Tom Peters）和沃特曼（Rokert Waterman）在《追求卓越》一书中，较全面地阐述了追求卓越的理论。

追求卓越的理论认为，一家卓越企业的组织文化应该包括八个方面：注重行动、面向顾客、自治与创业、高素质的人才、深入基层、专心本行、精简机构和刚柔相济。

（一）注重行动

卓越企业当然注重分析与收集信息，但是更鼓励及时决策，因为在现实生活中常常是信息还没有全面收集到就要作出决策。况且在许多场合，要收集全部信息几乎是不可能的。一旦作出决策后更要注重行动。在一些卓越企业中，标准的工作程序是"动手、确定、尝试"。为了保持发展速度，防止企业规模增大带来的事倍功半，这些企业采取了大量切实可行的措施。

（二）面向顾客

卓越企业的组织文化的核心是"顾客至上"，这不仅是销售部门和市场部门的口号，而且自始至终贯穿企业的所有活动。顾客是目前产品的信息来源，也是未来产品的信息来源，更是企业的利润来源，以及未来业绩的来源。因此，卓越企业一定要面向顾客，尽量满足顾客的需求，鼓励员工在为顾客服务方面做得更好。卓越企业和其他企业的一个重要区别在于：前者为顾客提供优秀的服务，往往称自己是一家"服务公司"。

（三）自治与创业

卓越企业往往把大公司分成若干个小公司，鼓励独立性、创造性和冒险精神。企业在组织内培养了大批领导者、创业家和实干家，企业成了不断涌现各种优秀人才的学校。卓越企业绝不试图把每个人都管得很死，以至于他们不能发挥创造性。对于各种有益的尝试，企业均给予鼓励。企业实际上成了激情奔放的发明家和无所畏惧的创业家的天堂，企业的持续发展成为必然的趋势。

（四）高素质的人才

卓越企业认为，资本投资不是提高效率的根本源泉，高素质的人才才是企业成功的保证。企业中最重要的资源是员工。企业的任务就是让员工发挥才能，因此，与员工沟通仅靠传达文件和开会是不够的。管理者的大部分时间应花在调动员工的积极性方面。每个员工向企业提供的不仅仅是辛劳，更多的应该是思想。

（五）深入基层

卓越企业的高层管理人员常常深入基层，掌握第一手资料，而且掌握一些必要的技能，经常与基层员工在一起工作。其他企业的高层管理者常常坐在办公室或会议室里定计划、作决策，但这些计划和决策往往脱离实际。

（六）专心本行

卓越企业的另一个价值观是专心本行，它们抛弃多元化的观念，不在无关行业进行投资或经营，不搞大而全或小而全，基本上只从事自己熟悉的行业与相关的行业。

(七) 精简机构

卓越企业的管理层级缩减到最少，雇用的管理者也尽可能少。在其他企业中，管理者往往以管理人数的多少来展示自己的地位、威望和重要性。在卓越企业中，管理者的地位、威望和重要性由他对企业所做的贡献来决定，而不是由他管理的人数来决定。这种企业文化告诉我们，群体的业绩比群体的规模更重要。

(八) 刚柔相济

刚柔相济是卓越企业中最后一个价值观。在卓越企业中，组织既是严密的，又是松散的。卓越企业如何能达到这种看来是两难抉择的状态呢？

卓越企业的组织是严密的，指的是员工都能理解、认同、信仰组织文化，有一致的价值观。在这种状况下，许多工作不言而喻，遇到某类问题该如何处理大家都非常清楚。

卓越企业的组织有时是松散的，指的是员工"头上"没有众多的监督者，"脖子上"也少有清规戒律约束，企业靠自觉化运作，而不是靠规章制度运作，因此，员工能够敢于创新和冒风险。

第三节 发展高绩效的组织文化

研究表明，如果一个组织的文化是强文化（strong culure），也就是组织的核心价值观得到员工强烈的认可和广泛的认同，员工流动率就很低。虽然很难说这两个现象存在因果关系，但是两者是高度正相关的。这表明，组织文化对于组织的凝聚起着不可忽视的作用。

但是，一个企业的组织文化很强并不一定是件好事，因为还要看其文化的核心价值观是什么。因此，文化的核心价值观比文化的强度更重要。例如，一家企业的组织文化很强，但是其核心价值观是抵制变化；而另一家企业的组织文化很弱，但是其核心价值观是鼓励创新，那么很可能后者能在环境变化剧烈的竞争中获得最终胜利。因此，发展高绩效的组织文化具有重要的意义。

一、组织文化的表现形式

(一) 斯凯恩的观点

斯凯恩提出组织文化要通过三方面来表现：

(1) 新成员的社会化。例如，一位新员工出席一次重要会议迟到了，别人就会告诉他一个故事：某某人因为迟到，被炒了鱿鱼。以后，这位新员工开会就再也不迟到了。

(2) 次文化的冲突。例如，一位产品设计工程师和营销经理发生了冲突，前者强调产品的功能，后者则要求产品更时尚。

(3) 最高管理层行为。例如，以身作则地遵守规章制度，奖励有创造性的员工，鼓励改善公司产品的质量,提倡团队精神等。

(二) 一般表现形式模型

组织文化的一般表现形式可以用如下模型来描述(见图 8-2)。从图 8-2 中可以看出,组织文化有四个一般表现形式:(对象)分享事物、(谈话)分享谈话、(行为)分享做事和(情绪)分享感情。一个人可以在组织中通过询问、观察、阅读和感受来收集其组织文化的信息。

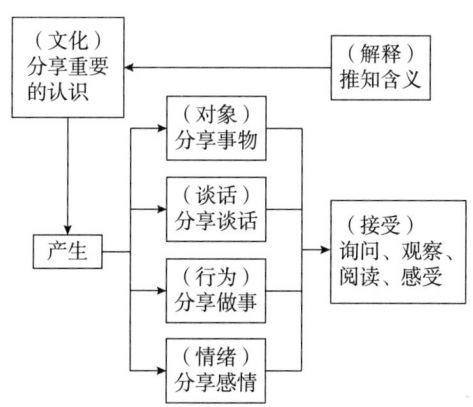

图 8-2 组织文化的一般表现形式模型

(三) 其他表现形式

贝叶尔和特拉斯(J. M. Beyer & H. M. Trice)提出组织文化有十种特殊的表现形式,包括惯例、仪式、神话、传说、民间故事、符号、语言、姿势、生理定式和人工制品。另外,组织英雄也被认为是组织文化的一种表现形式。所谓组织英雄(hero),是指体现一个组织最高理想的个体。英雄在强化组织文化以及使组织文化长盛不衰方面都发挥着重要的作用。

二、组织文化的功能

(一) 组织文化的积极功能

组织文化主要有导向、约束、凝聚和造型四种基本功能。

1. 导向功能

组织文化的导向功能是指它对组织行为的导向作用。组织的行为实质上就是组织主体即员工的行为。

组织文化包括价值观。如同个人的价值观引导着他的行为一样,组织的价值观同样也引导着组织的行为。这些价值观从总体上规定了组织全体员工如何去行动。

2. 约束功能

一种组织文化一旦确定,就会对组织的每个成员具有约束和规范作用,使他们的行为趋于一致。

组织文化通过价值观、传统等软性因素约束，比用规章制度等硬性因素约束对工具有更强大、更持久、更深刻的影响。

3. 凝聚功能

组织文化的凝聚功能，是指它能把组织的成员紧紧地联系在一起，同心协力，为了实现共同的目标和理想，为了共同的事业而奋勇拼搏、开拓前进。

4. 造型功能

组织文化有助于增强社会系统的稳定性。文化是一种社会黏合剂，它为组织成员提供言行举止的标准，把整个组织聚合起来。作为一种意识形态和控制机制，组织文化能够引导和塑造员工的态度和行为。

例如，迪士尼乐园的员工总是那么吸引人，整洁、漂亮、带着迷人的微笑，这些不是偶然的，而是迪士尼公司努力追求的形象。公司在选聘员工时，就录用那些能够保持上述形象的人。一旦员工上班后，强劲的公司文化，辅之以正式的规章制度的支持，就保证了迪士尼的员工会以一种相对统一的方式行事。

从20世纪90年代开始，文化对于员工行为的影响越来越明显。现代组织逐渐拓宽了组织跨度，使组织结构趋于扁平化，引入了工作团队，降低了正规化程度，授予员工更大的权力。这些都要求一种强文化提供共同的价值观体系，从而保证组织中的每个人都朝同一个方向努力。

谁会被组织录用，谁的绩效评估成绩较高，谁会得到晋升机会，这些都受到个人—组织"适合度"的强烈影响。这里的"适合度"是指求职者或员工的态度与行为是否与组织文化相容。正是通过这种"适合度"，组织文化改变和塑造着员工的态度和行为。

（二）组织文化可能的消极影响

上面列举的组织文化的许多功能对组织和员工都有重要价值。文化有助于提高组织承诺，增强员工行为的一贯性。很明显，这对企业是很有帮助的。从员工的角度来说，组织文化很重要，因为它有助于减少模糊性，能告诉员工事情应该如何做，什么是重要的。但是我们也不应忽视文化，特别是强文化对组织有效性的潜在的负面影响。

1. 变革的障碍

当组织的共同价值观与进一步提高组织效率的要求不相符时，它就成了组织发展的束缚。这是在组织环境处于动态变化时极有可能出现的情况。当组织环境正在经历迅速的变革时，根深蒂固的组织文化可能就不合时宜了。当组织面对稳定的环境时，行为的一致性对组织而言很有价值。但它可能束缚组织的手脚，使组织难以应对变幻莫测的环境。有些公司有强劲的组织文化，而且企业文化在过去起过非常积极的作用，但是，随着企业战略的变化、环境的改变，这些强文化会成为变革的障碍。对于许多具有强文化的组织来说，过去能导致成功的措施，如果与环境变化的要求不一致，就可能导致失败。

2. 多样化的障碍

由于种族、性别、道德观等差异的存在，新聘员工与组织中大多数员工不一样，这就产生了矛盾。管理人员既希望新成员能够接受组织的核心价值观，以免难以适应或不被组织接受，又想认可并支持这些员工带来的差异，因为这些差异对组织的发展可能是有益的。

强文化不仅施加了较大的压力，使新成员服从组织文化，而且限定了组织可以接受的价值观与生活方式的范围。很明显，这就导致了一个两难问题：组织雇用各具特色的个体，是因为他们能给组织带来多种选择上的优势，但如果员工处于强文化的作用下，为了适应文化的要求，这种优势就可能会丧失。

3. 兼并和收购的障碍

以前，管理人员在进行兼并或收购决策时考虑的关键因素是融资优势或产品协同性。近几年，文化的相容性变成了他们主要的关注对象。虽然收购对象在财务和生产方面是否有利可图是必须考虑的因素，但收购对象与本公司的文化能否相容，越来越成为一个重要的因素。

（三）企业文化在并购中的功能

企业之间的并购目前已经蔚然成风，并购总是带着并购方追求协同效应的美好愿望，比如，公司的品牌和声誉、资本和新的收入来源、管理和处理业务的核心竞争力、拥有独有技术和客户关系的员工、构成企业文化和经营环境所需要的各种要素以及管理资源等。然而，并购失败的比例很高，其中企业间文化的排斥和冲突是造成并购失败的重要原因。进行文化整合是发挥企业并购效应，实现 1+1>2 的重要途径。

1. 慎重决策，避免文化排斥

文化不是一种个体特征，而是许多人共有的心理程序。当并购发生并给目标企业的文化带来威胁时，人们立即会产生一种对自身企业文化的强烈认同。保护自己的文化，以抵制的心态来反击文化的入侵，从而直接导致文化冲突。以跨国并购为例，跨国交易必须考虑由国家之间的文化差异带来的问题。跨国交易由于国家的文化、语言、政治、法规等的不同而更趋复杂化。针对欧洲公司进行的 319 笔跨国交易研究显示成功率只有 57%。因此，在并购之前充分认识企业文化之间的差异并慎重制定并购决策，是避免并购后企业间文化排斥从而造成负面效应的关键。

2. 增进理解，走出失败误区

并购交易的失败通常源于两个公司的文化不能融合。许多被认为是天作之合的并购，在日后的管理中出现矛盾，并最终导致并购失败。一般而言，基于征服型企业文化，并购者用自己的文化强行改造被并购者，并购方利用自己成熟和成功的企业文化在整合过程中起推动和主导作用。然而，这种快速、高效的文化整合方式很容易遭到被并购企业管理层和员工的抵制，从而导致并购失败。在处理文化不匹配时，一种文化强加给另一种文化很容易破坏并购的价值。例如，1987年全美航空公司收购皮德蒙特后把自己的文化强加给后者，遭到后者的顾客群和员工的反抗，以致内外部矛盾重重、股价大跌、客源流失。

3. 凝聚企业，创造并购价值

企业文化不仅可以在企业内部发挥凝聚、导向、约束和塑造的功能，而且还可以在企业外部起到一定的作用。企业知名度高时，企业文化在企业外部表现出较强的影响力，比如对外部求职者的吸引等。企业文化还可以表现为较弱的外部形象塑造作用。企业文化的积极作用只有在并购后，新企业文化形成之后，才能够最大限度地得到发挥。

三、找出更有效的文化

人们对企业文化感兴趣的初衷是想找出一些经营业绩良好的公司在文化方面的共性特征，即究竟哪一种组织文化有利于组织获得好的业绩。

美国一项进行了四年的研究，得出了下列结论：

（1）组织文化可能对企业的长期经济绩效具有更大影响。

（2）组织文化在决定企业未来十年的成败方面，可能是一个更重要的因素。

（3）强有力的但是抑制组织长期业绩的组织文化并不少见，而且它们很容易形成。甚至在那些充满了理智而聪明的人们的企业中，也很容易形成。

有学者在研究组织文化与组织绩效的关系时提出了三种有代表性的关于组织文化的观点：强度观点、合身观点和适应观点。

1. 强度观点

一些流行书籍的共同观点是，强势的、发展得很好的文化，是有突出业绩的组织的一个主要特征。"强文化"一词意味着大多数经理和员工分享着一套一致的价值观和做事的方法。

可能有三个原因导致强文化和良好的业绩联系在一起：

（1）强文化常常提供战略和文化之间的良好适应。这种适应被认为是成功完成公司战略所必需的。

（2）强文化也许导致员工间目标的协调，即大多数员工具有相同的目标，并有些基本一致的原则加以遵循，文化的凝聚功能和导向功能显示出了强大的力量。

（3）强文化引导着员工的责任心和动机，规范着他们的行为。

2. 合身观点

虽然组织文化和业绩是相关的，但是有证据表明这种关系尚不够明确。例如，强文化也许并不总是比弱文化优越。一些研究指出，文化的类型在某种程度上比文化的力量更重要。由此产生了合身观点。这种观点认为，一种组织文化必须与组织的业务以及战略目标联系起来，也就是说，一种组织文化只有符合一个组织的特点才能提高组织的绩效。这种观点认为，由于组织的特点各不相同，因此，没有一种组织文化是最佳的。

3. 适应观点

适应观点认为，优秀的组织文化有助于企业预测、适应环境的变化。可以说，这种适应性是提高企业效绩的关键。

1977~1988年，科特（J. Kotter）和赫斯凯特（J. Heskett）结合上述三种观点对22个行业的207家公司的组织文化进行了追踪研究。结果发现：虽然部分企业支持强度观点和合身观点，但是多数企业更支持适应观点。所有持组织文化适应观点的企业，长期经济效益都比较好。

四、发展适应性组织文化

因为适应性组织文化对于提高企业绩效有重要的作用，所以，在企业中应该发展适应性组织文化。科特和赫斯凯特在1992年提出了一套发展和维持适应性组织文化的过程模型（见图8-3）。

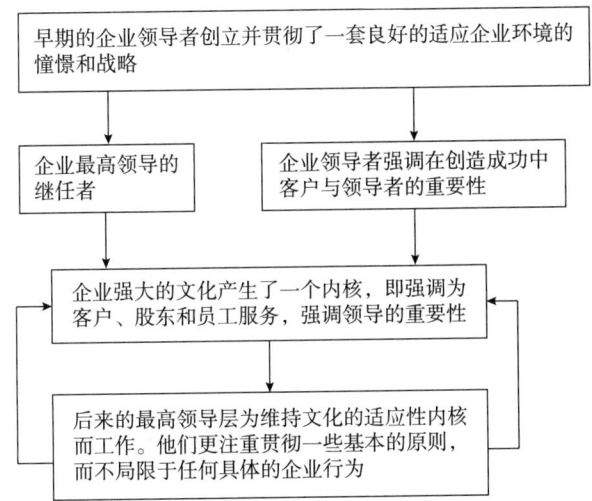

图 8-3　发展和维持适应性组织文化的过程模型

这个过程从有特色的领导开始，即领导者必须创立和贯彻符合企业特点的企业憧憬和战略目标。随着时间的推移，企业的成功与特定领导结合后确立了适应性。领导者必须使员工获得一种持久的理念，或一套价值观，即为企业的"上帝"服务。这些"上帝"就是客户、股东和员工。同时，也要强调改善领导，通过强化和支持"满足客户需要"和"改善领导"的核心价值观来进行管理，而不必拘泥于企业的一般战术目标和实践活动。实践证明，科特和赫斯凯特提出的模型对企业发展和维持适应性组织文化具有借鉴意义。

在建立适应性组织文化的具体操作方面，格罗斯和希曼（W. Gross & S. Shichman）在1987年提出了一种形成组织文化的操作方法（见图8-4）。

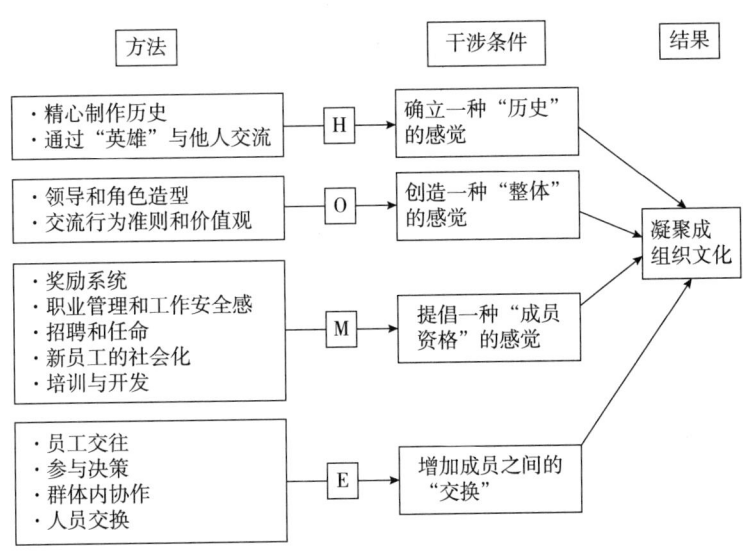

图 8-4　格罗斯和希曼形成组织文化的操作方法

他们认为，一种适应性的组织文化可以使企业成为一个功能健全的家庭，因此又称

"回家"（HOME）途径。其中 H 代表历史（history），O 代表整体（oneness），M 代表成员资格（membership），E 代表互换（exchange）。这四个方面的干涉条件能够获得想要的结果——适应性组织文化。

在建立适应性组织文化的操作方法中，"精心制作历史""通过'英雄'与他人沟通"（H）是为了确立一种"历史"的感觉；"领导和角色造型""交流行为准则和价值观"（O）是为了创造一种"整体"的感觉；"奖励系统""职业管理和工作安全感""招聘和任命"等（M）是为了提倡一种"成员资格"的感觉；而"员工交往""参与决策"等（E）是为了增加成员间的"交换"。正是 H、O、M、E 的共同作用形成了适应性的组织文化。在建立适应性组织文化的实践中，可以运用这些具体的操作方法。

第四节　组织社会化的过程

一个新员工进入企业后要经历一个组织社会化的过程，才能真正成为该企业的一员。组织社会化（organizational socialization）是指个体学习组织的价值观、基本准则和必要的行为，组织允许他作为组织的一名成员参与活动的过程，简称社会化。

一、影响新成员组织社会化的因素

影响新成员组织社会化的因素有很多，主要可以分为两类：组织能够控制的因素和组织不能控制的因素。

1. 组织能够控制的因素

组织能够控制的因素主要有五个：①管理层对社会化的认识；②对新员工的招聘面试；③正式的新员工定向培训；④各种工作培训；⑤组织的监督。

2. 组织不能控制的因素

组织不能控制的因素有很多，主要有四个：①新员工的个性；②新员工对企业的第一印象；③其他员工行为给新员工留下的印象；④新员工个人需要的满足。

二、组织社会化的三阶段模型

为了更好地了解组织社会化的过程，美国管理心理学家菲尔德曼（D. C. Feldman）在 1981 年提出了一个组织社会化的三阶段模型（见图 8-5）。

从一个局外人到社会化的内部人共有三个阶段。

1. 阶段一：预期的社会化

这个阶段始于个体真正加入组织之前。预期的社会化信息来自各个方面，例如招聘广告、个人经验等。

所有正式的、非正式的，或者正确的、错误的信息都能帮助个体预期组织的实际情况。在这个阶段，新员工往往对工作条件、工资收入和晋升有很高的期待。这种不切实际

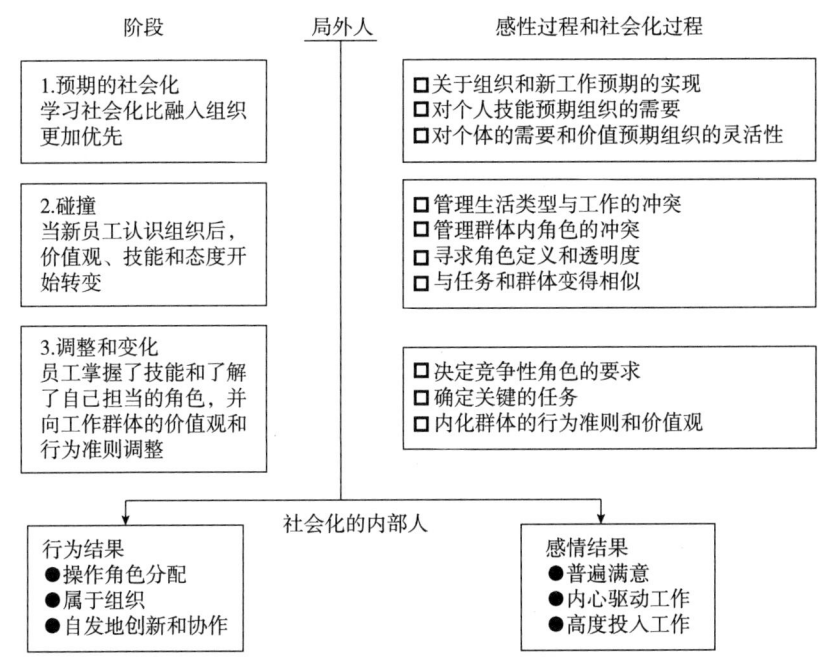

图 8-5　组织社会化的三阶段模型

的期望往往会导致员工在发现实际情况与预期不符时出现不安定心态甚至"跳槽"。因此，管理者应该给员工真实的工作预示，告诉他们企业的真实情况，包括好的地方与差的地方、积极的方面与消极的方面。可以用开展示会、发布企业信息等手段进行真实的工作预示。

另外，从组织的角度来讲，甄选过程也是保证组织所聘员工与组织文化相适应的重要环节。事实上，一个人在甄选过程中对自身能力的恰当表现决定了他是否能进入组织。因此，是否成功取决于应聘者是否准确地预测到了组织中那些负责甄选过程的考官的期望和爱好。

2. 阶段二：碰撞

第二阶段一般从员工签订雇佣合同开始。在这个阶段，新员工开始觉得现实和期望并不一定相吻合，为此感到吃惊和不安。有学者称之为"现实震惊"。即使是那些自以为对组织了解很多的员工，第一天上班以后也会觉得困惑。常常会觉得，自己平时对于友谊、目标、能力等方面的一些看法似乎都变得有点问题了。在碰撞阶段，个体要面对一种严峻的挑战，即能否妥善解决工作和外部利益的多种冲突。如果这个阶段拖得太长，员工有可能离职去寻找新的工作。

3. 阶段三：调整和变化

随着员工明确了目标和任务、掌握了工作技能、解决了角色冲突，就开始进入组织社会化的第三阶段——员工开始改变自己，接受组织文化，逐渐融入组织。当然，如果员工拒绝进入第三阶段，那么他不是离职就是会成为组织里的一名孤独者。

三、通过指导使员工社会化

每个组织都有自己独特的文化和表现形式,新员工进入组织后如果希望尽快熟悉并掌握组织成员之间一些约定俗成的做事方法,就需要熟悉这些规则的老员工给予适当的帮助。比如,在企业中,电话铃声响几声时开始接,如果对方找的人不在时如何留便条,同事间、上下级之间的电子邮件格式,公司里如何称呼同事、领导,发电子邮件需要抄送给哪些人,回复电子邮件时应该让哪些人知道等。

(一)指导的概念

指导(mentoring)是指在指导者(一般是上级员工)与被指导者(一般是下级员工)之间形成和保持一种深入的、长期发展的关系的过程。

指导者有时又称师傅、导师、主管、老师等。指导是发展一种高绩效文化的重要组成部分,一个企业要创立一种积极的、优秀的企业文化,要尽快地使新员工组织社会化,一定要重视指导的作用。

(二)指导的功能

克拉姆(K. E. Kram)在对18对有上下级关系的员工进行深层次的访谈后发现,指导的功能主要有两项:职业功能和心理功能。

1. 职业功能

职业功能主要是指指导对于员工在工作中所起的作用。它有五个次级功能:

(1)倡议功能。上级会主动提名一位下级管理者晋升和担任适合的工作。

(2)暴露功能。配对的下级管理者会在重要的活动中暴露出其长处和短处,有利于上级管理者为其提供工作机会。

(3)引导功能。通过实际的指示,告知被指导者如何认识事物、如何完成目标。

(4)保护功能。保护下级管理者免受有害情境或其他高级管理者的伤害。

(5)培养功能。通过适当的工作安排和反馈,帮助下级管理者发展必要的技能。

2. 心理功能

心理功能有四个次级功能:

(1)角色造型功能。要求下级员工朝一套价值体系和行为模式去努力,这也是最常见的一种心理功能。指导者的言传身教会在很大程度上影响被指导者的价值观和行为。

(2)接受和确认功能。上级员工经常为下级员工提供多方面的支持和鼓励。

(3)咨询功能。帮助下级管理者解决各种工作中的难题,并提出建议,这有助于下级管理者塑造自我形象。

(4)友谊功能。在社会人际交往中使下级员工感到满意和安全。

(三)指导的阶段

指导共分四个阶段:启动阶段、培养阶段、分离阶段和再界定阶段。每一阶段都有一个参考时间,其实每一个阶段的时间可长可短,一般来说,完成整个指导过程平均需要五年左右。

（1）启动阶段。这个阶段为 6~12 个月。在此阶段，指导关系刚刚建立，对于指导者和被指导者双方来讲都很重要。

主要的转折点是：幻想变成具体的期望，期望开始实现，上级员工提供指导、分配挑战性的工作、工作的透明度，下级员工获得技术上的帮助、对指导者表示尊敬、并渴望被指导，相互作用主要围绕工作任务。

（2）培养阶段。这个阶段为 2~5 年。在此阶段，指导的职业功能和心理功能发挥至最高限度。

主要的转折点是：指导双方在相互关系中持续获得利益，重要机会和频繁的交往不断增加，情感纽带加强，亲近感增加。

（3）分离阶段。这个阶段发生在组织结构角色关系发生重大变化之后，或在情感关系发生重大变化以后，为 6 个月至 2 年。

主要的转折点是：下级员工不再需要指导，并更自觉地寻找工作机会；上级员工面对中年危机，很少有能力进行指导；工作变动或晋升限制了继续保持关系的机会；不再提供职业功能和心理功能；阻碍了创造性的发挥；敌视导致不良的关系。

（4）再界定阶段。这是处于分离阶段之后的一个模糊时期。在此阶段，老的关系已经终止，新的关系有许多不同的特点，其中最主要的特点是建立更亲密的友谊关系。

主要的转折点是：分离的压力减少；新的关系已形成；以前形成的指导关系已不再需要；不满和愤怒减少，感激和欣赏增加；达到了一种伙伴关系的程度。

 **思考题**

1. 什么是组织文化？它包括哪几个层次？
2. 论述 Z 理论的基本特征。
3. 讨论一家卓越企业的组织文化应该包括哪些方面？
4. 简答文化的积极功能和消极功能。
5. 阐述组织文化与组织绩效的关系。
6. 简述格罗斯和希曼提出的形成组织文化的操作方法。
7. 描述组织社会化的三个阶段。
8. 讨论企业如何实现员工社会化。

参考文献

［1］罗伯特·克赖特纳，安杰洛·基尼奇. 组织行为学：第 16 版［M］. 北京：中国人民大学出版社，2018.

［2］斯蒂芬·罗宾斯，蒂莫西·贾奇. 组织行为学精要：第 11 版［M］. 北京：中国人民大学出版社，2018.

［3］周三多. 管理学：原理与方法：第 7 版［M］. 上海：复旦大学出版社，2018.

［4］陈晓萍. 组织与管理研究的实证方法［M］. 北京：北京大学出版社，2018.

［5］顾培忠，任岫林. 组织行为学：第 3 版［M］. 北京：中国人民大学出版社，2018.

［6］兰杰·古拉蒂. 管理学：第 2 版［M］. 北京：机械工业出版社，2018.

［7］付永刚. 组织行为学［M］. 北京：清华大学出版社，2017.

［8］杰弗里·迈尔斯. 管理与组织研究必读的 40 个理论［M］. 北京：北京大学出版社，2017.

［9］史蒂文·L. 麦克沙恩. 组织行为学：第 7 版［M］. 北京：机械工业出版社，2017.

［10］葆拉·卡普罗尼. 管理学与生活：第 3 版［M］. 北京：中国人民大学出版社，2017.

［11］苏勇. 管理伦理学［M］. 北京：北京大学出版社，2017.

［12］斯蒂芬·罗宾斯，蒂莫西·贾奇. 组织行为学：第 16 版［M］. 北京：中国人民大学出版社，2016.

［13］斯蒂芬·罗宾斯等. 组织行为学精要：第 13 版［M］. 北京：机械工业出版社，2016.

［14］孙萍，张平. 公共组织行为学：第 3 版［M］. 北京：中国人民大学出版社，2016.

［15］弗雷德·鲁森斯. 组织行为学：第 12 版［M］. 北京：人民邮电出版社，2016.

［16］龙立荣. 组织行为学［M］. 大连：东北财经大学出版社，2016.

［17］肯·G. 史密斯. 管理学中的伟大思想［M］. 北京：北京大学出版社，2016.

［18］马新建. 组织行为学：中国情景与管理［M］. 北京：北京大学出版社，2015.

［19］徐世勇. 组织行为学：第 2 版［M］. 北京：中国人民大学出版社，2015.

［20］段春等. 组织行为学教学案例集［M］. 北京：高等教育出版社，2015.

［21］李爱梅等. 组织行为学：第 2 版［M］. 北京：机械工业出版社，2015.

［22］罗倩文. 组织行为学［M］. 重庆：西南师范大学出版社，2015.

［23］肖余春. 组织行为学：第 2 版［M］. 北京：机械工业出版社，2015.

[24] 斯蒂芬·罗宾斯. 管理学：原理与实践：第9版 [M]. 北京：机械工业出版社，2015.

[25] 刘广珠等. 组织行为学 [M]. 北京：清华大学出版社，2014.

[26] Daniel A. Wren. 管理思想史：第6版 [M]. 北京：中国人民大学出版社，2014.

[27] 王怀明. 组织行为学：理论与应用 [M]. 北京：清华大学出版社，2014.

[28] 姜宝均. 实用组织行为学：第4版 [M]. 北京：高等教育出版社，2014.

[29] 张文昌，于维英. 东西方管理思想史：第2版 [M]. 北京：清华大学出版社，2013.

[30] 李剑锋. 组织行为管理：第5版 [M]. 北京：中国人民大学出版社，2013

[31] 陈国海. 组织行为学：第4版 [M]. 北京：清华大学出版社，2013.

[32] 严进. 组织行为学：第2版 [M]. 北京：北京大学出版社，2012.

[33] 王萍. 组织行为学 [M]. 北京：中国地质大学出版社，2012.

[34] 康善招. 新编组织行为学 [M]. 上海：华东师范大学出版社，2012.

[35] 德鲁克. 管理的实践 [M]. 北京：机械工业出版社，2012.

[36] 劳勒三世. 组织中的激励 [M]. 北京：中国人民大学出版社，2011.

[37] 姜杰. 西方管理思想史：第2版 [M]. 北京：北京大学出版社，2011.

[38] 格林伯格. 组织行为学：第5版 [M]. 上海：格致出版社，2011.

[39] 劳里·J. 穆林. 管理与组织行为：第7版 [M]. 李丽等译. 北京：经济管理出版社，2011.

[40] 张德. 组织行为学：第2版 [M]. 北京：清华大学出版社，2011.

[41] 苏勇. 现代组织行为学 [M]. 北京：清华大学出版社，2011.

[42] 哈里斯，哈特曼. 组织行为学 [M]. 北京：经济管理出版社，2011.

[43] 王德清. 中外管理思想史 [M]. 重庆：重庆大学出版社，2010.

[44] 张智光. 管理学原理：领域、层次与过程：第2版 [M]. 北京：清华大学出版社，2010.

[45] 德鲁克. 卓有成效的管理者 [M]. 北京：机械工业出版社，2009.

[46] 琼斯，乔治. 当代管理学：第3版 [M]. 北京：人民邮电出版社，2005.

[47] 单凤儒. 管理学基础 [M]. 北京：高等教育出版社，2003.

[48] 周健临. 管理学教程 [M]. 上海：上海财经大学出版社，2002.

[49] 黄津孚. 现代企业管理原理：第4版 [M]. 北京：首都经济贸易大学出版社，2002.

[50] D. 赫尔雷格尔，J. W. 斯洛克姆，R. W. 伍德曼. 组织行为学：第9版 [M]. 上海：华东师范大学出版社，2001.